Marie Berthold und Timo Féret

Prinzipien des Remote Viewing

Grundlagen und Wirkmechanismen

Marie Berthold und Timo Féret

PRINZIPIEN DES REMOTE VIEWING

Grundlagen und Wirkmechanismen

„Prinzipien des Remote Viewing“
1. Auflage September 2024

Ancient Mail Verlag Werner Betz
Europaring 57, D-64521 Groß-Gerau
Tel.: 00 49 (0) 61 52/5 43 75, Fax: 00 49 (0) 61 52/94 91 82
www.ancientmail.de
Email: ancientmail@t-online.de

Verantwortlich für die Produktsicherheit:
Ancient Mail Verlag – Werner Betz
Europaring 57, 64521 Groß-Gerau
Email: ancientmail@t-online.de

Bibliografische Information der Deutschen Nationalbibliothek:
Die Deutsche Nationalbibliothek verzeichnet diese Publikation in der Deutschen Nationalbibliografie; detaillierte bibliografische Daten sind im Internet über http://dnb.dnb.de abrufbar.

Covergestaltung: Dennis Allendorf
Druck: WIRmachenDRUCK GmbH, D-71522 Backnang

ISBN 978-3-95652-345-8

Inhalt

1. Vorwort

Als wir zum ersten Mal mit Remote Viewing in Berührung kamen, ahnten wir nicht, dass dies der Beginn einer unglaublichen Reise sein würde. Alles, was wir bisher erlebt hatten, trat in den Hintergrund und es entwickelte sich eine beispiellose Leidenschaft für dieses Thema. Seitdem vergeht kaum ein Tag, an dem wir nicht staunend neue Erkenntnisse gewinnen. Über das Leben, über das Universum, über uns selbst. Unser Wissensschatz erweiterte sich enorm und diese Tatsache ließ einen inneren Drang entstehen, das erworbene Wissen in die Welt zu tragen und es den Menschen zugänglich zu machen.

Das Buch *Prinzipien des Remote Viewing* ist ein Herzensprojekt mit der Intention, unsere Erkenntnisse und unser Wissen weiterzugeben, damit es für den Leser einen echten Mehrwert darstellt.

Auf unserer Reise durch die Welt des Remote Viewing sind wir vielen inspirierenden Menschen begegnet, die uns auf unserem Weg begleitet haben und immer noch begleiten. Ihnen möchten wir an dieser Stelle danken.

Ein besonderer Dank gilt besonders den beiden Menschen, die uns all die wunderbaren Details und Geheimnisse dieser neuen Welt offenbart haben: Lyn Buchanan und Lori Williams. Ihre Art und ihre Leidenschaft für Remote Viewing haben uns die ganze Zeit über getragen.

Wir möchten uns auch ganz herzlich bei der Community von *into the matrix* bedanken. Unsere Schüler haben uns unbeschreiblich wertvolle Impulse gegeben, die uns inspiriert und zu neuen Ideen angeregt haben.

Wir danken herzlich Eric Schöne und Sven Göritz, die das Manuskript mit fachlich kritischem Blick durchgesehen haben, und Theo Fischer, der uns mit reichhaltigen Informationen zur Geschichte des Remote Viewing unterstützt hat.

Herzlichen Dank an Werner Betz für seine Bereitschaft, uns zu unterstützen. Seine positive und optimistische Art war genau das, was wir brauchten!

Wir danken Manfred und Tina Jelinski, die uns den Einstieg ins Remote Viewing ermöglichten und uns bei den ersten Schritten tatkräftig unterstützten. Sie haben den Grundstein für unser Sein als Remote Viewer gelegt.

Nicht zuletzt möchten wir uns bei unseren Leser und Zuschauer bedanken, die uns in unserer Öffentlichkeitsarbeit begleiten, unterstützen und den Weg gemeinsam mit uns gehen.

Unsere Geschichte

Unsere Reise begann fast zeitgleich, jedoch völlig unabhängig voneinander. Wir lebten beide einen ganz gewöhnlichen Alltag und gingen unseren Berufen nach (Marie als Hotelfachfrau, Timo als IT-Ingenieur). Während Marie immer schon auf der Suche war und ihre Fühler bereits in das eine oder andere grenzwissenschaftliche Gebiet ausgestreckt hatte, war Timo eher nüchtern und wissenschaftlich unterwegs. Etwa zur gleichen Zeit stießen wir beide auf ein Video über Remote Viewing. So wie Marie sofort für dieses Thema brannte, war auch Timo fasziniert und ihm war klar, dass sein ganzes Weltbild in Frage gestellt werden würde, wenn Remote Viewing tatsächlich funktionieren sollte. Wir beschlossen, uns ausbilden zu lassen und unabhängig voneinander entschieden wir uns, dafür zu Manfred Jelinski zu gehen.

Nach der Ausbildung im Technical / Coordinate Remote Viewing hingen wir in der Luft. Ein Zurück ins normale Leben war nicht mehr möglich. So machten wir uns auf die Suche nach Gleichgesinnten und lernten uns kennen. Aufgrund der gleichen Ausrichtung, Remote Viewing leidenschaftlich betreiben zu wollen, taten wir uns zusammen und gründeten *into the matrix* mit dem Hauptziel, die Methode den Menschen näher zu bringen und ihnen zu zeigen, was in ihnen steckt. Zunächst lehrten wir unseren Schüler das TRV als Ausbilder unter dem

Dach der RV-Akademie. Der Gedanke, noch einmal direkt an der Quelle zu lernen, führte uns jedoch recht bald zu Lyn Buchanan und Lori Williams in die USA. Das dort erworbene Wissen banden wir in unsere Seminare ein und lehrten und lehren bis heute Lyn Buchanans Controlled Remote Viewing.

Basierend auf unseren eigenen Ausbildungen und Erfahrungen erweiterten wir bald unser Ausbildungsangebot um verschiedene Spezialisierungen für Remote Viewer (u.a. in der Heilarbeit), sodass sich der Einzelne in dem für ihn passenden Bereich weiterentwickeln kann.

Unsere Qualifikation im Remote Viewing

Neben der kompletten Ausbildung im Controlled Remote Viewing haben wir uns weitergebildet, sodass wir heute über mehrere Ausbildungen in Bezug auf die Methode des Remote Viewing verfügen. Die folgende Auflistung enthält unseren Bildungsweg in chronologischer Reihenfolge:

- *Technical/Coordinate Remote Viewing* (Stufen 1-6) bei Manfred Jelinski
- *Controlled Remote Viewing* (Basic und Intermediate) bei Lyn Buchanan
- *Controlled Remote Viewing* (Advanced) bei Lyn Buchanan und Lori Williams
- *Associative Remote Viewing* bei Lyn Buchanan
- *Controlled Remote Influencing/Healing* (MedApps) bei Lori Williams
- *Extended Remote Viewing* und *Controlled Remote Viewing for professional Viewers* bei Lori Williams
- *The Principles of CRV Project Management & Operations* bei Lori Williams

Weitere Ausbildungen, die wir mit Remote Viewing vor allem in der Heilarbeit kombinieren:

- Ausbildung zum *Hypnotiseur/Hypnosetherapeuten* bei Teresa Natuschke
- Gesamtausbildung im *BioLogischen Heilwissen* inkl. Dozentenausbildung bei Rainer Körner
- Gesamtausbildung *Konflikt- und Traumatherapie* inkl. Dozentenausbildung bei Rainer Körner
- *Psyche-Seminar* bei Rainer Körner
- *Heilsame Kommunikation* bei Gabriela Eberherr
- *Energetisches Heilen* bei Boris Bojtschenko

Über dieses Buch

Prinzipien des Remote Viewing ist eine Wissenssammlung, gepaart mit theoretischen Inhalten und praktischen Übungen sowie eine Fülle von Informationen rund um die Methode des Remote Viewing. Das Buch richtet sich zum einen an praktizierende Remote Viewer, die noch tiefer in die Materie eintauchen und ein tieferes Verständnis erlangen möchten, zum anderen aber auch an Menschen, die sich allgemein für die Technik interessieren und sich über die Hintergründe informieren möchten. Mit diesem Buch wollen wir unseren Teil dazu beitragen, die Methode ins rechte Licht zu rücken und deutlich zu machen, welche Möglichkeiten sie für jeden Einzelnen bietet. Darüber hinaus räumt dieses Buch mit weit verbreiteten Missverständnissen auf und zeigt, dass es um deutlich mehr geht als um die Beschreibung eines Bildes in einem Umschlag. *Prinzipien des Remote Viewing* ist kein klassisches Lehrbuch. Um Remote Viewing umfassend zu erlernen und zu verstehen, bedarf es einer Ausbildung bei einem professionellen und qualifizierten Ausbilder. Ein autodidaktisches Erlernen der Methode ist nicht ohne weiteres möglich und wir raten von dem Versuch ab. Zum Vergleich: Unser Ausbildungsangebot im Controlled Remote Viewing umfasst acht theorie- und praxisintensive Monate, in denen die Inhalte in großer Detailtiefe vermittelt werden. Das kann ein Lehrbuch allein nicht leisten.

Gleichzeitig möchten wir neugierige Leser an die extrasensorische Wahrnehmung heranführen. Dem Spagat zwischen diesem Wunsch und dem Anspruch, kein Lehrbuch für Autodidakten zu schreiben, wollen wir mithilfe von Übungen gerecht werden, die wir in dieses Buch aufgenommen haben und die auch ohne Ausbildung anwendbar sind. Sie sollen dem Leser die extrasensorische Wahrnehmung und die Kommunikation mit dem eigenen Unterbewusstsein näher bringen. Fundierte Kenntnisse über das genaue Vorgehen im Remote Viewing sind dafür nicht erforderlich.

Wir wünschen Ihnen viele neue und spannende Erkenntnisse und freuen uns sehr, dass Sie sich unserer Reise anschließen!

Marie & Timo

2. Was ist Remote Viewing?

Die Frage, was Remote Viewing (abgekürzt RV) ist, ist trotz der Fülle an Informationen, die darüber verfügbar sind, nicht ganz einfach zu beantworten. Das Phänomen ist vorrangig eine subjektive Erfahrung und verändert kontinuierlich die Facetten, in denen es sich dem Anwender präsentiert, selbst nach jahrelangem Training. Deshalb kann zu Beginn dieses Buches lediglich eine trockene, formale Definition stehen, auf der die weiteren Inhalte der folgenden Kapitel aufbauen. Das wirklich qualitative Erleben steht auf einem ganz anderen Blatt. Hier ist jeder auf seine eigenen Erfahrungen angewiesen. Eine Remote Viewing Sitzung (auch *Session* genannt) ist immer auch eine Reise ins innere Selbst. Dieses Erleben ist individuell und in einem Buch nicht vermittelbar. Zur Definition:

Remote Viewing ist eine Methode der Fernwahrnehmung, die es ermöglicht, Orte, Ereignisse, Personen und Objekte ohne den Einsatz der körperlichen Sinne zu beschreiben.

Das zu beschreibende Ziel wird *Target* genannt. Der Remote Viewer (kurz: Viewer) *viewt* das Target, wie oben definiert, ohne den Einsatz der Körpersensorik. Der Vorgang findet folglich rein extrasensorisch statt. Remote Viewing ist raum- und zeitunabhängig in dem Sinne, dass es für den Viewer unerheblich ist, in welcher räumlichen und zeitlichen Distanz er sich zum Target befindet. Diesem erstaunlichen Detail wird sich das Buch später noch genauer zuwenden.

Geschichte

Die Geschichte der Fernwahrnehmung beginnt selbstverständlich nicht erst mit der Entwicklung des Remote Viewing, wie wir es heute kennen. Das Orakel von Delphi war eine bedeutende Institution im antiken Griechenland und zog Pilger aus der ganzen Welt an. Es befand sich am Fuße des Berges Parnass in der Nähe der Stadt Delphi und war dem Gott Apollo geweiht. Es galt als Vermittler zwischen den Göttern und Menschen. Ratsuchenden kamen von nah und fern, um das Orakel zu befragen. Sie stellten der Priesterin, der Pythia, die als Medium des Orakels fungierte und vermutlich mit veränderten Bewusstseinszuständen arbeitete, Fragen zu verschiedenen gesellschaftlichen und persönlichen Themen. Pythia gab daraufhin Antworten in Form von rätselhaften und oft mehrdeutigen Aussagen. Die Auskünfte des Orakels waren von großer Bedeutung und hatten Einfluss auf wichtige Entscheidungen, unter anderem in Politik, Gesellschaft und Krieg. Viele berühmte Persönlichkeiten wie Alexander der Große sollen das Orakel von Delphi um Rat gefragt haben. Die genaue Methode, wie Pythia ihre Antworten erhielt, ist bis heute nicht vollständig geklärt. Es wird vermutet, dass sie durch das Einatmen von Dämpfen oder durch Trancezustände mit der göttlichen Welt des antiken Griechenlands in Verbindung stand.

Weitere bekannte Persönlichkeiten auf dem Gebiet der Fernwahrnehmung und des Hellsehens sind Nostradamus und Alois Irlmaier.

Nostradamus, geboren als Michel de Nostredame im 16. Jahrhundert, war ein berühmter französischer Arzt und Astrologe. Bekannt wurde er vor allem durch seine Prophezeiungen, die bis heute viele Menschen faszinieren und zum Nachdenken anregen. Nostradamus verwendete eine Mischung aus Symbolsprache, Astrologie und Visionen, um zukünftige Ereignisse vorherzusagen.

Alois Irlmaier (1894 – 1959) war Brunnenbauer und ein bekannter Seher und Wahrsager aus Bayern. Er erlangte Berühmtheit durch seine Vorhersagen zukünftiger Ereignisse, insbesondere im Zusammenhang mit Kriegen und Naturkatastrophen. Als Soldat wurde Irlmaier im Ersten Weltkrieg verwundet. Ob seine hellseherischen Fähigkeiten darauf zurückzuführen sind, ist ungeklärt. Es gibt jedoch Theorien, die besagen, dass Menschen im Angesicht persönlicher Schicksalsschläge unter anderem hellsichtige Fähigkeiten entwickeln können. Irlmaiers

Vorhersagen waren oft so genau, dass ihn sogar Konrad Adenauer besuchte.

In jüngerer Geschichte wurden paranormale Phänomene, zu denen neben der Fernwahrnehmung auch andere psychische und mentale Fähigkeiten wie etwa die Telepathie zählen, einer genaueren und wissenschaftlichen Betrachtung unterzogen. Gustave Geley war ein renommierter französischer Arzt und Parapsychologe des 19. und 20. Jahrhunderts. Er wurde 1868 in Montceau-les-Mines, Frankreich, geboren und starb im Juli 1924 in Paris. Geley war ein Pionier auf dem Gebiet der Parapsychologie und widmete sein Leben der Erforschung paranormaler Phänomene. Er war bekannt für seine Arbeit mit Medien und seine Studien über Telepathie, Telekinese und Materialisation. In diesem Zusammenhang führte Geley zahlreiche Experimente durch, um die Existenz und die Natur des Geistes zu erforschen. Eine seiner bekanntesten Arbeiten war die Untersuchung des Mediums Eva Carrière. Monsieur Geley war davon überzeugt, dass Eva echte paranormale Fähigkeiten besaß und dass diese Phänomene nicht durch Täuschung oder Illusion erklärt werden konnten. Geley war auch Gründer des Institut Métapsychique International (IMI) in Paris, das sich der wissenschaftlichen Erforschung paranormaler Phänomene widmete. Das IMI galt als wichtiger Treffpunkt für Wissenschaftler und Forscher auf dem Gebiet der Parapsychologie.

Späterer Präsident des IMI war René Warcollier, ein nicht minder renommierter Parapsychologe aus Frankreich. Er wurde am 19. Dezember 1881 in Albi, Frankreich, geboren und starb am 13. Oktober 1962 in Paris. Warcollier war bekannt für seine Forschungen und Experimente auf dem Gebiet der Telepathie. In seinen Studien verwendete er verschiedene Methoden, um die telepathische Kommunikation zwischen Menschen zu erfassen. Unter anderem benutzte er Bilder, die von einem Sender zu einem Empfänger übertragen wurden. René Warcollier sollte zu einer großen Inspiration hinsichtlich der Entwicklung des Remote Viewing werden.

Diese unvollständige Auswahl zeigt, dass die Geschichte der Fernwahrnehmung und damit die Vorgeschichte des Remote Viewing weit in die Vergangenheit zurückreicht. Die Liste ließe sich noch erweitern. Auch in jüngster Zeit wurden und werden Experimente zu paranormalen Fähigkeiten wie die der Fernwahrnehmung durchgeführt.

Die Geschichte des Remote Viewing, die im historischen Kontext des Kalten Krieges gesehen werden muss, beginnt in den frühen 1970er Jahren. Die Anfänge liegen in den geheimen Forschungsprogrammen des US-amerikanischen Geheimdienstes und Militärs. Ingo Swann, ein New Yorker Künstler (der später als der Erfinder des Remote Viewing bekannt werden sollte), war im Jahr 1971 an ersten parapsychologischen Forschungen unter der Leitung von Cleve Backster beteiligt. Backster hatte entdeckt, dass ein Lügendetektor, der an eine lebenden Pflanze angeschlossen war, ausschlug, sobald eine anwesende Person daran dachte, der Pflanze zu schaden. Durch diese Zusammenarbeit kam Ingo Swann in Kontakt mit Dr. Gertrude Schmeidler, einer Psychologin, die sich der Parapsychologie widmete. Sie führten Experimente durch, bei denen versiegelte Thermometer mental beeinflusst werden konnten. Im folgenden Jahr unternahm Swann einen Versuch unter der Leitung des Laserphysikers Harold Puthoff am Stanford Research Institute (SRI), bei dem er ein abgeschirmtes und vor seinen Augen verborgenes Magnetometer mental beeinflusste.

Das Institut, das heute den Namen *SRI International*[1] trägt, ist ein Forschungsinstitut in Menlo Park, San Francisco. Im Zuge des besagten Versuchs skizzierte Ingo Swann den inneren Aufbau des Magnetometers, ohne diesen gesehen zu haben. Die Ergebnisse des Experiments weckten das Interesse des US-amerikanischen Geheimdienstes.

Während dieser Zeit hatte die CIA Informationen vorliegen aus denen hervorgeht, dass in der Sowjetunion jenseits des Eisernen Vorhangs viel Geld in die Erforschung parapsychologischer Fähigkeiten investiert wurde. Die Experimente von Puthoff und Swann führten zu einem

[1] www.sri.com

Biofeldmessprogramm am SRI, das von der CIA mit 50.000 $ finanziert wurde. Im Rahmen dieses Programms wurden Tests vorrangig zur Telekinese und in geringerem Umfang zur Fernwahrnehmung durchgeführt. Dabei kamen so genannte Outbounder-Experimente zum Einsatz. In diesen wählte eine Versuchsperson (der Outbounder) einen von mehreren zur Verfügung gestellten verschlossenen Umschlägen aus. Dieser enthielt eine nur dem Outbounder zugänglich Anweisung, einen bestimmten Ort in der Umgebung aufzusuchen und sich dort eine festgelegte Zeit lang aufzuhalten. Zu einem vereinbarten Zeitpunkt, zu dem klar war, dass der Outbounder am Zielort eingetroffen sein musste, wurde der Remote Viewer im Labor angewiesen, diesen Aufenthaltsort zu beschreiben.

Abbildung 1: Ingo Swann.
Copyright: Swann-Ryder Productions, LLC.

Das achtmonatige Pilotprojekt mündete 1973 in das vom Geheimdienst geförderte und finanzierte *Project Scanate*. Die Leitung übernahm Harold Puthoff in Zusammenarbeit mit Ingo Swann und seinem Forscherkollegen Russell Targ. Dies war die Geburtsstunde des Coordinate Remote Viewing, bei dem Ziele nicht mehr per Outbounder besucht wurden (was sich für Aufklärungszwecke als unpraktisch erwies), sondern mittels Geokoordinaten ausgewählt wurden. Zu dieser Zeit stieß Pat Price zum Team um Puthoff und Swann. Dieser war Polizist und nutzte seine Fähigkeiten der Fernwahrnehmung für seine Ermittlungen. Dabei arbeitete er eng mit Ingo Swann zusammen. Price starb unerwartet im Jahre 1975, und Hella Hammid, eine amerikanische Fotografin mit deutschen Wurzeln, wurde an Bord geholt. Die Arbeit mit ihr trug wesentlich zum Verständnis der Vorgänge der Fernwahrnehmung bei und verdeutlichte, dass auch scheinbar unbegabte Menschen zu dieser Fähigkeit in der Lage sind.

Nachdem die CIA 1975 die Finanzierung des Forschungsprogramms eingestellt hatte, übernahm die US Air Force unter der Leitung von Dale Graff das Programm. Damit begann die US Air Force mit der Anwendung des Remote Viewing. Das Projekt *Gondola Wish* wurde 1977 ins Leben gerufen, 1979 in *Project Grill Flame* umbenannt und vom US Army Intelligence übernommen. Der Standort der Remote Viewing Einheit war Fort Meade, Maryland. In den folgenden Jahren wechselten die Codenamen zu *Center Lane* (1983 – 1986), *Sun Streak* (1986 - 1990 unter der Leitung der Defense Intelligence Agency) und schließlich zu *Star Gate* (1990 - 1995). Das militärische Remote Viewing Programm wurde in der Öffentlichkeit primär unter dem Namen *Project Star Gate* bekannt. In diesen Jahren fand ein enger Austausch zwischen Fort Meade und dem Stanford Research Institute statt. Die Methode wurde konstant weiterentwickelt und wissenschaftlich untersucht. Die Entwicklung des Controlled Remote Viewing, wie wir es heute kennen, begann ab 1980, nachdem in den Monaten zuvor das Ideogramm entdeckt worden war, das zu einem grundlegenden Baustein des Remote Viewing werden sollte. Ingo Swann, der 1985 zusammen mit Harold Puthoff das SRI verließ, bildete einige der bekanntesten Militärviewer aus, wie Tom McNear (einer von zwei Personen, die von Ingo Swann bis zur Stufe 6 ausgebildet wurden), Mel Riley, Bill Ray, Ed Dames und Paul H. Smith. Lyn Buchanan kam im Jahre 1984 zur Einheit nach Fort Meade.

Die CIA, die 1994 erneut die Schirmherrschaft über das *Project Star Gate* übernommen hatte, beendete das Remote Viewing Programm 1995 und stützte ihre Entscheidung auf den von ihr in Auftrag gegebenen sogenannten AIR-Report[2], in dem Gutachten von Dr. Jessica Utts und Dr. Ray Hyman angeführt wurden. Beide (Utts und Hyman) kamen zu unterschiedlichen Ergebnissen, ob die bisherigen Remote Viewing-Projekte verwertbare Daten aufwiesen und lieferten sich bereits im Vorfeld einen argumentativen Schlagabtausch zu diesem Thema. Während Hyman keine Anzeichen dafür erkennen konnte, dass Remote Viewing zu nachweisbaren Ergebnissen geführt hatte, erkannte Utts sehr wohl die wissenschaftlich sauber durchgeführte Arbeit an und bekundete, dass ihrer Meinung nach die Fernwahrnehmung als bewiesen angesehen werden könne. Der Bericht diente der CIA als Rechtfertigung, das Projekt endgültig einzustellen. Die Methode (nicht aber die durch Remote Viewing gewonnen Informationen) wurde im Rahmen des *Freedom of Information Act* der Öffentlichkeit zugänglich gemacht. So fand Remote Viewing seinen Weg in die zivile Welt. Verschiedene Schulen und Organisationen begannen Kurse und Ausbildungsprogramme anzubieten (auch unter Mitwirkung ehemaliger Militär-Viewer).

Remote Viewing wird heute vielfältig eingesetzt. Die Methode stellt ein modernes, solides und psychologisch fundiertes Konzept dar, dessen Ursprung zum großen Teil auf einer nüchternen und neutralen Handhabung beruht. Da der zivile Viewer weniger an militärischer Aufklärungsarbeit interessiert ist, wird Remote Viewing heute breit gefächert und in den unterschiedlichsten Bereichen eingesetzt, u.a. bei polizeilichen und behördlichen Ermittlungen, aber auch bei gesundheitlichen Anwendungen (inkl. der Ursachenforschung) und in der Heilarbeit. Auch bei Fragen zu Geschäftsabläufen, Börsenprognosen, Sportwetten, allgemeiner Lebensberatung usw. wird die Methode unterstützend einbezogen.

---

[2] https://www.cia.gov/readingroom/docs/CIA-RDP96-00791R000200180005-5.pdf

Die Geschichte des Remote Viewing ist geprägt von wissenschaftlicher Forschung und dabei weit entfernt von spirituellen oder esoterischen Lehren. Auch wenn es nach wie vor skeptische Stimmen gibt und die genaue Funktionsweise des Remote Viewing nicht vollständig geklärt ist, hat diese Methode zweifellos das Potenzial, unser Verständnis von Wahrnehmung und Bewusstsein zu erweitern.

Die ersten grundlegenden Prinzipien

Hinter dem heutigen Begriff des Remote Viewing verbergen sich verschiedene Ansätze, die zwar weitgehend auf den gleichen Mechanismen beruhen, sich aber im Detail deutlich unterscheiden. In den USA entstand zur Zeit der Forschung am Stanford Research Institute und der militärischen Anwendung der Begriff *Coordinate Remote Viewing*, der später in *Controlled Remote Viewing* umbenannt wurde. Kennzeichnend hierbei ist, dass der Viewer einem festen Ablauf folgt, bei dem er stufenweise einen mentalen Bezug bzw. Kontakt zum Target aufbaut und dieses beschreibt. Ableger hiervon sind beispielsweise das *Technical Remote Viewing* und das *Scientific Remote Viewing*, die jeweils eigene Abläufe besitzen. Diese sind je nach Betrachtungsweise ähnlich, unterscheiden sich aber im Detail sehr vom Controlled Remote Viewing. Eine weitere Variante stellt das *Extended Remote Viewing* dar. Hier befindet sich der Viewer in Trance.

Die Autoren dieses Buches haben Controlled Remote Viewing bei Lyn Buchanan[3] und Lori Williams gelernt. Daher werden die in diesem

---

3 Lyn Buchanan war acht Jahre lang als Militärangehöriger im Remote Viewing-Programm der US-Armee tätig und bildet auch heute noch aus. Im Laufe der Jahre hat er seine Methode für verschiedene Anwendungsbereiche verfeinert. Seine Methode verwendet teilweise eigene Begriffe, die Lyn selbst eingeführt hat. Da die Terminologie im Remote Viewing außerhalb der Lehre von Lyn mehr oder weniger einheitlich ist und auf die Bezeichnungen von Ingo Swann zurückgeht, werden auch in diesem Buch die ursprünglichen Begriffe verwendet, um auch ausgebildete Viewer anderer Schulen ansprechen zu können.

Buch vorgestellten Prinzipien des Remote Viewing aus dem Blickwinkel dieser Methode heraus betrachtet. Anhänger und Anwender anderer Remote Viewing Methoden kommen möglicherweise zu anderen Grundsätzen, da sie Remote Viewing aus einer anderen Perspektive betrachten. Es ist daher unmöglich, allgemeingültige Prinzipien des Remote Viewing zu definieren, die für alle Sichtweisen gelten, und dies sollte (und muss) letztlich auch anerkannt werden. Selbst unter dem Begriff des Controlled Remote Viewing existieren mittlerweile verschiedene Ausprägungen. Es bleibt also festzuhalten: Die in diesem Buch dargestellten Prinzipien basieren auf den Erkenntnissen der Autoren, die ihr Wissen auf den Lehren von Lyn Buchanan und Lori Williams, aber auch auf eigenen Erfahrungen aufgebaut haben. Mit dieser Klarstellung kann in diesem Buch allgemein von *Remote Viewing* gesprochen werden, wobei klar ist, dass es durch die Brille der Autoren heraus betrachtet wird. Wenn explizit auf Controlled Remote Viewing Bezug genommen wird, wird auch von *Controlled Remote Viewing* gesprochen.

Remote Viewing verbindet das Unterbewusstsein, unter anderem mit Hilfe des Körpers, mit dem Wachbewusstsein. Die Methode ermöglicht dabei den Zugang zu Eindrücken des Unterbewusstseins. Obwohl es auch ohne diese Methode möglich ist, unterstützt es die Fernwahrnehmung durch erprobte und in der Praxis bewährte Mechanismen, sodass auch Menschen ohne hellsichtige Begabung extrasensorische Wahrnehmungen erfahren können.

In den folgenden Abschnitten werden die wichtigsten Merkmale der Methode beschrieben. Zuvor sollen jedoch einige Grundbegriffe geklärt und dem unerfahrenen Leser zum weiteren Verständnis erläutert werden:

- Der *Remote Viewer* (oder auch nur *Viewer* genannt) ist die Person, die sich des Remote Viewing bedient, um das so genannte Target extrasensorisch zu beschreiben.

- Der Begriff *Target* steht für das Ziel (auch Zielgebiet genannt), das der Viewer beschreiben soll. Dies kann z.B. ein beliebiger Ort, ein Vorgang, eine oder mehrere Personen bzw. Lebewesen, ein Ereignis, eine Aktivität oder ein Objekt sein. Das Universum ist unendlich vielfältig, so dass prinzipiell alles als Target in Frage kommt. Beispiele können sein: der Eiffelturm in Paris, ein Kamel in der Wüste oder eine Aufführung in der Wiener Oper. Die Aufgabe des Viewers ist es, das Target im Rahmen einer *Session* extrasensorisch zu erfassen.
- Während einer *Session* (deutsch: Sitzung) beschreibt der Viewer ein zuvor festgelegtes Target. Die Session dauert in der Regel zwischen 30 und 90 Minuten, kann aber durch Erholungspausen beliebig verlängert werden. Der Viewer hat währenddessen keinerlei Kenntnisse darüber, was das Target ist. Daher muss er sich einzig und allein auf seine extrasensorische Wahrnehmung verlassen.
- Nach der Session erhält der Viewer *Feedback*, also Auskunft darüber, was das Target der Session war. Dies kann zum Beispiel in Form von Bildern, Videos, Internet- oder Zeitungsartikeln geschehen und hilft dem Viewer bei der Analyse seiner Session. Das Feedback ist folglich hilfreich, richtige und falsche zu Papier gebrachte Informationen zu identifizieren.

Im Laufe des Buches werden noch viele weitere Fachbegriffe hinzukommen und erklärt werden. Ein ausführliches Glossar findet sich am Ende dieses Buches. Die vier oben genannten Begriffe (Viewer, Target, Session und Feedback) sind jedoch für den weiteren Einstieg von Bedeutung.

Der Viewer kontrolliert die Session

Ein erstes Prinzip besagt, dass der Viewer jederzeit die volle Kontrolle über das Viewing hat. Dieser Umstand wird besonders durch die Bezeichnung *Controlled* Remote Viewing hervorgehoben, hat aber auch in anderen Remote Viewing Methoden seine Gültigkeit. Konkret bedeutet dies, dass die Entscheidungsgewalt innerhalb der Session beim Viewer liegt und Außenstehende nicht die Aufgabe haben, z.B. vorzuschreiben, was zu tun ist. Um als Viewer in der Session selbst die Kontrolle ausüben zu können, ist ein *klarer Verstand* erforderlich, was unter anderem erklärt, weshalb er sich nicht in einem tranceähnlichen Zustand befindet, wie manchmal angenommen wird (mit Ausnahme des Extended Remote Viewing). Wie noch zu sehen sein wird, sind ein klares Wachbewusstsein und ein funktionierender Verstand notwendig und wünschenswert.

Beschreiben, nicht benennen

Der Viewer startet und durchläuft eine Session ohne das Target zu kennen. Er weiß unter keinen Umständen, was er beschreiben soll. Auch der geringste Hinweis darauf muss ausgeschlossen sein. Dies ist von entscheidender Bedeutung im RV. Um zu verstehen, warum das so ist, soll hier folgendes Negativbeispiel angeführt werden: Der Viewer hat die Aufgabe zu beschreiben, wie die Große Pyramide von Gizeh gebaut wurde. Er erfährt vor Beginn der Session, worum es geht und beginnt dann mit dem Viewing. Während er das Zielgebiet beschreibt, wird er sich an diverse Theorien zum Bau der Pyramide erinnern, die er beispielsweise in Fernsehberichten gesehen hat. Diese Erklärungen sind jedoch nicht mehr als unbewiesene Theorien und die genaue Vorgehensweise ist bis heute nicht abschließend geklärt. Dennoch wird von diesem Moment an der Verstand des Viewers die Kontrolle über die Session übernehmen und jede extrasensorische Wahrnehmung aus dem Unterbewusstsein *überlagern*. So wird der Viewer eine der Theorien zu Papier bringen, die aus dem Verstand oder aus der Erinnerung an den Fernsehbericht kommen. Um eine Dominanz der Ratio zu verhindern und solche analytischen Überlagerungen (engl. *Analytic Overlays*) zu minimieren, beginnt der Viewer die Session daher ohne Kenntnis des Ziels. Das Kapitel *Fehlerquellen* beschäftigt sich ausführlich mit Overlays.

Da der Viewer im Vorfeld nichts über das Target weiß, beginnt er das Viewing ohne Vorwissen und wird es in Form von Adjektiven *beschreiben*. Eine Benennung ist nicht erwünscht, da es sich um analytische Schlussfolgerungen des Verstandes handelt, die in den allermeisten Fällen unzutreffend und falsch sind. Dies verdeutlicht eine Geschichte, die eine Teilnehmerin während eines Vortrags von *into the matrix* erzählte. Sie berichtete von einem Besuch bei einem Hellseher. Dieser riet ihr, mehr Schreibmaschine zu schreiben. Etwas verwirrt und verwundert, da sie kein solches Gerät besaß, ging die Frau nach Hause. Erst später kam ihr der Gedanke, dass der Hellseher ihre Leidenschaft für das Klavierspiel gemeint haben könnte. Tatsächlich hatte dieser den Fehler gemacht, die Tätigkeit zu *benennen*, anstatt sie nur zu beschreiben. Ein Remote Viewer hätte beschrieben, dass mit den Fingern auf etwas herumgetippt wird, was außerdem Töne erzeugt und Freude bereitet. Die Aussage des Schreibmaschineschreibens war eine analytische Schlussfolgerung des Verstandes des Hellsehers, die zwar Sinn machte und der Wahrheit nahe kam, aber faktisch nicht richtig war. Das Beispiel zeigt den Unterschied zwischen dem *Beschreiben* und dem *Benennen* des Targets und wie letzteres in die falsche Richtung führen kann.

Die 6 Stufen des Controlled Remote Viewing

Um das Target beschreiben zu können, definieren die verschiedenen Methoden eine feste Vorgehensweise, die der Viewer im Laufe der Session auf Papier abarbeitet. Diese ist in Stufen unterteilt und wird im Folgenden am Beispiel des Controlled Remote Viewing erläutert und in Abbildung 2 dargestellt.

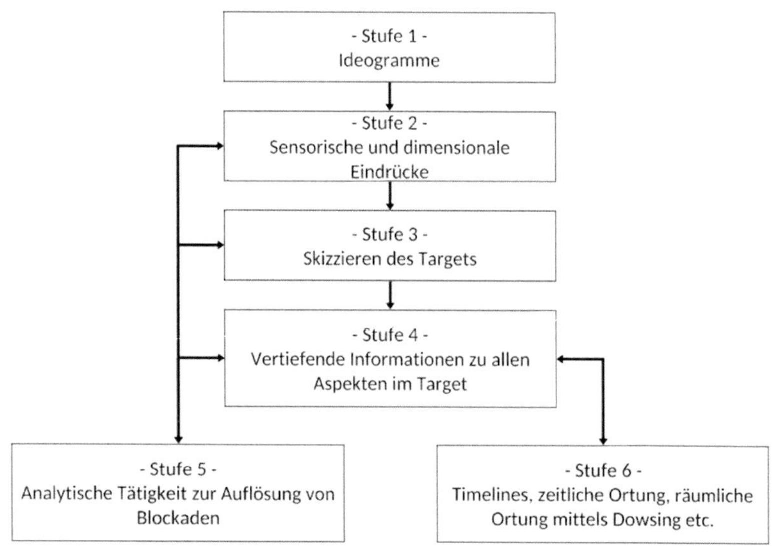

Abbildung 2: Der Aufbau des Controlled Remote Viewing.

Das ursprünglich von Ingo Swann entwickelte Remote Viewing umfasste 6 Stufen, was auch noch für die heutigen Methoden gilt. Es gibt jedoch Unterschiede. Controlled Remote Viewing verwendet ein 4+2 Stufenmodell, wie in Abbildung 2 oben zu sehen ist. Andere Ansätze verwenden z.B. die 6 Stufen eher monolithisch, wobei die einzelnen Inhalte grob identisch sind, im Detail aber stark variieren.

Das 4+2 Stufenmodell des Controlled Remote Viewing verwendet die Stufen wie im Folgenden beschrieben:

1. Stufe: Zu Beginn der Controlled Remote Viewing Session ermittelt der Viewer zunächst die archetypischen Gestaltwahrnehmungen im Zielgebiet. Dies geschieht durch sogenannte Ideogramme, die als physische Reaktion des Körpers beschrieben werden können. Dabei zeichnet der Viewer ohne bewusste Steuerung einen Linienzug auf das Papier, der je nach Form und *Gefühl* eine Aussage darüber macht, was im Target vorhanden ist. Im Kapitel *Ideogramme*

wird darauf näher eingegangen. Andere Varianten des Remote Viewing verwenden in Stufe 1 ebenfalls Ideogramme, jedoch in anderen Ausprägungen.

2. Stufe: Hier werden in allen Methoden erste sensorische und dimensionale Daten aus dem Zielgebiet ermittelt. Dazu gehören z.B. Farben, Temperaturen, Oberflächen und Geräusche, Formen, Höhen, Tiefen, Entfernungen und Größen. Beim Controlled Remote Viewing erfolgt diese Ermittlung aspektbezogen (d.h. pro archetypischer Gestaltwahrnehmung). Im Zuge der Stufe 2 erlangt der Viewer einen sogenannten *Aesthetic Impact*, er nimmt also mental einen festen Platz im Target ein und wird sich dessen bewusst. Diesem Phänomen ist das Kapitel *Aesthetic Impact* gewidmet.
3. Stufe: Hat der Viewer seinen Platz im Target eingenommen (Aesthetic Impact) und nimmt die Dinge vor und um sich wahr, kann er sie aus dieser Perspektive skizzieren.
4. Stufe: Während die Stufen 1 bis 3 den Viewer zu einem soliden *mentalen Kontakt* mit dem Zielgebiet führen, liegt der Schwerpunkt des Controlled Remote Viewing auf Stufe 4. Hier verbringt der Viewer typischerweise etwa 90% seiner Zeit in der Session, während er das Target in allen Details erkundet und skizziert.
5. Stufe: Im Controlled Remote Viewing enthält die Stufe 5 eine Reihe von Werkzeugen, die bei Blockaden aller Art, aber auch bei Wortfindungsschwierigkeiten helfen können.
6. Stufe: Hier stehen dem Viewer eine Reihe von Werkzeugen zur Verfügung, um z.B. Vermessungen durchzuführen, Ereignisse auf Zeitachsen zu beschreiben, Lokalisierungen auf Landkarten vorzunehmen oder das Ziel als 3 D-Modell zu rekonstruieren.

Wie in Abbildung 2 zu sehen ist, sind die Stufen 1 bis 4 mit gerichteten Pfeilen durchzogen. Diese symbolisieren, dass es keinen Weg zurück in dem Sinne gibt, dass man z.B. von Stufe 3 zu Stufe 2 zurückkehren könnte. Vielmehr stehen in einer Stufe alle vorhergehenden als Werkzeuge zur Verfügung, da sie mitgenommen und angewendet werden können. Stufe 5 ist (ebenso wie Stufe 6) seitlich angeordnet. Sie kann jederzeit in Stufe 2, 3 oder 4 aufgerufen werden. Nach der Abarbeitung dieser kehrt der Viewer in die Stufe zurück, aus der er gekommen ist. Das gleiche Prinzip gilt für Stufe 6, die jedoch nur aus Stufe 4 aus aufgerufen werden kann.

Der Viewer als Sortiermaschine

Der Remote Viewer hat grundsätzlich zwei Aufgaben zu erfüllen. Die erste besteht darin, der Struktur und dem Ablauf der Methode zu folgen, die ihn zu einer Beschreibung des Targets führen wird. Die zweite Aufgabe besteht darin, alle mentalen Prozesse, die während der Session in seinem Geiste ablaufen, zu protokollieren. Während des Viewings werden dem Viewer viele Gedanken durch den Kopf gehen, die sich mit Eindrücken aus dem Unterbewusstsein vermischen. Er wird Erinnerungen haben, Schlussfolgerungen über das Target ziehen und emotionale und vielleicht sogar körperliche Reaktionen spüren. Auch eigene Ängste und Wünsche werden sich bemerkbar machen. Der Viewer hat es also mit einem ganzen Orchester von Gedanken, Eindrücken, Erinnerungen, Wünschen, Ängsten, Emotionen und Reaktionen zu tun, die nicht alle aus dem Unterbewusstsein stammen. Dieses Störfeuer im Kopf des Viewers wird auch *als mentales Rauschen* bezeichnet, zu dem auch die bereits erwähnten Analytic Overlays gehören. Da die extrasensorischen Wahrnehmungen jedoch subtil aus dem Unterbewusstsein entspringen, sind diese wertvollen Informationen strikt vom mentalen Rauschen zu trennen bzw. separat zu notieren. Darüber hinaus sind die unterbewussten Eindrücke aus dem Zielgebiet unterschiedlicher Natur, z.B. sensorischer oder dimensionaler Art. Unter anderem besteht auch die Möglichkeit der Wahrnehmung fremder Emotionen. Es ist sinnvoll, die Eindrücke nach Kategorien getrennt aufzuschreiben. Dies erleichtert die spätere Analyse. Während einer Remote Viewing Session bringt der Viewer enorme Mengen an Informationen zu Papier, 50 Seiten und mehr sind keine Seltenheit! Hier muss sauber gearbeitet und sortiert werden, damit die Informationen nicht im Chaos versinken. Der Viewer ist also ständig damit beschäftigt, seine Gedanken zu notieren und zu ordnen. Das klingt zugegebenermaßen sehr schwierig und aufwendig, ist aber reine Übungssache. Während Anfänger oft Schwierigkeiten haben unterbewusste Eindrücke von analytischen Schlussfolgerungen des Verstandes zu trennen oder überhaupt als solche zu erkennen, fällt dies einem erfahrenen Viewer deutlich leichter.

Remote Viewing als Erkundungsprozess

Remote Viewing ist ein Erkundungsprozess einer Welt, die dem Viewer unbekannt ist und die er (wie bereits dargestellt) nicht benennen kann. Er schlüpft in die Rolle eines kleinen Kindes, das diese Welt entdeckt. Tatsächlich ist Remote Viewing nichts anderes als die Verschriftlichung dieses Erkundungsprozesses! Um dies zu verstehen, sei ein Gedankenexperiment erlaubt. Nehmen wir an, wir kämen mit einem voll funktionsfähigen Körper in eine unbekannte Welt, wobei wir davon ausgehen, dass die Physis voll entwickelt ist. Welche Möglichkeiten gäbe es, diesen Ort zu erkunden und zu entdecken? Zum Beispiel könnte man:

- Sich zunächst einen Überblick verschaffen
- Farben, Oberflächen, Geräusche, Gerüche, Geschmäcker und Temperaturen wahrnehmen (sensorische Informationen)
- Auf Formen, Größen und Entfernungen achten (dimensionale Informationen)
- Dinge anfassen, hochheben, gegen sie treten (Interaktion)
- Andere Menschen beobachten (Fremdwahrnehmung)
- Sich selbst wahrnehmen und den eigenen körperlichen und emotionalen Zustand beobachten (Selbstwahrnehmung)
- Gegenstände auseinandernehmen, um ihre Details und ihr Innenleben zu entdecken

- Funktionen beobachten
- Sich umher bewegen und die Welt aus verschiedenen Perspektiven erkunden

Alle diese Tätigkeiten und Vorgehensweisen entsprechen denen des Remote Viewing, mit dem Unterschied, dass der Viewer sie mental ausführt und in geordneter Form auf Papier festhält (wobei diese Ordnung durch die Methode selbst vorgegeben ist). Die folgende Tabelle weist den oben genannten Aktionen die spezifische Terminologie des Controlled Remote Viewing zu, ohne sie an dieser Stelle weiter zu erläutern. Dem geübten Leser werden die Begriffe bekannt vorkommen, während Neueinsteiger einen ersten Einblick in die Fachterminologie erhalten.

Gedankenexperiment	***Fachterminologie***
Sich einen Überblick verschaffen	*Ideogramme*
Sensorische Informationen	*Sensorische Standard-Cues*
Dimensionale Informationen	*Dimensionale Standard-Cues*
Interaktionen	*Action Cues*
Andere Menschen beobachten	*Emotional Impacts*
Eigenwahrnehmung	*Aesthetic Impact*
Bestandteile identifizieren	*Tangibles, Kontext-Cues*
Funktionen beobachten	*Intangibles, Kontext-Cues*
Sich umherbewegen	*Move Commands*

Tabelle 1: Die Zuordnung der Aktionen des Gedankenexperiments zur Fachterminologie im Controlled Remote Viewing.

Es wird deutlich, dass Remote Viewing die verschriftlichte Form eines Erkundungsprozesses ist und vom Viewer auch als solcher verstanden und das Target mit Neugier und Offenheit ergründet werden sollte. Die Methode legt größten Wert auf die korrekte Protokollierung dieses

Prozesses, sodass die Eindrücke aus dem Target klar von Verstandesleistungen sowie Erinnerungen, Ängsten und Wünschen aus dem Unterbewusstsein getrennt werden können. Die Methode des Remote Viewing ist dabei so ausgefeilt, dass der Viewer sich in der Praxis jederzeit bewusst ist, was geschieht.

Teamarbeit: Viewer und Monitor

Obwohl viele Viewer allein arbeiten, ist RV normalerweise Teamarbeit. In militärischen Zeiten wurde der Remote Viewer während der Session von einem sogenannten *Interviewer* begleitet. Dieser Begriff ist heute nicht mehr gebräuchlich. Heutzutage spricht man von einem *Monitor.*

Der Monitor hat verschiedene Aufgaben. In erster Linie unterstützt er den Viewer bei der korrekten Abarbeitung der Stufen und achtet auf deren Einhaltung. Darüber hinaus hat er unterstützende Funktionen, z.B. bei der Trennung unterbewusster Eindrücken vom mentalen Rauschen. Grundsätzlich behält der Monitor immer den Überblick darüber, wo sich der Viewer im Erkundungsprozess gerade befindet und beobachtet bzw. analysiert dessen Äußerungen und Reaktionen. Mit zunehmender Erfahrung kann so eine Dominanz des Verstandes und das Einschleichen von Analytic Overlays noch vor dem Viewer erkannt werden. Darüber hinaus hat der Monitor die Möglichkeit, dem Viewer Anweisungen zu geben und Fragen zum Target (sog. *Cues*) zu stellen, muss dabei aber auf größtmögliche Neutralität achten, um ihn nicht zu beeinflussen. Die richtige Formulierung neutraler Fragen ist eine kleine Wissenschaft für sich. Das Buch wird sich diesem Thema in späteren Kapiteln widmen. Um das Neutralitätsgebot nicht zu verletzen, muss der Monitor vorsichtig sein, *welche* Fragen er stellt (auch inhaltlich). Neutrales Verhalten bedeutet gleichzeitig, keine Emotionen zu zeigen, schon gar nicht bei vermeintlich richtigen oder falschen Informationen, die der Viewer erarbeite. Einen tieferen Einblick in den Aufgabenbereich des Monitors gibt das Kapitel *Monitoring.*

Es stellt sich die Frage, ob der Monitor im Gegensatz zum Viewer zumindest das Target kennen und darüber Bescheid wissen darf, worum es in der Session geht. Die Antwort lautet: Es kommt darauf an. Kennt der Monitor das Target, spricht man von einer *blinden Session*. Hat auch er keine Kenntnis darüber, wird von einer *doppelblinden Session* gesprochen. Bei blinden Sessions ist die Gefahr der Beeinflussung durch den Monitor sehr groß, daher sollte dieser Erfahrung im Monitoring haben. Aber auch bei doppelblinden Sitzungen besteht die Gefahr der Beeinflussung. Dies kann der Fall sein, wenn der Monitor vor oder während des Prozesses Vermutungen über das Target entwickelt, die sich dann in den Fragen an den Viewer niederschlagen.

Von Skeptikern, die dem Phänomen der Fernwahrnehmung kritisch gegenüberstehen, wird immer wieder vorgebracht, dass der Monitor den Viewer in Richtung einer gewünschten Zielbeschreibung manipulieren würde und somit in Wirklichkeit gar keine extrasensorische Wahrnehmung involviert und vorhanden sei. Diese Kritiker haben insofern Recht, als das dies auf schlecht durchgeführte Remote Viewing Sessions durchaus zutreffen kann. Was diesem Argument jedoch den Wind aus den Segeln nimmt, ist die Tatsache, dass erfahrene Viewer auch ohne die Hilfe des Monitors und allein zu einer Targetbeschreibung gelangen, die definitiv nicht durch Zufallstreffer erklärt werden kann. Der Monitor ist also (von Ausnahmen schlecht durchgeführter Sessions abgesehen) nicht die treibende Kraft hinter diesem Phänomen.

Die Aufgaben des Monitors sind sehr vielfältig, komplex und verantwortungsvoll. Viele Remote Viewer scheuen sich, diese Rolle zu übernehmen. Die Qualität der Session profitiert jedoch in der Regel von der Anwesenheit eines erfahrenen Monitors, da der Viewer dadurch von unliebsamen (analytischen und organisatorischen) Aufgaben entlastet wird. Er kann sich um einiges besser *fallen lassen*.

3. Möglichkeiten, Anwendungsgebiete und Grenzen

Im vorangegangenen Kapitel wurde ein Überblick über Remote Viewing als eine Methode der Fernwahrnehmung gegeben, die ursprünglich im Bereich der militärischen und geheimdienstlichen Aufklärung entwickelt und primär zur Beschreibung entfernter Orte eingesetzt wurde. Heute findet diese Technik in einem deutlich größeren Umfang Anwendung als noch vor 40 Jahren. In der Zwischenzeit konnte ein umfassendes Verständnis der Möglichkeiten des Remote Viewing gewonnen werden, insbesondere durch seine Anwendung in zivilen Bereichen und die Auslotung seiner Grenzen.

In diesem Kapitel werden die Möglichkeiten sowie die Beschränkungen des Remote Viewing erörtert. Wie bereits angesprochen, kann diese Methode neben der Erkundung entfernter Orte auch zur Beschreibung von Personen, Ereignissen und sogar zukünftigen Entwicklungen eingesetzt werden. Demgegenüber stehen Herausforderungen und Beschränkungen der Technik, die bei der Anwendung berücksichtigt werden müssen.

Möglichkeiten

Die Methode des Remote Viewing eröffnet ein breites Spektrum an Anwendungsmöglichkeiten und basiert dabei auf den dem Bewusstsein gegebenen Fähigkeiten. Insofern kann RV als ein Spiegelbild dessen betrachtet werden, was das Bewusstsein zu leisten imstande ist. Die sich daraus ergebenden Möglichkeiten sind von gewaltigem Ausmaß, jedoch nicht grenzenlos.

Die folgende Übersicht erhebt keinen Anspruch auf Vollständigkeit und kann bei Bedarf erweitert werden. Sie enthält aber die wesentlichen Punkte für einen Einstieg in die Thematik.

Unabhängigkeit von Raum und Zeit

In vorangehenden Kapiteln wurde bereits dargelegt, dass der Viewer das Target raum- und zeitunabhängig beschreibt. Dies heißt, dass das Ziel unabhängig von räumlicher und zeitlicher Distanz wahrgenommen werden kann. In diesem Zusammenhang wird auch von Nicht-Lokalität gesprochen. Dies wirft unmittelbar die Frage auf, ob auch der menschliche Geist, zumindest in Teilen, nicht-lokal ist, also unabhängig von Raum und Zeit existiert. Das Kapitel *Das Bewusstseinsmodell* wird sich diesem Thema widmen.

Die Fähigkeit, sich unabhängig von Raum und Zeit zu bewegen, stellt für Remote Viewer einen entscheidenden Vorteil dar, der es ihnen ermöglicht, auch entfernte Ziele zu bereisen. Für den Viewer ist dabei irrelevant, ob das Target sich im Nachbarzimmer, auf der anderen Seite der Erde oder gar auf einem fremden Planeten befindet. Ebenso wenig ist für ihn von Belang, ob das Ziel in der Vergangenheit, der Gegenwart oder der Zukunft zu viewen ist. Es gibt Sessions, in denen Viewer Dinosaurier vor Millionen von Jahren beschrieben.

Zukunftsvorhersagen

Bei der Beschreibung zukünftiger Targets stellt sich grundsätzlich die Frage danach, ob das Universum bzw. das physische Geschehen deterministisch ist, die Zukunft also bereits feststeht. Die deterministische Weltanschauung wird aus philosophischer Sicht durch den *Laplaceschen Dämon* repräsentiert. Dieser ist ein Gedankenkonstrukt, nach dem ein allwissendes Wesen (der Dämon) alle Variablen des Universums zum jetzigen Zeitpunkt kennt und somit den nächsten Zustand des Universums im nächsten Moment eindeutig voraussagen kann. Ein solches Weltbild lässt weder Zufälle noch Bewusstseinsentscheidungen zu, die Einfluss auf den Verlauf des Universums nehmen könnten.

In der Tat kann der Gedanke eines deterministischen, vorherbestimmten Universums nicht aufrechterhalten werden. Es existieren durchaus Vorhersagen mittels RV, die auch kleinste Details Monate im Voraus beschrieben haben. Andererseits wurde wiederholt festgestellt, dass sich konsistente Zukunftsvorhersagen im Laufe der Zeit verändern, ähnlich wie sich der Wetterbericht für die kommende Woche im Verlauf der darauffolgenden Tage ändert. Sagten frühe Sessions, dass X eintreffen wird, tendierten spätere Sessions zu der Aussage, dass stattdessen Y eintreten werde, und schließlich traf Y ein. Die Zukunft erscheint daher als ein dynamischer Prozess, der durch Wahrscheinlichkeiten beeinflusst wird.

Es gibt aber bedeutende (Groß-)Ereignisse, die scheinbar unausweichlich sind. In diesem Zusammenhang lässt sich die Metapher eines Flusslaufs anführen. Diese Ereignisse manifestieren sich als Felsen im Flussbett, die sich weder bewegen noch verändern lassen. Ein Kanufahrer wird zwangsläufig auf sie treffen und sie umschiffen (oder mit ihnen kollidieren) müssen. Solche Vorkommnisse haben häufig weitreichende Konsequenzen, wie beispielsweise globale Ereignisse. Diese Beobachtung korreliert mit dem intuitiven Verständnis, dass zwar das eigene Schicksal beeinflusst, auf globale Geschehnisse jedoch nur sehr begrenzt Einfluss genommen werden kann. Es lässt sich beobachten, dass Großereignisse von einer Vielzahl von Faktoren stabilisiert werden, sodass die Wahrscheinlichkeit ihres Eintretens nahezu 100% beträgt, obwohl sie diese wohl nie ganz erreichen wird.

In diesem Zusammenhang stellt sich die Frage, welche Faktoren die zukünftigen Wahrscheinlichkeiten beeinflussen. Welcher Umstand verhindert ein deterministisches Universum? Es kann angenommen werden, dass quantenmechanische Zufälle involviert sind. Auf diese kann Bewusstsein steuernd einwirken. Dies wird durch moderne Experimente mit quantenmechanischen Zufallsgeneratoren belegt. Dieser Punkt wird in diesem Buch noch näher untersucht.

In der Tat lässt sich anhand eines eindrucksvollen Fallbeispiels aus eigener Erfahrung demonstrieren, dass das Bewusstsein die Zukunft beeinflussen kann: Der Hund Jerry.

Der im Juni 2021 geborene Jerry ist ein Border-Collie-Labrador-Mix. Im September desselben Jahres wurde Jerry an seine neuen Besitzer vermittelt. Ein Jahr zuvor, im Herbst 2020, zeigte sich in einer Remote-Viewing-Sitzung auf die Zukunft der Besitzer ein kleines, schwarzweißes, frettchenartiges Lebewesen, das für kurze Zeit ins Leben treten, jedoch nicht lange bleiben und sich unerwartet schnell wieder verabschieden würde. Da zu diesem Zeitpunkt die Anschaffung eines Hundes nicht geplant war, blieben die Viewer mit dem Ergebnis der Remote Viewing Session zunächst ratlos zurück. Ein Jahr später, im September 2021, wurde der Frettchenwelpe Jerry neues Familienmitglied.

Im Mai des Jahres 2023 ereignete sich ein folgenschwerer Vorfall, der durch einen unbedachten Moment ausgelöst wurde. Während eines Spaziergangs sprang der frei laufende Jerry bellend ins brusthohe Feld und begann, einem Wildtier nachzujagen. Der Kampf war deutlich zu vernehmen. Die Einfangaktion gestaltete sich für seine Besitzer als anspruchsvoll. Am darauffolgenden Tag befand sich Jerry in einem äußerst schlechten Zustand und entwickelte innerhalb kürzester Zeit ein bedrohlich hohes Fieber, welches zu schweren Krämpfen führte. Es ist anzunehmen, dass das Wildtier den Hund verletzt und sich die Wunde infiziert hatte. Der Zustand des Hundes verschlechterte sich rapide und wurde lebensgefährlich. Nach einigen Tagen konnte das Fieber dank fachkundiger Behandlung jedoch gesenkt werden. Allerdings entwickelte sich bei Jerry ein Pleuraerguss, d.h. es sammelte sich Flüssigkeit im Bereich des Rippenfells. Die Menge der Flüssigkeit war erheblich und suchte sich einen Weg nach außen, sodass sich im Bauchbereich eine 45 cm lange Wunde auftat, die sich vom Hals bis zum Bauchnabel zog und viel Gewebe zerstörte. Noch in derselben Nacht wurde Jerry notoperiert.

Im Anschluss an die Operation erfolgte ein mehrwöchiger stationärer Aufenthalt in einer Spezialklinik. Die Wunde wies eine beachtliche Größe auf, sodass die Frage aufkam, ob der Körper von Jerry in der Lage sein würde, diese wieder zu schließen. Aufgrund der geringen Menge an vorhandenem Gewebe war eine operative Behandlung nicht möglich. In der Folge begann ein Wettlauf gegen die Zeit, da diverse Blutwerte lebensbedrohlich sanken. Die behandelnden Ärzte äußerten sich wenig optimistisch hinsichtlich einer erfolgreichen Genesung. Die Situation war zu schlecht.

In dieser Zeit erinnerten sich die Besitzer an die Session aus dem Jahr 2020, in der prognostiziert wurde, dass das Frettchen nach einer nicht allzu langen Zeitspanne aus dem Leben scheiden würde. Der Beschluss, diesen Ausgang nicht zuzulassen, wurde jedoch umgehend gefasst. Session hin oder her.

Daraufhin wurden täglich Remote-Influencing-Sessions mit anderen fachkundigen Remote-Viewern durchgeführt. Die im Kapitel *Remote Influencing* näher beleuchtete Methode basiert auf der Technik des Remote Viewing und kann zur Beeinflussung von Mensch und Tier eingesetzt werden. In Jerrys Fall wurde diese Methode dazu verwendet, seine Selbstheilungskräfte zu aktivieren. Die Beeinflussung wurde dabei auf tagesaktuelle Statusmeldungen der behandelnden Ärzte abgestimmt und zeigte überaus schnell Wirkung. Es konnte sowohl eine Stabilisierung kritischer Blutwerte als auch eine Anregung der Bildung von Granulationsgewebe, welches für die Wundheilung essenziell ist, beobachtet werden. Die Ärzte der Tierklinik zeigten sich angesichts des Heilungsprozesses sprachlos und bezeichneten Jerry mehr als nur einmal als Wunderhund. Das Klinikpersonal hatte während dieser kritischen Phase exzellente Arbeit in der Behandlung geleistet, und die geballte Zusammenarbeit der Viewer im Remote Influencing hatte konsistent und erfolgreich unterstützt. Jerry überlebte. Selbstverständlich wurden nach Überstehen der kritischen Zeit regelmäßige Wundbehandlungen und Operationen durchgeführt, in deren Rahmen wiederholt Teile der Wunde genäht wurden. Ein halbes Jahr nach Abschluss der Behandlung verließ Jerry die Klinik als gesunder Hund.

Das vorliegende Beispiel demonstriert auf eindrucksvolle Weise, wie sich medizinische Verfahren und alternative Ansätze wie Remote Influencing in idealer Weise ergänzen, um gemeinsam herausragende Ergebnisse zu erzielen. Von gleicher Relevanz ist die Erkenntnis, dass die ursprüngliche Session, welche Jerry ein kurzes Leben prognostizierte, im Nachhinein als unzutreffend zu betrachten ist. Obgleich sich sein Zustand zwischenzeitlich als äußerst kritisch darstellte, konnte sein Schicksal letztlich zum Besseren gewendet werden. Es lässt sich vermuten, dass die bewusste Entscheidung der Viewer, gemeinsam um Jerrys Leben zu kämpfen und täglich Remote Influencing zur Heilung an ihm einzusetzen, den Ausgang der Ereignisse verändert hat. Es kann dahingestellt bleiben, ob diese Behauptung zutrifft oder nicht. Zum Zeitpunkt der Session im Herbst 2020 war der abzusehende Lauf der Dinge ein anderer.

Dem Thema der Zukunftsvorhersagen widmet sich vertiefend das Kapitel *Viewen zukünftiger Ereignisse*.

Ortsbeschreibung

Das klassische Anwendungsbeispiel des Remote Viewing ist die Beschreibung eines entfernten Ortes. In diesem Zusammenhang stellt sich die Frage, zu welchem Zeitpunkt dieser geviewt werden soll, da sich der Zustand des Orts innerhalb kürzester Zeit verändern kann.

Wie bereits dargelegt, bildet die Ortsbeschreibung den Ursprung für die Erforschung des RVs. Da zivile Viewer keine militärische Aufklärungsarbeit leisten, kommen diese Art von Targets in der Praxis verhältnismäßig selten vor. Sie treten häufig im Kontext der Suche nach verlorenen Gegenständen, bei der Aufklärung von Verbrechen sowie in Übungssessions auf.

Bei der Beschreibung von Orten ist es von entscheidender Bedeutung, dass sich der Viewer im Zielgebiet räumlich und zeitlich bewegt. Auf diese Weise ist es ihm möglich, das Target aus verschiedenen Perspektiven und zu unterschiedlichen Zeitpunkten zu betrachten. Die Möglichkeit der Bewegung im Target wird im Kapitel *Viewingstrategien* näher erörtert.

Objektbeschreibung

Mit RV können Objekte beschrieben werden. Im Rahmen dieser Vorgehensweise erfolgt nicht nur eine äußerliche Beschreibung, sondern auch eine Untersuchung ihrer inneren Zusammensetzungen sowie technischer Vorgänge. Die Möglichkeit der Zerlegung des untersuchten Objekts in seine Einzelteile sowie der separaten Betrachtung aller Aspekte ist ein wesentlicher Vorteil der Remote Viewing-Methode. Im Verlauf der Sitzung kann der Viewer eine Vorstellung davon entwickeln, wie das Objekt funktioniert, welchen Zweck es erfüllt und in welchem Kontext es eingebettet ist.

In einem Fallbeispiel aus eigener Erfahrung beschrieb der Viewer die Fotovoltaikanlage eines Auftraggebers. Die Anlage wies einen technischen Defekt auf, der zu einer eingeschränkten Funktionsfähigkeit führte. Der zuständige Servicetechniker war nicht in der Lage, den Fehler zu identifizieren und eine Lösung zu finden. Der Remote Viewer beschrieb die Anlage und bemerkte während der Session, dass diese technische Apparatur in der Selbstüberwachung einen Fehler aufwies. Wie sich im Nachgang herausstellte, wies die Anlage tatsächlich einen Defekt in der Diagnose-Software auf, der dazu führte, dass sie unter bestimmten Bedingungen nicht funktionierte. Der Remote Viewer hatte somit das Problem präzise identifiziert.

Die Möglichkeit, die Methode im Forschungssektor oder im Ingenieurwesen, einzusetzen, ergibt sich aus der Tatsache, dass sich mit RV technische Abläufe detailliert beschreiben lassen. So nutzen einige Viewer RV dazu, um etwa dem Phänomen der freien Energie auf den Grund zu gehen und herauszufinden, wie diese mit technischen Apparaturen nutzbar gemacht werden kann.

Personenwahrnehmung

Mit Remote Viewing ist eine Personenwahrnehmung durchführbar. Die Wahrnehmung beschränkt sich dabei nicht nur auf äußerliche Merkmale. Auch Handlungen, Gedanken und Emotionen können vom Viewer erfasst werden. Doch es geht noch weiter: Auch tiefenpsychologische Vorgänge, Geheimnisse und sexuelle Fantasien der Zielperson sind wahrnehmbar. Die Verantwortung für die Einhaltung ethischer Grenzen sowie die Ablehnung bestimmter Targets obliegt dabei dem Viewer bzw. Monitor. Den meisten (wenn auch nicht allen) ist bewusst, dass derlei Ziele nicht leichtfertig geviewt werden sollten. In der Praxis ist ein derart tiefes Eintauchen in eine Person eher selten der Fall und spielt in der Auftragsarbeit eine eher untergeordnete Rolle. Allerdings ist ein solches Vorgehen mittels RV möglich.

Ein weiterer Bereich der Personenwahrnehmung ist die Gesundheitsanalyse, bei der der Viewer versucht, körperliche und psychische Leiden zu identifizieren und deren Ursachen zu beschreiben. Solche Sitzungen werden in der Regel mit Zustimmung der betroffenen Person durchgeführt. In diesem Kontext kann der Viewer einen wertvollen Beitrag zur Heilarbeit leisten.

Beziehungsgeflechte

Die Betrachtung von Beziehungsgeflechten ist nicht nur für Partnerschaften von Interesse. Auch komplexe familiäre und andere soziale Strukturen können vom Viewer beschrieben und analysiert werden. Auf diese Weise gewinnen die Betroffenen häufig neue Erkenntnisse über ihr Zusammenleben. Des Weiteren kann das soziale Miteinander in Unternehmen durch den Viewer analysiert werden. Ihm bleibt nicht verborgen, was die einzelnen Beteiligten übereinander denken und welche Allianzen sich hier gebildet haben.

Zeitliche Abläufe

Ein Remote Viewer ist in der Lage, das Target über einen beliebigen Zeitraum hinweg wahrzunehmen und zeitliche Abläufe zu beschreiben. Er bedient sich hierbei entweder Zeitachsen (engl. Time Lines) oder bewegt sich mental zu einem gewünschten Zeitpunkt, an dem er das Target wahrnehmen möchte. Die zeitlichen Abläufe können sowohl sehr kurze als auch sehr große Zeiträume umfassen. Daher besteht die Möglichkeit, technische Vorgänge im Millisekundenbereich zu erfassen, sowie langfristige Entwicklungen zu erkunden, die beispielsweise gesellschaftlicher oder gar menschheitsgeschichtlicher Natur sind. Auch im Rahmen der Verbrechensaufklärung können Tathergänge ermittelt werden.

Lokalisierungen in Raum und Zeit

Die Beschreibung eines Targets ist eine Sache, die Lokalisierung auf der Karte eine andere. Remote Viewer sind in der Regel in der Lage, ein Zielgebiet in der Session (etwa einen Tatort) sehr gut wahrzunehmen und zu skizzieren. Diese Aussage lässt jedoch keine Rückschlüsse auf den genauen Standort des Targets zu. Die Lokalisierung erfordert weitere Arbeitsschritte. Dafür stehen dem Remote Viewer unterschiedliche Werkzeuge zur Verfügung, wobei die Ortung des Ziels auf einer Karte meist eine der anspruchsvollsten Herausforderungen darstellt. Dies gilt ebenfalls für das Aufspüren auf der Zeitachse, wenn der Zeitraum des Targets bestimmt werden soll. Schwierig hierbei ist die Bandbreite möglicher Antworten, die sehr variieren. Das Target kann lediglich Minuten oder Stunden in der Zukunft, jedoch auch Jahrmillionen in der Vergangenheit liegen. Ein strukturiertes Vorgehen ist erforderlich, um mit Skalierungsproblemen dieser Art adäquat umgehen zu können. Für viele Sessions ist die Lokalisierung des Targets auf der Karte und der Zeitachse allerdings eine wichtige Informationsquelle und ergänzt die Targetbeschreibung um wertvolle Angaben.

Associative Remote Viewing

Im Rahmen des Associative Remote Viewing (ARV) erfolgt die Beschreibung des eigenen Feedbacks durch den Viewer während der Session. Der entscheidende Aspekt dabei ist, dass zum Zeitpunkt der Session selbst noch gar nicht feststeht, welches Feedback der Viewer später erhalten wird.

Dieses Vorgehen lässt sich für die Vorhersage zukünftiger Ereignisse einsetzen. Das Ereignis muss dafür eine festgelegte Anzahl möglicher Ausgänge haben. Ein typisches Beispiel wäre ein Sportevent, bei dem entweder Mannschaft A oder Mannschaft B gewinnen kann. Die beiden möglichen Ausgänge werden mit unterschiedlichen Targets assoziiert, sodass beispielsweise der Eiffelturm für den Ausgang *Mannschaft A gewinnt* und ein Elefant in der Steppe für den Ausgang *Mannschaft B gewinnt* steht.

Der Viewer wird nach dem Spiel das Feedback (Eiffelturm oder Elefant) zu sehen bekommen, welches mit dem Gewinner des Spiels verknüpft ist. Seine Aufgabe zum Zeitpunkt der Session (d. h. vor dem Spiel) besteht in der Beschreibung des zu erwartenden Feedbacks. Auf diese Weise lassen sich vor dem Spiel Prognosen darüber treffen, welche Mannschaft gewinnen wird. In der Konsequenz können Sportwetten abgeschlossen werden.

Die Bezeichnung „Associative Remote Viewing" leitet sich aus der Methode selbst ab, bei der die Ausgänge des Ereignisses mit Targets *assoziiert* werden. Dieses zugegebenermaßen nicht leicht zu verstehende Konzept wird im Kapitel *Viewen zukünftiger Ereignisse* näher beschrieben.

Hypothetische Fragestellungen

Interessanterweise lassen sich mit RV hypothetische Fragestellungen beantworten. Ein Beispiel hierfür: *Was muss ich tun, damit ich heute in einem Jahr gesund bin?*

In der Praxis werden solche Fragen häufig im privaten Bereich gestellt. Viele Remote Viewer arbeiten damit, wenn es um ihre eigene Zukunft oder die von Verwandten oder Freunden geht. Dabei ist zu berücksichtigen, dass diese Targets oft ohne Rückmeldung bleiben, es sei denn, die Ereignisse treten irgendwann ein. Der Viewer hat also wenig Anhaltspunkte dafür, ob das, was er in der Session wahrnimmt, real ist oder seiner Fantasie entspringt. Für erfahrene Remote Viewer (bei denen die Sessions einen gewissen Grad an Zuverlässigkeit erreicht haben) sind hypothetische Fragen jedoch durchaus interessant.

Ein interessanter Nebenaspekt an dieser Stelle ist, dass der Viewer den Unterschied zwischen einem physisch/realen und einem hypothetischen Ziel nicht bemerkt. Es stellt sich die Frage: Wo ist diese Unterscheidung? Die Vermutung liegt nahe, dass es sie (zumindest für das Bewusstsein) nicht gibt und dass letztlich sowohl reale als auch hypothetische Ziele als Information zur Verfügung stehen. Wenn dieser Gedanke weiter verfolgt wird, ergeben sich weitreichende philosophische (und wahrscheinlich auch physikalische) Konsequenzen, die noch ein Stück über die Implikationen hinausgehen, die sich aus der Existenz der Fernwahrnehmung ergeben. Man könnte durchaus zu dem Schluss kommen, dass die physische Realität nur eine Art Informationscluster (unter unendlich vielen Clustern) ist, die das Bewusstsein erlebt, so wie man bewusst die Geschichte eines Buches liest, während die Bibliothek um einen herum unzählige andere Bücher bereithält.

Metaphysische Fragestellungen

Es lässt sich beobachten, dass auch metaphysische Targets mit RV beschrieben werden können. Als Beispiel kann die Frage nach einem Leben nach dem Tod angeführt werden. Es ist festzuhalten, dass die Informationen, welche Viewer auf solche Targets hervorbringen, je nach eigener Weltanschauung mehr oder weniger Sinn ergeben. Die Gültigkeit dieser Informationen bleibt jedoch unbestätigt. Feedback erhält der Viewer vermutlich erst mit seinem eigenen Ableben.

Der Begriff *esoterische Targets* bezeichnet derlei Targets und umfasst alle Ziele, zu denen der Viewer niemals Feedback erhalten wird. Unter diese Bezeichnung fallen darüber hinaus noch eine Vielzahl weiterer Ziele, die über das Thema des Nachlebens hinausgehen. So zählen ebenfalls UFOs und Außerirdische sowie entfernte Planeten zu den esoterischen Targets. Folglich sind auch physische Targets unter dieser Bezeichnung einzuordnen, sobald kein Feedback verfügbar ist.

Es sei darauf hingewiesen, dass es sich bei esoterischen Targets um eine mit Vorsicht zu genießende Kategorie handelt. Die Frage nach der Zuverlässigkeit der Session bleibt unbeantwortet und die Ergebnisse könnten leicht falsche Schlussfolgerungen nach sich ziehen, weshalb die daraus resultierenden Informationen stets mit einer gesunden Skepsis betrachtet werden sollten.

Gezielter Umgang mit Analytic Overlays

Die Fähigkeit, mit verstandesseitigen Schlussfolgerungen, sogenannten Analytic Overlays, und anderen gedanklichen Störeinflüssen (mentales Rauschen) umzugehen, stellt eine besondere Stärke von Remote Viewing dar. Wie bereits im vorherigen Kapitel dargelegt, können Analytic Overlays die Session auf eine völlig falsche Bahn lenken und das mentale Rauschen den Viewing-Prozess erheblich stören.

Den Analytic Overlays wird sich das Kapitel *Fehlerquellen* genauer widmen.

Remote Influencing

Der Begriff *Remote Influencing* ist den meisten Viewern geläufig, jedoch ist nur wenigen bekannt, wie genau diese Methode funktioniert. Der Begriff bezeichnet eine Remote-Viewing-Sitzung mit dem Ziel, eine bestimmte Person dahingehend zu beeinflussen, dass sie einer vom Viewer gewünschten Handlung nachkommt. Die Zielperson ist sich dessen nicht bewusst und die Beeinflussung erfolgt auf unbewusster

Ebene. Im harmlosen Fall kann eine Zielperson mittels Remote Influencing dazu gebracht werden, sich gesünder zu ernähren. Die Person wird zukünftig eine gesteigerte Lust auf Obst und Gemüse verspüren, ist sich jedoch nicht bewusst, woher dieser Wunsch kommt bzw. dass er von außen eingegeben wurde.

Die Wahl des Begriffs *Influencing* erscheint nicht optimal. Es handelt sich hierbei nicht um eine willkürliche Manipulation oder Fremdsteuerung. Vielmehr muss das Unterbewusstsein der Zielperson von der gewünschten Handlung überzeugt werden. Bei näherer Betrachtung zeigt sich, dass Remote Influencing in vielerlei Hinsicht mit einer Suggestionshypnose vergleichbar ist. Der entscheidende Unterschied besteht darin, dass die Suggestion in einer RV-Session und über die Ferne erfolgt.

Der Gedanke liegt nahe, dass Remote Influencing auch zum Nachteil der Zielperson eingesetzt werden kann. Dies wirft schwerwiegende ethische Fragen auf, die im Kapitel *Ethik im Remote Viewing* beleuchtet werden. Das Kapitel *Remote Influencing* widmet sich den Prinzipien und Wirkmechanismen der Methode.

Anwendungsgebiete

Die Methode des Remote Viewing hat ihren biederen militärischen Beigeschmack abgelegt und wird mittlerweile in verschiedenen Anwendungsgebieten eingesetzt, die über den ursprünglichen Zweck der militärischen und geheimdienstlichen Aufklärungsarbeit hinausgehen. In diesem Kontext sei auf einen Umstand hingewiesen, der oft übersehen wird: Die Fähigkeit von Remote Viewern besteht in der Gewinnung von Informationen aus dem Unterbewusstsein. Sie sind jedoch nicht zwangsläufig Experte auf dem Gebiet, in dem RV zum Einsatz kommt. Nicht jeder Remote Viewer verfügt über eine medizinische Ausbildung oder ist ein Fachmann für Börsenangelegenheiten. Folglich sind sie in der Regel auf das Wissen von Menschen angewiesen, die über das entsprechende Domänenwissen verfügen und die sagen können, was sinnvolle Targets sind und wo die Viewer hinschauen sollen. Es wird ersichtlich, dass Viewer ihre Fähigkeiten spezialisiert am effektivsten als Teil eines größeren Teams einsetzen können.

Das vorliegende Kapitel gibt einen Überblick über die heute wichtigsten Anwendungsgebiete.

Lebensplanung und -beratung

Das Leben kann herausfordernd sein. Einige Menschen sind mit einer Vielzahl von Herausforderungen konfrontiert, die sie alleine nicht bewältigen können. Sie suchen daher nach Möglichkeiten, Unterstützung bei der Lösung ihrer Probleme zu erhalten. Diese Menschen wenden sich an Remote Viewer, die ihnen Informationen liefern können, um die jeweilige Situation zu meistern. In diesem Kontext werden vorrangig Fragen aus dem familiären, sozialen und beruflichen Umfeld gestellt. Darüber hinaus können auch gesundheitliche Themen adressiert werden, wobei dieses Feld weiter unten gesondert betrachtet wird.

Der Viewer ist grundsätzlich in der Lage, seine eigenen Themen zu bearbeiten. Allerdings besteht hierbei das Problem der persönlichen Befangenheit, welches sich sowohl auf die Ergebnisse der Session als auch auf deren Interpretation auswirkt. Des Weiteren muss er seine Session so absolvieren, dass er keinerlei Kenntnis vom Target hat. Diese Umstände haben dazu geführt, dass sich in der Praxis Viewer-Gemeinschaften gebildet haben, in denen sich die Mitglieder gegenseitig persönliche Angelegenheiten viewen lassen, um so diese Problematik zu umgehen.

Einige Remote Viewer haben sich darauf spezialisiert, ihre Dienste im Rahmen bezahlter Auftragsarbeit anzubieten. Um diese Dienstleistung adäquat ausführen zu können, ist jedoch die Präsenz gut ausgebildeter und geübter Viewer erforderlich. Aus Erfahrung kann gesagt werden, dass die Nachfrage auf Seiten der Kunden zweifellos vorhanden ist.

Gesundheitliche Anwendungen und Heilarbeit

Die Anwendung von Remote Viewing im gesundheitlichen und therapeutischen Bereich erweist sich als außerordentlich vielversprechend. Die Technik findet beispielsweise Einsatz in der Gesundheitsanalyse. Viewer sind in der Lage, Informationen zu Krankheiten und körperlichen Leiden zu liefern, die einem zuständigen Arzt wertvolle Hinweise für die Behandlung geben können. Es besteht sowohl die Möglichkeit, den Körper der zu untersuchenden Person als Ganzes zu betrachten, um Problemstellen ausfindig zu machen, als auch *in den Körper zu gehen*, um körperinterne Abläufe und Zusammenhänge zu beschreiben.

Des Weiteren besteht die Möglichkeit, den Ursachen von Krankheiten auf den Grund zu gehen. Als Beispiel seien die Erkenntnisse aus der Entdeckung der biologischen Naturgesetze angeführt, welche im Rahmen des *BioLogischen Heilwissens* vermittelt werden. Diese besagen, dass Krankheiten Reaktionen des Körpers auf einen Reiz sind. Dabei kann es sich um einen physischen Reiz handeln, aber auch um einen psychischen Reiz, beispielsweise Konflikte und Traumata. Demnach wird der Auslöser vom Gehirn kategorisiert und löst die damit verknüpfte Reaktion des Körpers aus. RV ist in der Lage, den einer Krankheit zugrunde liegenden Konflikt herauszuarbeiten. Dadurch kann therapeutische Arbeit zur Konfliktlösung eingeleitet und der Mensch folglich in die Heilung gebracht werden.

Der Bereich der gesundheitlichen Anwendung umfasst das sogenannte *Remote Healing*. Bei dieser Methode handelt es sich um Remote Influencing mit dem Ziel, die betrachtete Person in die Selbstheilung zu bringen. Der Betroffene wird dabei dahingehend beeinflusst, dass er von sich aus in die Genesung geht. Wie bei allen Formen der Heilarbeit besteht auch hier keine Garantie auf Erfolg. Dennoch kann Remote Healing erstaunlich starke Effekte auslösen und hat den Betroffenen in manch schwierigem Fall vor dem drohenden Tode bewahrt.

Verbrechensaufklärung

Die Aufklärungsarbeit bei Verbrechen kann durch Remote Viewing unterstützt werden. Es sind hierbei besondere Fallstricke zu beachten, sodass dieser Bereich definitiv erfahrenen Viewern vorbehalten bleiben sollte.

Ein solcher Fallstrick besteht darin, dass auch Mordfälle und Fälle von Misshandlungen in diese Kategorie fallen. Während ein Banküberfall ohne Gewalteinwirkung für den Viewer in der Regel kein Problem darstellt, werden Sessions zu einer emotionalen Belastung, sobald Gewalt im Spiel ist. Der Viewer *beobachtet* das Target und infolgedessen wird er zum Zeugen des Geschehens. Die reine Beobachtung kann bereits emotional sehr belastend sein, daran ändert auch der Umstand nichts, dass er das Target lediglich *auf dem Papier* erkundet. Der Viewer befindet sich in einem mentalen Zustand, der ihn das Geschehen vor Ort außersinnlich wahrnehmen lässt, und das ungefiltert und ungeschönt. Da diese Wahrnehmung alle Sinne sowie Fremdemotionen umfasst, wird auch der Viewer eigene Emotionen hinsichtlich des Targets entwickeln. In der Folge sind Tränen während einer Sitzung keine Seltenheit. Damit muss umgegangen werden können.

Beim Viewen allgemein und bei emotional belastenden Zielen insbesondere besteht die Gefahr, dass der Viewer in die Emotionen der Menschen im Target *hineinrutscht*. In diesem Fall beginnt der Viewer, sich beispielsweise mit dem Opfer zu identifizieren. Er übernimmt dessen Emotionen und Gedanken und fühlt, was dieses fühlt. Die dadurch erlebten Erfahrungen können gravierende Auswirkungen auf den Viewer haben. Möglich ist auch, dass der Viewer in den Täter *hineingezogen* wird und dadurch Verständnis für die Tat entwickelt. In diesen Momenten ist es für den Viewer unerlässlich, sich von derartigen *Verschmelzungen* zu lösen, um eine Aufnahme von Fremdeinflüssen in seine eigene Psyche zu verhindern. Dieser Prozess wird *Detoxing* (Entgiftung) genannt. Das Kapitel *Gefahren für den Viewer* befasst sich näher damit.

In der Verbrechensaufklärung sieht sich der Viewer mit einer weiteren Herausforderung konfrontiert. In aller Regel wird die Polizei bzw. die Ermittlungsbehörde kein Interesse an den durch das Viewing gewonnenen Informationen haben. Es sind nur wenige Fälle bekannt, in denen Remote Viewer mit polizeilichen Ermittlern kooperiert haben. In den USA scheint die Bereitschaft offizieller Stellen, mit Remote Viewern zusammenzuarbeiten, höher zu sein als im deutschsprachigen Raum. Für den Viewer stellt sich die Frage, welche weiteren Optionen es gibt, um die Informationen aus der Session weiter verwenden zu können. Als erfolgversprechender erscheint die Zusammenarbeit mit Privatermittlern, sofern diese dem Thema gegenüber aufgeschlossen sind.

Es sei grundsätzlich darauf hingewiesen, dass der Viewer in der Lage ist, Täterwissen zu erlangen, wodurch er sich im schlimmsten Falle selbst verdächtig machen könnte. In der Tat sind Fälle bekannt, in denen Viewer die Unterstützung eines Anwalts in Anspruch nehmen mussten, da sie durch die Polizei auf Grund ihrer Kenntnisse als Tatverdächtiger eingestuft wurden.

Businessanwendungen

Remote Viewing eignet sich für den Einsatz in Unternehmen. So können Viewer unter anderem in Forschungs- und Entwicklungsabteilungen eingesetzt und unterstützend tätig werden. Mit Hilfe geeigneter Werkzeuge ist es möglich, auch komplexe Analysen, etwa hinsichtlich finanzieller Entwicklungen oder Mitarbeiter- und Kundenzufriedenheit, zu ermitteln. Die dadurch gewonnenen Erkenntnisse sind für das Unternehmen von großem Wert, da sie andernfalls etwa den Bereichen Marketing, Controlling und Personalwesen verborgen bleiben können. Die Schwierigkeit, die sich in diesem Kontext stellt: Es gibt kaum Unternehmen, die den Einsatz von Remote Viewern in Betracht ziehen.

Vorhersage von Börsenkursen

Auch die Vorhersage von Aktienkursen, des DAX oder des Goldkurses ist möglich. Hierfür stehen im RV spezielle Werkzeuge zur Verfügung, mit denen sich zeitliche Verläufe messbarer Größen in einem Koordinatensystem vorhersagen lassen. Des Weiteren wird das sogenannte Associative Remote Viewing eingesetzt, um die zukünftige Entwicklung eines betrachteten Kurses zu einem bestimmten Stichtag vorherzusagen.

Die Anwendung in diesem Bereich sollte erfahrungsgemäß in ein größeres Trading-Konzept eingebettet sein, wobei Sessions lediglich einen Indikator unter vielen darstellen. Wie jede andere Form der Informationsgewinnung ist auch Remote Viewing nicht frei von Fehlern. Daher ist es nicht ratsam, auf Basis einer einzigen Session Haus und Hof zu verwetten. Für größere Investitionen sind weitere, börsenspezifische Indikatoren zu analysieren und zu berücksichtigen.

Eine Betrachtung aus physikalischer Sicht offenbart, dass sich ein Aktienverlauf aus einer Vielzahl physischer Faktoren definiert. Es existiert kein realer Ort, an dem die Aktie physisch realisiert wäre, da es sich um ein Konzept, ein reines Gedankenkonstrukt, handelt. Zur Vorhersage eines Aktienverlaufs mittels Remote Viewing bedient sich der Viewer eben dieses Gedankenkonstrukts. Es ist nicht erforderlich, sämtliche physischen Faktoren, welche den Aktienkurs bestimmen, separat zu viewen, um dessen Verlauf vorherzusagen.

Das Beispiel zeigt, dass beim RV unser Verständnis auf Bewusstseinsebene maßgebend ist, nicht die physische Realität. Folglich kann die Fernwahrnehmung auf rein physikalischer Ebene nicht erklärt werden. Theorien müssen das Bewusstsein zwangsweise mit einbeziehen.

Sportwetten

Im Bereich der Sportwetten lässt sich mit Remote Viewing, ebenso wie bei Börsenspekulationen, ein Gewinn erzielen. In erster Linie findet hier Associative Remote Viewing (ARV) Anwendung, um den Ausgang zukünftiger Spiele und Partien vorherzusagen. Die Bewältigung der spezifischen Herausforderungen des ARV erfordert ein hohes Maß an Training und Disziplin. Dies macht deutlich, dass Übung eine wesentliche Voraussetzung für den Erfolg ist. Die Erwartungen sollten realistisch sein. Eine Trefferquote von 70% kann bereits als sehr gut bezeichnet werden und liegt deutlich über der Ratewahrscheinlichkeit.

Forschungen

Insbesondere bei der Anwendung von Remote Viewing im Forschungsbereich wird deutlich, dass Viewer externes Expertenwissen benötigen. Die Zusammenarbeit mit Fachpersonal ermöglicht es dem Team, mit RV domänenspezifische Informationen zu liefern, auf die der Viewer allein nicht gekommen wäre. Anders formuliert: Die Experten können dem Viewer sagen, wo er genau hinschauen muss. Mögliche Anwendungsbereiche sind die Geschichtsforschung, Archäologie sowie die Naturwissenschaften, wie etwa die Biologie und Medizin.

Grenzen

Wenn ihr der Fernwahrnehmung mächtig seid, warum habt ihr dann noch nicht im Lotto gewonnen?

Diese Frage wird Remote Viewern oft gestellt. Da der befragte Viewer noch kein Lottomillionär ist, wird meist voreilig geschlussfolgert, dass Remote Viewing nicht funktionieren kann. Hierbei wird übersehen, dass RV nicht allmächtig ist und ebenso seine Grenzen hat. Diese liegen in diesem Beispiel in der unterschiedlichen Wahrnehmung der Welt durch das Unterbewusstsein und das Wachbewusstsein bzw. den Verstand. Das Unterbewusstsein kennt keine Zahlen, was deren exakte Vorhersage zu einer Herausforderung macht. Die Wahrnehmungsqualitäten des Unterbewusstseins wird im Kapitel *Die Welt des Bewusstseins* näher beleuchtet.

Analytic Overlays

Analytic Overlays, bei denen verstandesseitige Schlussfolgerungen die unterbewussten Eindrücke überlagern, werden sowohl bei den Möglichkeiten als auch bei den Beschränkungen aufgeführt. Da es widersprüchlich klingt, bedarf es einer Erläuterung. Overlays, insbesondere Verstandesleistungen, sind nicht auf Remote Viewer beschränkt. Sie gehören zum Menschsein dazu. Der Verstand schlussfolgert ständig, exakt und blitzschnell (weitere Details hierzu finden sich im Kapitel *Das Bewusstseinsmodell*). Diese Aufgabe erfüllt er auch während einer Session, wobei er in den allermeisten Fällen jedoch falsche Schlüsse zieht.

Im RV ist es nicht das Ziel, den Bewusstseinszustand zu wechseln. Die Ratio und das Wachbewusstsein sind während der Session präsent und aktiv. Folglich stellen Analytic Overlays einen Teil der Sache dar, deren Auftreten vom Viewer nicht verhindert werden kann. Wie im Abschnitt *Möglichkeiten* nachzulesen ist, kann dieser jedoch sehr wohl mit Analytic Overlays umgehen, ist sich derer bewusst, bemerkt in der Regel ihr Auftreten und kann sich dies zu Nutze machen. Daher ist es angebracht, diese Art der Störeinflüsse sowohl auf der Pro- als auch auf der Contra-Seite zu erwähnen.

Die Brille des Unterbewusstseins

In einer Session beschreibt der Viewer das Target nicht auf die gleiche Weise, wie er es tun würde, wenn ihm die vollständigen Informationen über das Ziel bekannt wären. In anderen Worten: Da der Viewer die Informationen vom Unterbewusstsein übermittelt bekommt, beschreibt er das Target so, wie sein Unterbewusstsein es wahrnimmt. Dessen Wahrnehmungswelt unterscheidet sich aber deutlich von der des Wachbewusstseins. Die Unterschiede werden im Kapitel *Die Welt des Bewusstseins* erläutert und sind unter anderem dafür verantwortlich, dass der Lottogewinn schwierig bleibt.

Positive und negative Attraktoren

Im Folgenden soll ein kleines Gedankenexperiment durchgeführt werden, welches die folgende Situation beschreibt: Eine Person läuft die Straße entlang. Zur Rechten erstreckt sich eine graue Betonwand, die sich entlang des Weges zieht. Auf der linken Seite befindet sich eine Achterbahn mit Loopings, in der Menschen im Adrenalinrausch schreien. Wo wird die Aufmerksamkeit der Person liegen? Auf der Betonwand oder auf dem Fahrgeschäft? Die Antwort hängt von diversen Faktoren ab.

Sofern die Achterbahn positive und freudige Gefühle in der Person auslöst, wird sie sich diese anschauen, ohne die Mauer auch nur eines Blickes zu würdigen. Ist die Person hingegen von Angst erfüllt oder hat sie gar negative Erfahrungen mit einer Achterbahn gemacht, so wird sie absichtlich von der Attraktion wegschauen und den Fokus auf die Betonwand legen. In diesem Kontext werden positive Attraktoren, welche die Aufmerksamkeit anziehen, von negativen Attraktoren, welche die Aufmerksamkeit abstoßen, unterschieden. Auch im Remote Viewing lassen sich derartige Attraktoren (positive wie negative) beobachten. Für den Viewer sind in der Regel Energien und Bewegungen interessant. Die Aufmerksamkeit wird folglich dorthin gelenkt, wo etwas geschieht. Insbesondere technikbegeisterte Viewer lassen sich in Sessions oft von dieser Art von Vorgängen fesseln. Eine sich drehende Schiffsschraube oder ein Flugzeugtriebwerk stellen für die meisten Viewer spannende Elemente dar. Gleichzeitig können Abneigungen gegen bestimmte Aspekte im Target auftreten, weshalb es regelmäßig vorkommt, dass der Viewer etwas im Zielgebiet unterbewusst nicht wahrnehmen oder sehen möchte. So können etwa Unbehagen vor tiefen Gewässern oder auch die Abneigung von Menschenansammlungen in der realen Welt Einfluss darauf haben, wie der Viewer das Target wahrnimmt. Auch Ängste und Phobien, etwa vor Spinnen, können dazu führen, dass der Viewer in der Session wegschaut und schlicht keine Informationen hierzu liefert.

Beide Arten von Attraktoren weisen die gleichen Nachteile auf: Es besteht die Gefahr, dass die wesentlichen Aspekte im Target nicht wahrgenommen werden. Während positive Attraktoren dazu führen können, dass der Viewer von ihnen angezogen wird und relevante Elemente im Zielgebiet ausblendet, können negative Attraktoren dazu führen, dass der Viewer die Augen vor wichtigen Dingen verschließt.

Fehlerquelle: Sessioninterpretation

Ein Viewer beschreibt das Target, er benennt es nicht. Der Prozess des Viewens kann mit einer Entdeckungstour eines Kindes verglichen werden, das die Welt noch nicht kennt. Sowohl das Kind als auch der Viewer werden ihren individuellen Wortschatz nutzen, um diese zu beschreiben. Das Vokabular ist mitunter sehr präzise, gelegentlich jedoch auch ungenau oder sogar skurril, jedoch stets auf die eine oder andere Weise zutreffend. In vielen Fällen ist eine Interpretation der Sessionergebnisse im Kontext des Targets erforderlich. Diese ist mitunter fehleranfällig.

Ein weiterer Aspekt, der die Interpretation der Session erschwert, ist die Neigung von Viewern, das Target in Allegorien und Metaphern zu beschreiben. Diese Tendenz ist bei einigen Viewern stärker ausgeprägt als bei anderen. Dies ist insbesondere der Fall, wenn das Target eine gewisse Komplexitätsschwelle (wie beispielsweise im Kontext von gesamtgesellschaftlichen Zusammenhängen) überschreitet. In der Folge wird das Target allegorisch und metaphorisch bzw. in symbolischen Geschichten ausgedrückt. Um die Session richtig verstehen und interpretieren zu können, müssen zunächst die verwendeten Allegorien und Metaphern identifiziert werden. Der Viewer ist in der Regel nicht in der Lage zu erkennen, ob er das Target auf physischer oder symbolischer Ebene wahrnimmt. Im Anschluss an die Identifizierung der Allegorien und Metaphern erfolgt die Interpretation der Symbolsprache. In diesem Zusammenhang ist eine detaillierte Betrachtung erforderlich.

Doch auch abseits jeglicher Symbolik ist Vorsicht bei der Sessioninterpretation geboten. Nur zu schnell werden falsche Schlüsse gezogen. Ein Beispiel ist folgender Fall:

Im Rahmen einer Remote Viewing Session wurde seitens eines Klienten die Frage aufgeworfen, wie sich das Unternehmen, in dem er als Arbeitnehmer beschäftigt war, innerhalb der kommenden 12 Monate entwickeln würde. Der Viewer beschrieb zunächst das Unternehmen sowie die in einem Gebäude arbeitenden Menschen, die insgesamt in ihrer täglichen Arbeit eher wenig motiviert zu sein schienen. Auf einer Zeitachse bis 12 Monate in die Zukunft sollte der Viewer herausfinden, ob sich diese Situation verändern würde. In der Tat wurde ein Punkt gegen Ende des Zeitstrahls markiert, an dem die Tätigkeiten zum Erliegen kamen. Das Resultat wurde dem Klienten präsentiert. Die naheliegende Interpretation lautete, dass das Unternehmen insolvent gehen würde. Das Projektteam sowie der Klient waren sich jedoch einig, dass es ratsam sei, Ruhe zu bewahren und die Ergebnisse mit einer gewissen Skepsis zu betrachten.

Die folgenden Monate verstrichen, bis etwa ein dreiviertel Jahr nach der Session das Unternehmen von einem Investor übernommen, in diesem Zuge aufgelöst und zur gleichen Zeit ein neues gegründet wurde. Der Firmenname sowie die Kunden- und Mitarbeiterverträge wurden dabei übernommen. Die Aussage der Session hatte insofern ihre Richtigkeit, als dass das Unternehmen tatsächlich die Arbeit eingestellt hatte. Die Interpretation einer Insolvenz war schlichtweg falsch. Das Beispiel veranschaulicht, wie vorsichtig Sessionergebnisse interpretiert werden müssen, um voreilige Schlüsse zu vermeiden und im schlimmsten Fall falsche Entscheidungen zu treffen.

Die 100% Trefferquote

Im Rahmen einer Session werden in deren Verlauf eine Vielzahl von Informationen schriftlich festgehalten. Die Vorgehensweise, welche Dinge aufgeschrieben werden und welche nicht, variiert in der Regel mit dem Erfahrungsstand des Remote Viewers. In diesem Kontext erscheint ein Vergleich angebracht: Ein Hobby-Fotograf greift zur Kamera und begibt sich in die Außenwelt, in der Hoffnung, genau den Schnappschuss einzufangen, der als sein Meisterwerk in die Geschichte eingehen wird. Der professionelle Fotograf hingegen wird sich auf den Weg machen und eine Vielzahl an Bildern aufnehmen, wobei er sich der Tatsache bewusst ist, dass er einen Großteil davon aussortieren wird. Aufgrund der hohen Anzahl an Fotografien besteht jedoch die Möglichkeit, ein einzigartiges Motiv zum genau richtigen Zeitpunkt aufgenommen zu haben.

Im Vergleich zum Remote Viewer lässt sich festhalten, dass Anfänger dazu neigen, nur wenige der hereinkommenden Eindrücke zuzulassen und aufzuschreiben, wohingegen Profis hierbei keine Hemmungen haben und alles zu Papier bringen, was sie wahrnehmen bzw. ihnen durch den Kopf geht.

Es sei darauf hingewiesen, dass kein Remote Viewer, unabhängig von seiner Erfahrung, ausschließlich korrekte Informationen liefert. Allerdings hat er, ähnlich wie der Fotograf, am Ende seiner Arbeit die Möglichkeit, seine Ergebnisse zu überprüfen und die seiner Meinung nach falschen von den richtigen Eindrücken zu trennen. Im Anschluss an die Session erstellt der Viewer eine Zusammenfassung, in der er die Informationen, die seinem Gefühl nach falsch sind, aussortiert. Im Verlauf der Session entwickelt er ein intuitives Gefühl für die Richtigkeit seiner Eindrücke. Dieser Filterprozess ist jedoch nicht zu 100% zuverlässig und es besteht die Möglichkeit, dass korrekte Eindrücke nicht in die Zusammenfassung übertragen werden, während auf der anderen Seite möglicherweise falsche Informationen in die Zusammenfassung aufgenommen werden. Der Filterprozess ist zwar von essenzieller Bedeutung, jedoch nicht frei von Fehlern.

Das Kapitel *Sessionanalyse* befasst sich näher mit dem Thema der Zusammenfassung und eben jenem Filterprozess.

Zeit und Aufwand

In einem Beitrag im Online-Angebot eines öffentlich-rechtlichen Senders wurde einmal ein Mathematiker interviewt, der sich einen Spaß daraus machte, Vorhersagen von Hellsehern etc. zu untersuchen und zu zerlegen. Dabei bezog er sich unter anderem auf eine Hellseherin, die offensichtlich nicht in der Lage war, ihr eigenes Ableben bei einem Unfall vorherzusagen. Der Beitrag wurde zu einem Zeitpunkt veröffentlicht, an dem die Frau bereits länger verstorben war. Für den Mathematiker war dies der Beweis, dass sie eine Hochstaplerin war, so wie seiner Schlussfolgerung nach alle anderen auch, die behaupteten, derartige Fähigkeiten zu besitzen.

In seiner Argumentation unberücksichtigt ließ der Interviewgast die Tatsache, dass Fernwahrnehmung ein zeitintensives Unterfangen darstellt. Eine RV-Sitzung dauert mindestens eine Stunde und kann, mit Pausen, Feedback und Analyse auch einen längeren Zeitraum umfassen. Die Konsequenz daraus ist, dass es kaum möglich ist, die täglich wichtigsten Ereignisse vorherzusagen, um herauszufinden, ob etwas Schlimmes passieren wird. Remote Viewing ist in erster Linie ein solides Handwerk, dessen Ausführung Zeit erfordert. Remote Viewer sind Experten in der Kommunikation mit ihrem eigenen Unterbewusstsein, jedoch keineswegs allwissend.

Beschränkungen können aber auch auf ethischen Überlegungen und Grundsätzen basieren. Es ist leicht vorstellbar, dass es aus Sicht der Ethik nicht sinnvoll ist, alles zu tun, was mit RV prinzipiell möglich ist. In diesem Kontext ergeben sich Fragen hinsichtlich der Privatsphäre, persönlicher Rechte sowie des potenziellen Missbrauchs. Dies gilt insbesondere für das sogenannte Remote Influencing, der Beeinflussung von Personen (siehe Kapitel *Remote Influencing*). Im Kapitel *Ethik im Remote Viewing* wird erörtert, wie eine verantwortungsvolle Anwendung dieser Methode gewährleistet werden kann und welche ethischen Richtlinien dabei zu beachten sind.

Fazit

Die Methode des Remote Viewing weist sowohl Stärken als auch Schwächen auf. Die Einsatzmöglichkeiten sind vielfältig und gehen über den ursprünglichen Anwendungsbereich, die militärische und geheimdienstliche Aufklärung, hinaus. In diesem Kapitel wurden die Möglichkeiten und Grenzen sowie die Anwendungsgebiete erörtert. Für ein grundlegendes Verständnis der Methode ist eine Auseinandersetzung mit dieser Thematik unabdingbar. Viele der aufgeführten Punkte erschließen sich jedoch erst bei eigener Erfahrung im RV. Obgleich das Potenzial erheblich ist, kann sie nicht als Allheilmittel betrachtet werden, das in der Lage ist, alle Fragestellungen dieses Universums zu lösen.

4. Das Bewusstseinsmodell

Remote Viewing ist in breiten Teilen der Bevölkerung unbekannt. Obgleich sich eine Entwicklung abzeichnet, die darauf hindeutet, dass sich immer mehr Menschen auch mit derlei Themen auseinandersetzen, bleibt es jedoch vorerst ein Randphänomen. In den großen Medienanstalten findet RV de facto keine Erwähnung, obwohl die Institutionen der US-amerikanischen Behörden im Jahre 1995 offengelegt hatten, an diesem Thema geforscht und gearbeitet zu haben. In dem bekannten Film *Männer, die auf Ziegen starren* aus dem Jahre 2009 wurde auf humoristische und überzogene Art und Weise auf die Einheit in Fort Meade angespielt. Die Besetzung kann mit namhaften Schauspielern wie George Clooney, Jeff Bridges, Ewan McGregor und Kevin Spacey aufwarten. Obgleich der Film zu Beginn darauf hinweist, dass in ihm mehr Wahrheit steckt als man denken möge, führte auch er nicht zu einem größeren Bekanntheitsgrad des Remote Viewing.

Die Ursachen hierfür sind vermutlich im vorherrschenden Weltbild der westlichen Bevölkerung zu finden. Interessanterweise scheint die Existenz des Remote Viewing auch in den USA nicht zum Allgemeinwissen zu gehören. Die Weltsicht ist in vielen Köpfen der Menschen materialistisch ausgelegt, was bedeutet, dass alles durch Materie erklärbar sein muss. Aus dieser Überzeugung heraus existiert nichts weiter. Folglich wird das Bewusstsein als Epiphänomen materieller, neuronaler bzw. biologischer Vorgänge im Gehirn betrachtet, welches als Nebenprodukt abfällt und dabei wenig Einfluss auf das biologische System hat. Da das Gehirn und mit ihm seine biologischen Strukturen physikalisch im Hier und Jetzt (lokal) verankert sind, muss dies auch auf das Bewusstsein zutreffen. In der Schlussfolgerung kann es Remote Viewing im Materialismus nicht geben. Dabei wird außer Acht gelassen, dass es sich lediglich um eine unbewiesene Theorie handelt. Es existieren keine wissenschaftlichen Belege, die die These stützen würden, dass der Materialismus die Welt richtig und vollständig beschreibt. Die Frage, ob der materialistische Ansatz aufrechterhalten werden kann, wenn Remote Viewing in die Gleichung mit einbezogen wird, muss verneint werden. RV ist eines von vielen Phänomenen, die dies beweisen. Es bedeutet jedoch noch nicht, dass das allgemeine Weltbild dadurch ins Wanken gerät.

Ein weiteres Extrem lässt sich im spiritistischen Verständnis der Welt beobachten. In Bezug auf Remote Viewing wird mitunter die Behauptung aufgestellt, dass die Viewer mit Verstorbenen oder gar Engeln bzw. Dämonen kommunizieren. In diesem Kontext werden zudem Begriffe wie das *Höhere Selbst* bzw. das *Wahre Selbst* verwendet. Diese Weltanschauungen sind letztlich nicht verifizierbar.

In welchem Verhältnis steht Remote Viewing nun also zu den genannten Extremen? Nun, mittendrin und nirgends. Zuerst einmal muss festgehalten werden, dass RV prinzipiell ohne Weltanschauung daher kommt. An dieser Stelle wird der (trockene) wissenschaftliche Hintergrund ersichtlich. Dennoch lässt sich aus Beobachtungen ein Bewusstseinsmodell ableiten, das dem materialistischen Ansatz widerspricht. Die Interpretation des Modells lässt genügend Freiräume für individuelle Weltbilder und Erklärungsansätze, lediglich mit dem Materialismus wird es schwierig. Es kann festgehalten werden, dass Remote Viewing im Kern eine Methode zur Fernwahrnehmung darstellt. Die bereitgestellten Techniken und Werkzeuge ermöglichen die Beschreibung von Targets aus der Ferne, ohne dabei auf weltanschauliche Konzepte zurückgreifen zu müssen. Man könnte sagen: *So funktioniert es, nutze es und erkläre es dir mit deinem eigenen Weltbild.*

Allerdings wäre es zu kurz gegriffen, die physikalischen und philosophischen Implikationen außer Acht zu lassen. Das Verständnis des Bewusstseinsmodells ist von entscheidender Bedeutung, um die Abläufe einer Session nachvollziehen zu können. Wie bereits erwähnt, basiert dieses Modell auf Beobachtbarem und vermeidet jeglichen Überbau, der zu esoterischen und nicht überprüfbaren Konzepten führen würde. Im vorliegenden Kapitel wird das Bewusstseinsmodell schrittweise vorgestellt:

- Im ersten Abschnitt wird dargelegt, warum der materialistische Erklärungsversuch für Remote Viewing unter Einbeziehung der Quantenphysik nicht ausreichend bzw. zielführend ist und weshalb Bewusstsein eine Rolle spielen muss.
- Im zweiten Schritt erfolgt die Beschreibung des Bewusstseinsmodells, welches auf direkten Beobachtungen im Remote Viewing basiert. Zudem wird dargelegt, wie dessen Bestandteile im RV zusammenwirken.
- Der dritte Abschnitt ist dem Doppelspalt-Experiment gewidmet, welches den Einfluss des Bewusstseins auf die physische Welt direkt zu belegen scheint. Des Weiteren werden Experimente präsentiert, in denen Wünsche von Probanden quantenmechanische Zufallsgeneratoren beeinflussen. In diesem Kontext werden Theorien vorgestellt, die Phänomene wie die extrasensorische Wahrnehmung erklären und sich ganz oder in Teilen den Philosophien des Dualismus, Monismus, oder Idealismus zuordnen lassen.
- Im letzten Schritt werden Beobachtungen über die Beschaffenheit eines (scheinbar realen) informatorischen Raumes im Sinne einer *Welt der Ideen und Konzepte* angeführt.

Remote Viewing und Physik

Bei Betrachtung der Quantenphysik als Erklärungsansatz zeigt sich insbesondere die Quantenverschränkung als ein Konzept, das im Hinblick auf Remote Viewing interessant scheint. Sie ist ein Phänomen der Quantenmechanik, welches zwei oder mehr Teilchen in einen so engen Zustand verbindet, dass der Zustand eines Teilchens sofort den des anderen beeinflusst, unabhängig von der Entfernung zwischen ihnen. Die Beeinflussung von Teilchen Nr. 2 durch Teilchen Nr. 1 erfolgt auch über sehr große Distanzen ohne Zeitverzögerung, was dem Prinzip widerspricht, dass sich nichts (auch keine Informationen) schneller als mit Lichtgeschwindigkeit durch das Universum fortbewegen kann. Dies steht in krassem Widerspruch zur Relativitätstheorie, weshalb Albert Einstein sie als „spukhafte Fernwirkung“ bezeichnete.

Obgleich die Quantenverschränkung evident gegen die Intuition verstößt, hat sie sich als gut etabliertes und experimentell bestätigtes Phänomen erwiesen. Dennoch handelt es sich hierbei um eines der am wenigsten verstandenen Phänomene in der Physik. In einer ersten Betrachtung ließe sich Remote Viewing dadurch erklären, dass der Viewer mit dem Target eine Art Quantenverschränkung eingeht. Die Frage, wie diese entstehen soll, bleibt jedoch ungeklärt. Aus der Perspektive des Remote Viewers lässt sich ein Argument gegen diesen Erklärungsansatz anführen. Um dieses zu verstehen, muss etwas ausgeholt werden:

Ein Börsenwert wie der Deutsche Aktienindex DAX wird durch eine sehr große Anzahl physischer Faktoren definiert. Dies umfasst bewusste Entscheidungen von Unternehmern, Subunternehmern, Team- und Projektleitern, Mitarbeitern bis hin zur Putzfrau, die sich entscheidet, das Stromkabel des Servers zu ziehen, damit es beim Putzen nicht stört. Zu diesen Faktoren zählen ebenso mikroskopisch kleine Vorgänge in Maschinen, Produktionsanlagen und Computersystemen, die darüber entscheiden, ob das System ausfällt oder nicht. Die Aufzählung physischer Faktoren ließe sich beliebig fortsetzen. Es kann ohne Übertreibung behauptet werden, dass sich der DAX aus vielen Millionen solcher Faktoren definiert.

Bei einer Begegnung zweier Börsenmakler auf der Straße erfolgt eine Diskussion über die Entwicklung des DAX wohl kaum auf Basis der unzählbar vielen physischen Faktoren. Vielmehr ist ihr Verständnis des DAX abstrakt. Es handelt sich um ein Konzept, und über dieses können sich die beiden Börsenmakler unterhalten, ohne die unzähligen physischen Faktoren zu berücksichtigen. Insofern kann festgehalten werden, dass es sich um ein reines Gedankenkonstrukt handelt. Es existiert kein Ort, an dem der DAX physisch repräsentiert wäre.

Ein Remote Viewer ist in der Lage, den DAX zu beschreiben und seine Entwicklung vorherzusagen. Der geübte Umgang mit bestimmten Werkzeugen und Techniken zur Erstellung von Verlaufsgrafiken ist hierfür erforderlich. Der Viewer wird die Entwicklung in den seltensten Fällen fehlerfrei beschreiben, sein Verlaufsgraph wird aber in Korrelation mit der Entwicklung des DAX stehen und seine Erfolgsquote über der des zufälligen Ratens liegen. Dies verdeutlicht, dass auch der Viewer in der Lage ist, den DAX auf der Ebene des Konzepts und des Gedankenkonstrukts zu beschreiben. Die extrasensorische Wahrnehmung Millionen physischer Faktoren ist nicht notwendig, um den DAX zu viewen. Der Viewer ist folglich in der Lage, diese Faktoren auszublenden und es kommt sein abstraktes Verständnis des DAX zum Tragen. Eine Verschränkung des Viewers mit einem physischen Target kann es hier nicht geben!

Wie bereits im Abschnitt *Möglichkeiten* erwähnt, können auch hypothetische Fragestellungen mittels Remote Viewing angegangen werden. Diese entbehren jeglicher Physis und werden im Gegensatz zum DAX nicht einmal mehr durch physische Faktoren gestützt. Dennoch können sie geviewt werden.

Damit wird deutlich, dass Remote Viewing nicht rein physikalischen Gesetzen folgt, sondern im wahrsten Sinne des Wortes eine Geisteswissenschaft ist. Das Bewusstsein ist ein wesentlicher Bestandteil des Remote Viewing und beruht damit auf einer nicht-lokalen, von Raum und Zeit losgelösten Natur eines Teils des Bewusstseins. Allenfalls scheint hier ein (realer oder symbolischer) *Informationsraum* vorzuherrschen, in dem der DAX, das physikalische Universum, ebenso wie hypothetische Fragen als Informationen vorliegen. Davon wird später die Rede sein. Der nächste Abschnitt beschäftigt sich mit unserem unterbewussten Zugang zu diesen Informationen und stellt darauf aufbauend das Bewusstseinsmodell vor.

Das Bewusstseinsmodell

Es wurde bereits erwähnt, dass es keine beweisbare Hypothese dafür gibt, woher die Informationen bei der Fernwahrnehmung kommen. Aus physikalischer Perspektive stellen sich hier viele Fragen. Gut dokumentiert ist, was aus psychologischer Sicht in einem Remote Viewer vorgeht, wenn er eine Session durchführt. Aus diesen direkt ableitbaren und beobachtbaren Erkenntnissen, die auf Konzepten der Psychologie beruhen, lässt sich ein Bewusstseinsmodell konstruieren. Dieses Modell bildet die Grundlage für ein vertieftes Verständnis dessen, was beim Remote Viewing geschieht und wie der Viewer zielgerichtet in die Fernwahrnehmung gelangt. Es wird in den folgenden Kapiteln immer wieder eine Rolle spielen, z.B. im Kapitel *Die Welt des Bewusstseins*, in dem es um die Wahrnehmung der verschiedenen Bestandteile des Bewusstseins geht. Die Erkenntnisse des vorliegenden sowie des Kapitels *Die Welt des Bewusstseins* werden im weiteren Verlauf des Buches zusammengeführt und konkret anhand von sogenannten Ideogrammen aufgezeigt, wie Bewusstseinsmodell und Wahrnehmungswelt in einer Remote Viewing Session zusammenwirken.

Die folgende Abbildung zeigt schematisch das Bewusstseinsmodell, dessen Komponenten in den folgenden Abschnitten erläutert werden:

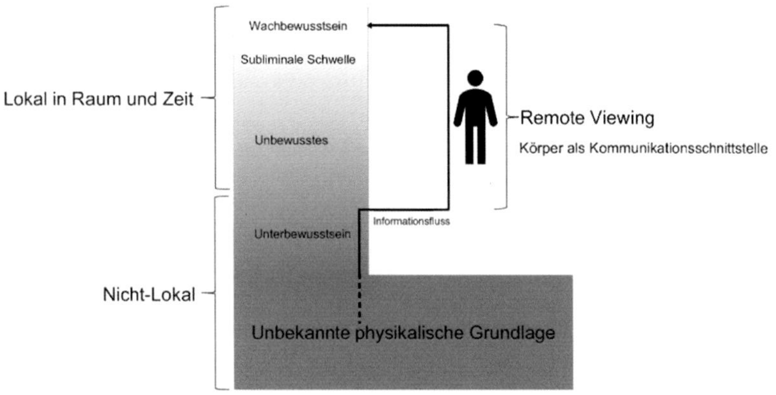

Abbildung 3: Das Bewusstseinsmodell im Remote Viewing

Das Wachbewusstsein

Das Wachbewusstsein lebt im Hier und Jetzt. Es verarbeitet Sinneseindrücke, die der Körper in der Gegenwart und lokal in seiner physischen Umgebung wahrnimmt. Auch wenn der Mensch tagträumt, sich an etwas erinnert, sich ein kommendes Ereignis vorstellt oder Lebenspläne schmiedet: Das Wachbewusstsein ist und bleibt an seinen Ort in Raum und Zeit gebunden. Ein Teil des Wachbewusstseins ist der Verstand. Seine Aufgabe ist es, das physische Überleben des biologischen Systems zu sichern. Seine Stärke liegt darin, blitzschnell analytische Entscheidungen auf der Basis körperlicher Wahrnehmung zu treffen. Diese Eigenschaft muss evolutionär entstanden sein. Ihr Sinn erschließt sich in folgendem Beispiel: Bei unmittelbarer Bedrohung, z.B. durch einen Fressfeind, ergreift der Mensch (und auch ein Tier) reflexartig die Flucht. Der Verstand schließt aus wenigen Sinneseindrücken (insbesondere der visuellen Mustererkennung), dass Gefahr droht. Dieser Mechanismus der schnellen Schlussfolgerung ist ständig präsent. Beim Anblick eines alltäglichen Gegenstandes kommt der Verstand zu dem Schluss, worum es sich handeln muss, noch bevor sich der Betrachter aller visuellen und sonstigen Sinneseindrücke bewusst geworden ist. Er schlussfolgert und antizipiert also auf Kosten der bewussten Wahrnehmung, spart aber Zeit und erledigt seine Aufgabe in der Regel blitzschnell. Bei der Bedrohung durch einen Fressfeind zum Beispiel sorgt die reflexartige Reaktion dafür, dass die Flucht ergriffen wird, noch bevor der Gejagte all die schönen Farbnuancen im Fell des Raubtieres wahrnehmen und die Geschmeidigkeit der kraftvollen Bewegung bewundern kann, während der Feind auf ihn zurennt.

So grandios der Verstand seine Aufgabe erfüllt, so problematisch wird es beim Remote Viewing. Diese Tücken werden im Kapitel *Fehlerquellen* behandelt.

Das Unbewusste

Knapp unterhalb des Wachbewusstseins liegt das Unbewusste. Beide Ebenen sind durch die nicht klar definierbare subliminale Schwelle voneinander getrennt. Alles, was darunter liegt, geschieht ohne unsere bewusste Wahrnehmung. Alles darüber nehmen wir bewusst wahr. Das Unbewusste unterhalb der subliminalen Schwelle ist sich (wie der Name schon sagt) seiner selbst nicht bewusst. Dieser Teil steuert z.B. einige grundlegende Körperfunktionen und hier sind erlernte Automatismen und Verhaltensprogramme gespeichert. Das Unbewusste ist (wie das Wachbewusstsein) örtlich in Raum und Zeit verankert.

Das Unterbewusstsein

Unter dem Unbewussten liegt das Unterbewusstsein. Es ist sozusagen der unsichtbare Teil des Eisbergs. Für das Unterbewusstsein scheint die Lokalität nicht mehr zu gelten, denn es ist die Quelle der Intuition und der Information in der extrasensorischen Wahrnehmung. Da die Fernwahrnehmung unabhängig von Raum und Zeit funktioniert, scheint das Unterbewusstsein nicht-lokal, also losgelöst von Raum und Zeit zu agieren. Der nicht-lokale Raum, in dem es verankert sein muss, kann sehr unterschiedlich bezeichnet werden. Der Abschnitt *Physik und Bewusstsein* ist diesem Thema gewidmet.

Beim Remote Viewing wird genau genommen ein Kommunikationskanal zwischen dem Unterbewusstsein und dem Wachbewusstsein hergestellt, so dass ein Informationsaustausch stattfinden kann. Das Unterbewusstsein spielt also beim RV eine ganz zentrale Rolle. Wachbewusstsein und Unterbewusstsein sprechen unterschiedliche Sprachen. Im Kapitel *Die Welt des Bewusstseins* wird darauf näher eingegangen. Die Schwierigkeit für den Viewer besteht darin, die Sprache seines Unterbewusstseins zu erlernen und zu verstehen, was dieses mitteilen möchte (daher hat das Erlernen des Remote Viewing viele Parallelen zum Erlernen einer Fremdsprache). Es ist wichtig zu verstehen, dass der Viewer während einer Session das Ziel so beschreibt, wie sein Unterbewusstsein es wahrnimmt, und nicht so, wie er es wahrnehmen würde, wenn er physisch vor Ort wäre!

Im Kapitel *Ideogramme* wird eine Methode vorgestellt, die es dem Viewer ermöglicht, mittels eines individuellen Schriftsystems bidirektional mit dem eigenen Unterbewusstsein zu kommunizieren (d.h. sowohl Informationen aus dem Unterbewusstsein zu empfangen als auch Informationen an das Unterbewusstsein zu senden). Die Ideogramme veranschaulichen die dabei wirkenden Mechanismen auf wunderbare Weise.

Das Faszinierende am Unterbewusstsein ist, dass es sich seiner selbst bewusst zu sein scheint und sich als Individuum versteht. Es hat auch seine eigenen Charakterzüge, seinen eigenen Humor und manchmal sogar einen Sinn für Poesie. All dies lässt sich in Remote Viewing Sessions erkennen. Das Unterbewusstsein ist immer bereit, seinem *Besitzer* zu helfen. Leider haben die meisten Menschen noch nie die Gelegenheit gehabt, diesem ganz individuellen Teil von sich zuzuhören. Ein Viewer kann sicher sein, dass das Unterbewusstsein zu einer erfolgreichen Sitzung beitragen möchte. Bei genauerem Hinsehen erkennt man, dass es sich um eine Intelligenz handelt, die dynamisch auf Fehler und Fehlinterpretationen des Viewers reagiert und diese auszugleichen versucht!

Vereinfacht ausgedrückt: Das Unterbewusstsein hat Zugang zu (fast) allen Informationen des Universums, ist sehr intelligent und seinem Menschen wohlgesonnen.

Physikalische Grundlage

In diesem Abschnitt sind die offenen Fragen zum Remote Viewing verborgen. Es ist gut dokumentiert, dass RV etwas mit der Kommunikation mit dem eigenen Unterbewusstsein zu tun hat, und dass dieses Unterbewusstsein im Wesentlichen nicht-lokal sein muss. Hinsichtlich der physikalischen Basis, die ein nicht-lokales Bewusstsein hervorbringt und Remote Viewing ermöglicht, tappt die Wissenschaft jedoch im Dunkeln. In diesem Bereich muss die Magie buchstäblich verborgen liegen. Der Abschnitt *Physik und Bewusstsein* beschäftigt sich mit den Theorien dazu.

Der Körper

Der Körper spielt beim Remote Viewing eine außerordentlich wichtige Rolle. Dies mag auf den ersten Blick überraschend erscheinen, wird aber verständlich, wenn man bedenkt, dass das Unterbewusstsein Zugang zum Körper hat und ihn steuern kann. Ein Umstand, der aus der Psychologie bekannt ist. Beim Remote Viewing übernehmen sowohl das Wach- als auch das Unterbewusstsein wahlweise die Kontrolle über den Körper, um Informationen von einer Bewusstseinsebene auf die andere zu übertragen. Der Körper dient somit als Kommunikationsschnittstelle zwischen Unterbewusstsein und Wachbewusstsein.

Ein Beispiel dafür, wie das Unterbewusstsein dem Wachbewusstsein über den Körper Informationen zugänglich machen kann, sind die bereits erwähnten Ideogramme. Vereinfacht ausgedrückt handelt es sich dabei um *unbewusst* (d.h. ohne bewusste Steuerung) auf Papier gezeichnete Linienzüge, die je nach Eigenschaft und Aussehen Auskunft darüber geben, was im Target vorhanden ist. Ohne hier ins Detail zu gehen, sind sie ein gutes Beispiel dafür, wie das Unterbewusstsein den Körper als Kommunikationskanal nutzt.

Umgekehrt kann der Viewer durch den Einsatz seines Körpers auch bewusst Anweisungen an sein Unterbewusstsein geben. Beispiel: Ist der Viewer mental an einem Ort im Target und hat das Gefühl, dass sich Dinge um ihn herum befinden (quasi vor seinem inneren Auge), so kann er bewusst den Kopf drehen, um sich gleichzeitig mental im Target umzusehen. Indem er diese Bewegung mit seinem Körper ausführt, folgt sein Unterbewusstsein dieser Bewegung im Target.

In Abbildung 3 ist der Informationsverlauf beim Remote Viewing durch einen Pfeil dargestellt. Es ist nicht klar, ob die Quelle der Information im Un-terbewusstsein oder in der physischen Basis liegt. In jedem Fall übersetzt das Unterbewusstsein die Information so, dass der Viewer sie z.B. in Form von Körpersensorik aufnehmen kann (der Körper spielt also auch hier eine Rolle). Die Methode des Remote Viewing regelt das Zusammenspiel der drei Kernkomponenten Wachbewusstsein, Körper und Unterbewusstsein und definiert, wie Informationen und Anweisungen mit Hilfe des Körpers ausgetauscht werden.

Physik und Bewusstsein

In diesem Abschnitt soll der Frage nachgegangen werden, wie eine physikalische Grundlage prinzipiell aussehen und auf welche theoretischen Grundlagen das Remote Viewing gestellt werden könnte. Damit verbunden ist die Frage: Gibt es Hinweise darauf, dass die Quantenwelt etwas mit Bewusstsein zu tun hat? Ausgehend von diesen Überlegungen werden mögliche Erklärungsansätze vorgestellt.

Das Doppelspalt-Experiment

Dass die Quantenphysik im Kern etwas mit Bewusstsein zu tun hat, wird durch das viel zitierte und sogenannte Doppelspaltexperiment belegt. Dieses Experiment zeigt, dass allein der Vorgang des Beobachtens einen Einfluss auf die Physik der kleinsten Teilchen hat. Es wurde erstmals im Jahre 1802 durchgeführt, um den Wellencharakter des Lichts nachzuweisen. Moderne Varianten verwenden eine Elektronenkanone, die einzelne Elektronen auf einen Detektorschirm schießt. Dieser ermittelt den Auftreffpunkt des Elektrons. Bei der Durchführung des Experiments stellt man zunächst einmal fest, dass das Teilchen, obwohl es unter wiederholt gleichen Bedingungen abgeschossen wird, an unterschiedlichen und zufälligen Stellen auf dem Detektorschirm auftrifft (Abbildung 4).

Abbildung 4: Wird ein Elektron auf einen Detektorschirm geschossen, ist der Ort des gemessenen Aufschlags zufällig bestimmt (dunkelgrauer Bereich auf dem Schirm).

Nun wird zwischen Elektronenquelle und Detektor eine Trennwand eingeschoben, die wiederum links und rechts zwei vertikale Spalten besitzt, welche unabhängig voneinander geöffnet und geschlossen werden können. Die Elektronen können sich folglich durch diese beiden Spalten hindurch auf den Detektor bewegen (sog. „Doppelspalt").

Abbildung 5: Fügt man eine Trennwand vor dem Detektorschirm ein, der einen offenen Spalt (hier links) aufweist, treffen die Elektronen am Schirm an entsprechender Stelle auf.

Schließt man nun den rechten Spalt, während der linke Spalt offen bleibt, und schießt genügend Elektronen in Richtung Detektor, so bilden die hinter dem geöffneten Spalt auftreffenden Teilchen im linken

Bereich des Detektors einen schmalen vertikalen Bereich, in dem die Elektronen gemessen werden (Abbildung 5).

Schließt man umgekehrt den linken und öffnet den rechten Spalt und schießt genügend Elektronen, so erhält man den Elektroneneinfallsbereich im rechten Detektorteil hinter dem geöffneten rechten Spalt (Abbildung 6). Dies ist auch zu erwarten.

Abbildung 6: Hier ist der rechte Spalt der Trennwand geöffnet.

Unerwartetes passiert jedoch, wenn man beide Spalten öffnet und genügend Elektronen in Richtung Detektor schießt. Dann entstehen nicht wie erwartet zwei Bereiche mit einfallenden Elektronen links und rechts hinter den Spalten, sondern die Elektronen bilden ein komplexes Interferenzmuster, das nicht zufällig an ein Wellenmuster erinnert (Abbildung 7). Es zeigt auf anschauliche Weise, dass sich im mikroskopischen Maßstab alles wie Teilchen und Wellen zugleich verhält: Einerseits werden die einfallenden Elektronen auf dem Detektorschirm in Teilchenform gemessen, andererseits deutet das Muster auf dem Schirm darauf hin, dass hier etwas Wellenartiges (wie eine Wasserwelle) die beiden Spalte passiert haben muss.

Die Quantenphysik sagt nun, dass sich das Elektron erst dann für einen bestimmten Ort entscheidet, wenn es vom Detektor *beobachtet* wird. Vorher verhält es sich entsprechend einer Welle, die als Wahrscheinlichkeit für das Auftreten des Elektrons interpretiert wird. Die Welle des Elektrons durchquert beide Spalte gleichermaßen, bevor eine Messung am Detektorschirm erfolgt.

Abbildung 7: Sind beide Spalten geöffnet, wird der Wellenaspekt des Elektrons deutlich. Es tritt am Schirm ein Interferenzmuster auf.

Beobachtet man jedoch mittels angebrachter Sensoren an den Spalten selbst, durch welchen Spalt sich die Elektronen bewegen, entstehen am Detektor wie ursprünglich erwartet die beiden Bereiche hinter den Spalten, in denen die Elektronen auftreffen. Hier sorgt die Messung (bzw. Beobachtung) der Elektronen an den Spalten dafür, dass sie sich dort zum Zeitpunkt der Messung für einen bestimmten Zustand (inkl. Ort) entscheiden und dann entweder den linken oder den rechten Spalt durchqueren (Abbildung 8).

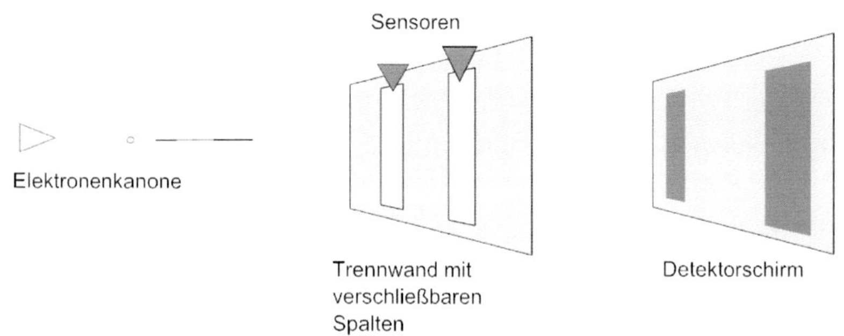

Abbildung 8: Wird dagegen an der Trennwand direkt gemessen, welchen Spalt das Elektron passiert, verhält sich das Elektron gemäß einem Teilchen. Das Interferenzmuster verschwindet.

Die Ergebnisse sind erstaunlich. Das Experiment nimmt einen unterschiedlichen Ausgang, je nachdem ob eine Messung am Passierweg des Elektrons vorgenommen wird oder nicht. Die Vermutung liegt nahe, dass der Beobachter der Grund dafür ist (die sogenannte Kopenhagener Deutung). Inzwischen wurde das Experiment auch mit anderen Teilchen sowie mit massereichen Atomen und Molekülen durchgeführt und die Ergebnisse bestätigt, was nichts anderes bedeutet, als dass sich auch Materie wie Welle und Teilchen verhält und ihr Zustand vom Beobachter abhängt.

Beeinflussung Zufallsgenerator

Ein weiterer Hinweis auf die Verbindung zwischen Bewusstsein und Quantenphysik wurde durch Experimente erbracht, in denen Versuchsteilnehmer den Ausgang quantenmechanischer Vorgänge mental beeinflussen sollten. Im Jahr 1999 verfassten Forscher des Princeton Engineering Anomalies Research Laboratory (PEAR LAB) einen Bericht, in dem sie ihre Forschungsergebnisse zur bewussten Beeinflussung quantenmechanischer Zufallsgeneratoren (Random Number Generator, RNG) zusammenfassten. Bei diesen Versuchen erzeugte ein solcher Zufallsgenerator, basierend auf echtem quantenphysikalischem Zufall, unvorhersehbar mit 50% Wahrscheinlichkeit eine 0, und mit 50% Wahrscheinlichkeit eine 1. Da der Generator entsprechend schnell war, produzierte er pro Sekunde eine zufällige Reihe, bestehend aus mehreren tausend Nullen und Einsen. Im Rahmen der Versuchsreihe wurde zunächst ein Proband gebeten, die Intention an den Generator zu richten, dass dieser mehr Einsen erzeugen sollte. Im zweiten Schritt sollte er die Intention dahingehend umkehren, dass der Generator mehr Nullen produziert. Im dritten und letzten Schritt ließ der Proband schließlich seine Intention los.

Die durchgeführten Experimente zeigten, dass der Zufallsgenerator in Abhängigkeit von der Intention des Probanden statistisch signifikant häufiger Nullen oder Einsen produzierte. Die Zufallsreihe präsentierte sich jedoch erwartungsgemäß und rein zufällig, sobald der Proband seine Intention aufgab[4].

Das Prinzip der mentalen Beeinflussung wurde auch im Global Consciousness Project[5] (GCP) aufgegriffen. Im Jahr 1998 wurde das Projekt an der Princeton University unter der Leitung von Dr. Roger Nelson ins Leben gerufen und erfuhr seitdem weltweit Aufmerksamkeit. Die Kernhypothese des Projekts besagt, dass menschliche Emotionen und Bewusstseinszustände, insbesondere wenn sie synchronisiert und intensiv sind, wie es bei bedeutenden globalen Ereignissen der Fall sein kann, in der Lage sein könnten, physikalische Systeme, wie eben jene quantenmechanischen Zufallsgeneratoren, zu beeinflussen. Zur Überprüfung dieser Theorie verwendet das GCP eine globale Verteilung dieser Zufallszahlengeneratoren, die rund um die Uhr in Betrieb sind und zufällig generierte Daten produzieren.

Die Zufallsgeneratoren sind an verschiedenen Orten auf der ganzen Welt stationiert und dienen als ein globales Netzwerk, um potenzielle Abweichungen von der statistischen Zufälligkeit zu erfassen, die mit Großereignissen korrelieren könnten, die starke emotionale Reaktionen hervorrufen. Zu den erfassten Ereignissen zählen bedeutsame politische Geschehnisse, Naturkatastrophen, große Festivals sowie Momente kollektiver Trauer oder Freude.

Die von den Generatoren erzeugten Daten werden zentral gesammelt und einer Analyse unterzogen. Das Forschungsinteresse gilt dabei statistischen Anomalien in den generierten Zufallsdaten, die im Zuge globaler Ereignisse auftreten. Die Forscher sind auf der Suche nach Mustern, die über das hinausgehen, was man normalerweise von zufällig verteilten Daten erwarten würde. Bei einer zeitlichen Übereinstimmung signifikanter Abweichungen mit weltweiten Ereignissen könnte

---

4 Die Versuche hierzu werden genauer beschrieben und einer Analyse unterzogen im Buch:
Dean Radin – Entangled Minds – Extrasensory Experiences in a Quantum Reality, Paraview Pocket Books, 2006

5 https://noosphere.princeton.edu/index.html

eine Beeinflussung der physikalischen Realität durch das kollektive menschliche Bewusstsein angenommen werden. In der Tat konnte in der Vergangenheit eine signifikante Korrelation zwischen Anomalien und weltweiten Großereignissen festgestellt werden.

Das GCP wird nach wie vor kontrovers diskutiert. Da es einen wissenschaftlichen Anspruch verfolgt, sollten voreilige Schlüsse vermieden werden. Die Ergebnisse deuten jedoch auf einen kollektiven Bewusstseinseffekt hin.

Monistischer Idealismus

Der Materialismus sieht Bewusstsein als Epiphänomen und der Materie nachgelagert an. Es sei jedoch die Frage aufgeworfen, ob nicht genau der umgekehrte Fall zutrifft. In diesem Kontext sei auf das lesenswerte Buch[6] des Physikers Amit Goswami verwiesen. In diesem vertritt er die These, dass nicht nur der Materialismus, sondern auch der Dualismus nach Descartes, der Geistiges von Materie trennte, falsch ist. Da jedoch eine Interaktion zwischen Geist und Materie offensichtlich existiert (sonst hätten wir keinen Einfluss auf unseren physischen Körper), muss zwangsläufig Energie ausgetauscht werden. Wie Goswami schlüssig argumentiert, kann dies jedoch nicht der Fall sein, denn aus der Physik ist bekannt, dass die Energie in der materiellen Welt stets konstant bleibt. Folglich kann sie nicht einfach in die geistige Welt übergehen. Diese Argumentation führt bei Goswami zu Zweifeln am Dualismus. Anstelle des Dualismus vertritt er daher einen monistischen Ansatz, wonach das Geistige und Materielle in der gleichen Welt existieren. Sein Weltbild ist demnach der monistische Idealismus, der besagt, dass nicht die Materie der fundamentale Baustein des Universums ist, der alles andere hervorbringt (inklusive des Geistes bzw. des Bewusstseins), sondern umgekehrt: Das Bewusstsein ist die Basis und somit die Instanz, welche die materielle Welt erschafft. Einen sehr

---

[6] Amit Goswami – Das bewusste Universum: Wie das Bewusstsein die materielle Welt erschafft, Lüchow Verlag; Auflage: 2013 (15. Februar 2013)

ähnlichen Ansatz vertritt der Physiker Thomas Campbell, der als Wegbegleiter des berühmten Bewusstseinsforschers Bob Monroe in den 1970er Jahren erweiterte Zustände des Bewusstseins erfahren und seine Erkenntnisse in eine physikalische Theorie[7] verarbeitet hat. Campbell kommt, wie Goswami, zu einem idealistischen Ansatz. Diese Annahme stellt jegliche Erklärungsansätze zu Remote Viewing vom Kopf auf die Füße und eröffnet dadurch völlig neue Betrachtungsweisen.

Goswami schreibt selbst dazu: „Statt davon auszugehen, daß alles (einschließlich des Bewußtseins) aus Materie besteht, wird nun postuliert, daß alles (einschließlich der Materie) im Bewußtsein existiert und vom Bewußtsein her manipuliert wird. Diese Philosophie sagt nicht, daß Materie nicht real ist, sondern daß die Realität der Materie der Realität des Bewußtseins nachrangig ist, das seinerseits allem Seienden zugrunde liegt – einschließlich der Materie". Der monistische Idealismus, mit dem sich auch schon Platon beschäftigte, unterscheidet dabei zwischen der *transzendenten* Welt, einer „archetypischen Ideenwelt [...], aus der die materiellen und geistigen Phänomene hervorgehen", und der *immanenten* Wirklichkeit, der „Welt der Manifestation". Beide zusammen sind im Bewusstsein angesiedelt.

Was bedeutet dieses Weltbild für die Quantenphysik? Ausgehend von der Unschärferelation von Heisenberg, der zufolge es unmöglich ist, Ort und Impuls eines Teilchens gleichzeitig zu messen, stellt Goswami die Frage, was mit Teilchen zwischen zwei Messungen geschieht. Wenn sich das Teilchen in einem unbeobachteten Status als Welle gemäß der Gleichung nach Schrödinger ausbreitet, befindet es sich nach Goswamis Ansatz im transzendenten Bereich, also im Reich der Möglichkeiten. Erst durch die Beobachtung des Teilchens durch das Bewusstsein manifestiert es sich in der materiellen Welt. Dafür spricht, wie aus der Quantenphysik bekannt ist, dass der Kollaps der Wellenfunktion sowie die „Kommunikation" zweier verschränkter Teilchen

[7] Thomas Campbell - My Big TOE: Awakening, Discovery, Inner Workings, Lightning Strike Books 2007

nicht-lokal stattfindet, sprich instantan, ohne Berücksichtigung der Lichtgeschwindigkeit als oberste Grenze der Signalgeschwindigkeit. So ist es gerade diese Nicht-Lokalität, die Goswami mit Transzendenz übersetzt. Unabhängig davon, wie man es bezeichnet, kann ihm jedoch in einem Punkt ganz sicher zugestimmt werden: „Nicht-lokale Verbundenheit ist allerdings ein Phänomen, das uns dazu zwingt, die Existenz eines Wirklichkeitsbereichs außerhalb von Raum und Zeit zu begreifen. Denn innerhalb von Raum und Zeit kann eine nicht-lokale Verbindung nicht vorkommen."

Interessant am monistischen Idealismus ist, dass er die Quantenparadoxien auflöst. So erzwingt die bewusste Messung beim Doppelspalt-Experiment, dass das Interferenzmuster verschwindet, womit der Ansatz mit der Kopenhagener Deutung in Resonanz geht. Goswami erläutert zudem weitere Vorgänge und Erklärungen anderer quantenphysikalischer Paradoxien. Dazu zählt das Delayed-Choice-Experiment, bei dem sich ein Teilchen erst im Nachhinein dafür entscheidet, Welle oder Teilchen gewesen zu sein, sowie die auftretenden Paradoxien rund um Schrödingers Lieblingstier, seine tot-lebendige Katze. Der Reiz des Ansatzes liegt genau hierin: Die Quantenphysik erhält nicht nur eine Interpretation, sondern auch eine Antwort auf die Frage nach dem Warum.

Interwelt und Heim'sche Theorie

In Bezug auf die Konzepte der transzendenten und immanenten Welt ist erwähnenswert, dass sie in Ansätzen von Ulrich Warnke und Burkhard Heim wiederzufinden sind.

Ulrich Warnke ist insbesondere für seine wegweisenden Forschungsarbeiten im Bereich der Quantenphilosophie und Bewusstseinsforschung bekannt. Sein Werk zur *Interwelt* stellt eine bedeutende Ergänzung zu diesem Bereich dar und bietet eine tiefgreifende Einsicht in die Verbindung zwischen Wissenschaft und Spiritualität. Warnke untersucht die feinstoffliche Ebene der Realität, die er als Interwelt bezeichnet und die konzeptionell der transzendenten Welt von Goswamis Ansatz ähnelt. Die Interwelt stellt eine Dimension dar, die sich unserer normalen Wahrnehmung entzieht, jedoch einen signifikanten Einfluss auf unser Leben ausübt. Warnke argumentiert, dass unsere Gedanken und Gefühle diese *Interwelt* beeinflussen und wir durch bewusste Kontrolle dieser Gedanken und Gefühle unsere Realität formen können. Somit lässt sich eine Nähe seiner Theorie zum monistischen Idealismus von Goswami feststellen. Warnke stützt seine Thesen auf eine Kombination aus wissenschaftlichen Erkenntnissen und spirituellen Prinzipien. Er bezieht sich auf Quantenphysik, Neurobiologie und Bewusstseinsforschung, um seine Ideen zu untermauern und gleichzeitig auf spirituelle Konzepte, wie das Gesetz der Anziehung und die Idee, dass wir Schöpfer unserer eigenen Realität sind.

In dieselbe Richtung weist auch Burkhard Heim, ein deutscher Physiker, der im Jahr 2001 verstarb. Laut der Heim'schen Theorie[8] existiert ein informatorischer Raum, dem auch das nicht-lokale Bewusstsein zugeordnet ist. Heim führt diesen in Form von imaginären, nicht beobachtbaren Zusatzdimensionen X5 und X6 ein (neben den drei Dimensionen des Raumes und der Zeit). Diese Zusatzdimensionen wirken organisierend auf die Vorgänge in der materiellen Welt ein. Heims Auffassung zufolge muss eine physikalische Theorie Bewusstsein mit einschließen, sofern sie den Anspruch erhebt, vollständig zu sein. So ist es ihm gelungen, Bewusstsein in seine Theorie zu integrieren. Laut dieser greift Bewusstsein aus den Dimensionen X5 und X6 auf die materielle Welt zu. Die Mechanismen, die diesen Vorgängen zugrunde liegen, hat er beschrieben, allerdings ist die Heim'sche Theorie auch für Vollblut- und Berufsphysiker nur schwer zu verstehen. Des Weiteren ist sie nicht gänzlich unumstritten, wie auch die übrigen hier vorgestellten Ansätze.

Der im Jahre 2023 verstorbene Illobrand von Ludwiger war ein großer Verfechter der Heim'schen Theorie. Er hat mit ihrer Hilfe dargelegt,

---

8 https://heim-theory.com/

wie Magie, Mystik und Alchemie erklärbar werden.[9] In diesem Kontext kann auch Remote Viewing erklärt werden. Aus diesem Grund hat sich die Heim'sche Theorie in deutschen Kreisen von Remote Viewern als ein vielversprechender Ansatz zur physikalischen Erklärung der verborgenen Vorgänge beim RV etabliert.

Beobachtungen des informatorischen Raums

Wie auch immer man die zugrunde liegenden Prinzipien erklären möchte, es gibt praktische Beobachtungen im Umgang mit der Welt der Informationen.

Aus der Erfahrung im Remote Viewing lässt sich ableiten, dass zwischen den Informationen eine Art *Distanz* zu bestehen scheint. Wenn der Viewer eine Session beginnt, durchläuft er eine Prozedur, um *mentalen Kontakt* mit dem Target aufzubauen (diese Prozedur wird im Kapitel *Aesthetic Impact* erläutert). In der Folge ist er in der Lage, das Ziel aus der Position heraus zu beschreiben, die sein Unterbewusstsein im Target einnimmt. Er hat demgemäß eine *Wahrnehmungssphäre*, die festlegt, welche Informationen ihm zugänglich sind. Diese Sphäre umfasst in der Regel:

- die nahe räumliche Umgebung um die eigene Position
- zukünftige oder vergangene Zeitpunkte und
- auf Sinnebene damit verknüpfte Dinge und Vorgänge im Target (auch wenn diese sich in räumlich weit entfernter Position befinden).

Die *Wahrnehmungssphäre* ist demnach nicht allein durch die räumliche Umgebung definiert. Zeitliche und bedeutungsvolle Verknüpfungen spielen in Bezug zur Frage, was der Viewer wahrnehmen kann, ebenfalls eine Rolle. So kann es passieren, dass der Viewer die Umgebung

---

[9] Illobrand von Ludwiger - Unsere 6 Dimensionale Welt: Wissenschaftsverständnis von Magie, Mystik und Alchemie, Komplett-Media, 2012

im Target um seine Position herum zu zwei verschiedenen Zeitpunkten wahrnimmt und beschreibt. Des Weiteren sind Fälle zu verzeichnen, in denen der Viewer zwei sinngemäß verbundene Orte und Vorgänge gleichzeitig wahrnimmt, obwohl diese räumlich voneinander getrennt sind.

Die Wahrnehmungssphäre ist dynamisch und kann in der Session erweitert und verschoben werden. Eine Sphäre impliziert die Existenz eines Distanzmaßes zwischen den Informationen, sodass hier von einem *informatorischen Raum* mit einer *informatorischen Distanz* zwischen den Informationen auszugehen ist. Die informatorische Distanz berücksichtigt, wie angedeutet, räumliche, zeitliche und sinngemäße Beziehungen. Gerade Letzteres wirft hochinteressante Fragen zur Beschaffenheit des informatorischen Raumes auf, insbesondere wenn man davon ausgeht, dass es Sinn nur im Kontext eines Bewusstseins geben kann.

Aus der Perspektive des Remote Viewers lässt sich Folgendes beobachten:

- Baut er Kontakt mit dem Target auf, etabliert er die Wahrnehmungssphäre um die Position, die sein Unterbewusstsein einnimmt. Diese umfasst zu Beginn vorrangig die räumliche Umgebung im Target. Zeitlich und sinngemäß verwandte Aspekte können hier jedoch bereits vorkommen.
- Zu Informationen, die außerhalb seiner Wahrnehmungssphäre liegen, hat er ohne implizite Kontaktaufnahme keinen Bezug und kann sie nicht ad hoc beschreiben.
- Der Viewer kann seinen Wahrnehmungsbereich erweitern, indem er mentalen Kontakt zu den gewünschten Informationen aufnimmt. Beim Remote Viewing spricht man in diesem Fall davon, dass sich der Viewer dorthin *bewegt*, weshalb die Methode auch *Move Command* genannt wird. Beispiel: Der Viewer nimmt das Target zu einem Zeitpunkt A um seine Position herum wahr. Seine Wahrnehmungssphäre umfasst jedoch nur die Aspekte des Targets

zu diesem Zeitpunkt. Er kann nun zu einem späteren Zeitpunkt B einen mentalen Kontakt mit dem Target herstellen. Seine Wahrnehmungssphäre umfasst dann das Target zu beiden Zeitpunkten. Er kann nun beliebig zwischen beiden hin- und herspringen und Informationen darüber abfragen.

Interessant ist hierbei, dass die Ausrichtung der Wahrnehmungssphäre (d.h. ob sie sich eher an der räumlichen, zeitlichen oder sinnbezogenen Umgebung orientiert) individuell und von Viewer zu Viewer unterschiedlich ist. Beispiele:

- Remote Viewer, deren Sphäre der Wahrnehmung dazu tendiert, die räumliche Umgebung mit einzubeziehen, neigen dazu, das Ziel auf der physischen Ebene zu beschreiben.
- Es gibt viele Viewer, deren Wahrnehmungssphäre stark durch die sinngemäße Umgebung definiert ist. Diese Viewer beschreiben das Target oft auf einer symbolischen und abstrakten Ebene.

Die Ausrichtung lässt sich mit ausreichend Geduld jedoch trainieren und ist somit veränderlich.

Fazit

Remote Viewing kann nicht mit einem rein materialistischen Ansatz erklärt werden. Die Methode folgt geistigen Gesetzmäßigkeiten. Das Bewusstsein ist hier involviert, weshalb es im Mittelpunkt steht, wenn es darum geht, die Hintergründe und Abläufe einer Session zu erklären. Es kann als gesichert gelten, dass der Viewer während einer Sitzung mit seinem eigenen Unterbewusstsein kommuniziert. Dieses ist (im Gegensatz zum Wachbewusstsein) im Kern nicht-lokal und von räumlichen und zeitlichen Beschränkungen befreit. Die Schwierigkeit beim RV (wie auch bei jeder anderen Form der Fernwahrnehmung) besteht darin, dass das Wachbewusstsein und das Unterbewusstsein unterschiedliche Sprachen sprechen. Die Sprache des Unterbewusstseins muss erlernt werden und der Viewer muss verstehen, wie diese Instanz die Welt wahrnimmt. Remote Viewing verbindet das Wachbewusstsein mit dem Unterbewusstsein und bezieht den Körper als Kommunikationsschnittstelle zwischen beiden mit ein.

Die physikalische Grundlage des Remote Viewing, die erklären würde, wie ein nicht-lokales Bewusstsein existieren und auf beliebige Informationen des Universums zugreifen kann, ist nach wie vor unklar. Es gibt dazu Theorien, von denen bisher keine eindeutig bewiesen werden konnte. Aussichtsreiche Kandidaten könnten der monistische Idealismus, die Interwelt von Ulrich Warnke oder die Heim'sche Theorie sein. Darüber hinaus gibt es sicherlich unzählige weitere Theorien. Solange jedoch der Großteil der wissenschaftlichen Forschung die hier aufgeworfenen Fragen meidet, ist nicht damit zu rechnen, dass sich ein handfester Anwärter herauskristallisiert.

5. Die Welt des Bewusstseins

Im vorhergehenden Kapitel wurde gezeigt, dass drei Komponenten am Remote Viewing Prozess beteiligt sind: Das Wachbewusstsein, das Unterbewusstsein und der Körper als Kommunikationsschnittstelle zwischen den beiden Bewusstseinsebenen. Das Zusammenspiel dieser Komponenten ist die Grundlage für eine erfolgreiche Session. Allerdings gibt es noch eine weitere bedeutende Herausforderung, die gemeistert werden muss: Wach- und Unterbewusstsein sprechen unterschiedliche Sprachen und nehmen die Welt ungleich wahr! Selbst in Kreisen erfahrener Remote Viewer wird oft unterschätzt, wenn nicht gar vergessen, dass Viewer das Target während einer Session so beschreiben, wie es ihr Unterbewusstsein erlebt. Diese Wahrnehmung unterscheidet sich zum Teil erheblich davon, wie das Wachbewusstsein bzw. wie der Viewer das Target bewusst erfahren würde.

Um diese Herausforderung besser verstehen zu können, muss der Informationsfluss genauer betrachtet werden. Informationen kommen aus dem Unterbewusstsein und werden durch dessen Wahrnehmung geprägt. Mit Hilfe des Körpers werden die Informationen dem Wachbewusstsein zugänglich gemacht. Der Viewer macht sie sich bewusst und schreibt sie in geordneter Form auf Papier. Im Prinzip findet hier eine Art *Stille-Post-Spiel* statt und die Crux liegt darin, dass auf dem Papier das ankommen soll, was das Unterbewusstsein ursprünglich *gesagt* hat. Der Informationstransfer zum geschriebenen Wort wird dadurch erschwert, dass das Unterbewusstsein seine eigenen Wahrnehmungsqualitäten hat. Zwei Beispiele sollen dies verdeutlichen.

- Das Wachbewusstsein, das die Informationen in einer Session aufnimmt, neigt dazu, diese entsprechend seiner Wahrnehmungsweise zu *interpretieren*. Da der Viewer das Target nicht kennt, kommt es zwangsläufig zu Fehlinterpretationen. Diese zu vermeiden erfordert jahrelange Übung. Ein Beispiel: Das Unterbewusstsein kennt (wie später noch gezeigt wird) keine absoluten Größenangaben. Wenn der Viewer ein Gefühl für die Größe bestimmter

Strukturen im Target bekommt, wird er geneigt sein, diese in Meterangaben zu interpretieren, welche in den allermeisten Fällen falsch sind.

- Dass der Viewer das Target so beschreibt, wie es sein Unterbewusstsein wahrnimmt, wird dadurch deutlich, dass Remote Viewer beginnen, das Ziel symbolisch zu beschreiben, sobald es eine bestimmte Komplexitätsgrenze überschreitet. Diese Symbolsprache bedarf der nachträglichen Interpretation, um ihre Bedeutung zu erkennen.

Es bleibt festzuhalten: Der Viewer beschreibt das Target so, wie es sein Unterbewusstsein wahrnimmt. Insbesondere unerfahrene Viewer neigen daher zu Übersetzungsfehlern, wenn sie ihre Eindrücke aus der Session niederschreiben. Die Wahrnehmungsqualität des Unterbewusstseins tritt dabei auch in Form von Ideogrammen deutlich zutage. Der Lernfortschritt im Remote Viewing besteht darin, die Sprache des Unterbewusstseins zu erlernen und zu erkennen, wie es die Welt wahrnimmt und diese Erkenntnis führt unweigerlich zu einer höheren Qualität der Ergebnisse. In diesem Kapitel geht es um die Wahrnehmungswelten des Wach- und des Unterbewusstseins. Diese Einsichten bilden die Grundlage, um die Sprache des Unterbewusstseins zu erlernen und als Remote Viewer zuverlässig zu arbeiten.

Hemisphärenmodell

In der Vergangenheit gab es in den USA, aber auch in Deutschland Forschungsprojekte, bei denen EEG-Messungen an Remote Viewern während einer Session durchgeführt wurden. Der bereits verstorbene deutsche Forscher Günter Haffelder verwendete dazu ein spezielles „spektralanalytisches EEG-Messverfahren“. Das einhellige Ergebnis dieser Untersuchungen: Die Bewusstseinsprozesse des Wach- und Unterbewusstseins lassen sich direkt im Gehirn identifizieren. Während die analytischen, logischen und verstandesorientierten Arbeitsschritte, die während einer Remote Viewing Session auftreten, eher den linkshemisphärischen Hirnarealen zugeordnet werden konnten, waren die Prozesse des Unterbewusstseins (d.h. dessen Wahrnehmung des Targets) eher in den rechtshemisphärischen Hirnregionen angesiedelt. In weiteren Versuchen an anderen Forschungseinrichtungen wurde zudem festgestellt, dass es im Gehirn keinen Unterschied macht, ob man ein vergangenes oder zukünftiges Target viewt. Aus der Sicht der Hirnforschung scheint es fast so, als ob man sich an die Zukunft erinnert.

In dem Buch *Drawing on the Right Side of the Brain*[10] von Betty Edwards bezieht sich die Autorin auf die unterschiedliche Wahrnehmung der beiden Hemisphären, um Menschen das Zeichnen beizubringen. Betty Edwards verwendet die Begriffe *L-Mode* und *R-Mode*, um links- und rechtshemisphärische Vorgänge zu unterscheiden. Da die Forschung zum Remote Viewing das von ihr benutzte Hemisphärenmodell unterstützt und Remote Viewer während ihrer Sessions Skizzen anfertigen müssen, war das Buch Pflichtlektüre für die militärischen Viewer in Fort Meade. Auch für zivile Viewer ist *Drawing on the Right Side of the Brain* eine empfehlenswerte Ergänzung im Bücherregal.

Wahrnehmungswelt des Wachbewusstseins

Das Wachbewusstsein und der Verstand sind von großer Bedeutung für das Überleben eines Organismus in der materiellen Welt. Sie ermöglichen es dem Menschen, die Naturgesetze zu verstehen und sich an die Gegebenheiten seiner Umwelt anzupassen. Diese Fähigkeiten sind unerlässlich, um sich in der physischen Realität zurechtzufinden und seine Grundbedürfnisse zu befriedigen.

Das Wachbewusstsein ist der Teil, der sich der Umgebung, sowie der eigenen Gedanken und Gefühle durch bewusste Wahrnehmung gewahr wird. Es ermöglicht dem Menschen, Informationen aus seiner Umwelt aufzunehmen und zu verarbeiten. Der Verstand ist Teil des Wachbe-

10 Betty Edwards - Drawing on the Right Side of the Brain, HarperCollinsPublishers, 1979

wusstseins und beinhaltet die Fähigkeit, diese Informationen zu analysieren, zu interpretieren und Schlussfolgerungen daraus zu ziehen. Zusammen bilden sie eine wichtige Grundlage für das Denken, Entscheiden und Handeln.

Das Wachbewusstsein und der Verstand sind eng mit der materiellen Welt verbunden. Sie sind darauf ausgerichtet, die Naturgesetze zu verstehen und sich ihnen anzupassen. Dadurch ist es möglich, die physische Realität zu erfassen und in ihr zu agieren. Der Mensch kann die Gesetze der Physik nutzen, um Werkzeuge und Technologien zu entwickeln, die das Leben erleichtern und verbessern. Dank der Anpassungsfähigkeit des Wachbewusstseins und des Verstandes an die materielle Welt können beispielsweise Gefahren erkannt und vermieden werden. Ohne diese Fähigkeiten wäre der Mensch nicht in der Lage, seine Grundbedürfnisse zu befriedigen und sich in seiner Umwelt zurechtzufinden.

Im Kern sind Wachbewusstsein und Verstand logisch-analytisch arbeitende Instanzen der Informationsverarbeitung. Das Wachbewusstsein erlebt die Welt in einer Abfolge von Ereignissen, die durch logische Gesetzmäßigkeiten bestimmt ist. Damit hat es einen starken Zeitbezug und verortet sich selbst in einem klar definierten Zeitpunkt. Seine Wahrnehmung der Umwelt speist sich aus körperlichen Sensoren, die die unmittelbare Umgebung wahrnehmen und die Abfolge der Ereignisse im Außen erfahrbar machen. Indem das Wachbewusstsein (und insbesondere der Verstand) blitzschnell die körpereigenen Sinneswahrnehmungen analysiert und Schlüsse über die Situation zieht, sichert es das physische Überleben des Körpers. Dieser wichtige Aspekt wurde bereits im Kapitel *Das Bewusstseinsmodell* angesprochen.

Wachbewusstsein und Verstand sind von Natur aus rational. So verwendet der Mensch sprachliche Konstruktionen, die bestimmten Regeln folgen. Es ist nicht verwunderlich, dass der Wortschatz eine entscheidende Rolle dabei spielt, was wahrgenommen und gedacht werden kann. Neben Sätzen, Wörtern und Buchstaben kann das Wachbewusstsein auch mit Zahlen umgehen. Die Mathematik ist ein Beispiel für eine Disziplin, die die rationalen Aspekte des Bewusstseins verkörpert. Die Addition von zwei Zahlen ist eine Aufgabe, die (mit etwas Übung) leicht bewältigt werden kann. Das Abschätzen absoluter Größen, Positionen und Zeitangaben ist eine weitere Fähigkeit des Wachbewusstseins, die stark vom Erfahrungshorizont abhängt. Die meisten Menschen können z.B. einen Abstand von ca. 30 cm oder eine Zeitspanne von einer Minute sehr genau und mit nur geringen Abweichungen abschätzen.

Ein grundlegendes Konzept der bewussten Lebenswirklichkeit ist das Prinzip von Ursache und Wirkung, das durch Gesetze definiert wird. Dieses Prinzip findet sich in allen Bereichen des täglichen Lebens wieder und bildet die Grundlage für verstandesorientierte Analysen und Schlussfolgerungen, die wiederum fundierte Entscheidungen und Planungen für die Zukunft ermöglichen. Zur Bewältigung komplexer Sachverhalte bedient sich das Wachbewusstsein einer Vielzahl von Modellen, die die zugrundeliegende Realität auf das Wesentliche reduzieren und unnötige Komplexität entfernen. Sie helfen, komplexe Sachverhalte analytisch zu durchdringen und zu verstehen.

Um es auf den Punkt zu bringen: Das Wachbewusstsein (und mit ihm der Verstand) ist perfekt an die materielle Welt und ihre Naturgesetze angepasst und sichert so das physische Überleben des Organismus.

Wahrnehmungswelt des Unterbewusstseins

Die Wahrnehmung des Unterbewusstseins unterscheidet sich fundamental von der des Wachbewusstseins. Das Verständnis dieser Unterschiede ist wichtig für ein erfolgreiches Remote Viewing. Das wohl wichtigste Merkmal der unterbewussten Wahrnehmung ist die Zeitlosigkeit. Im Gegensatz zum Wachbewusstsein nimmt das Unterbewusstsein die Welt nicht in einer zeitlichen Abfolge von Eindrücken wahr. Vielmehr stehen alle Informationen zur Verfügung, so dass die Wahrnehmung ganzheitlich erfolgen kann. Für komplexe Zusammenhänge verwendet das Unterbewusstsein keine Modelle, sondern Analogien, Allegorien und Metaphern. Es greift also auf eine Symbolik zurück, um komplexe Zusammenhänge zu durchdringen. Dies führt einerseits dazu, dass Viewer je nach Veranlagung ein Target auf der symbolischen Ebene beschreiben, andererseits sehr häufig zu einer sinnbildlichen Darstellung des Ziels, wozu auch Personifikationen gehören (wie etwa der *Sensenmann*, der für das Konzept des Todes steht).

Das Unterbewusstsein entzieht sich der Logik und der verstandesorientierten Analyse von Zusammenhängen und Abläufen. Der Verstand kann auf der Basis rationaler Argumentation Entscheidungen treffen, während für das Unterbewusstsein die emotionale Ebene von Bedeutung ist. Letzteres widerspricht oft der nüchternen Schlussfolgerung des Verstandes. So kommt es vor, dass Menschen vor Entscheidungen stehen, bei denen rationale Gründe für Option A sprechen, die Intuition aber Option B wählt. Für die Person, die vor der Wahl steht, *fühlen* sich die Optionen unterschiedlich an. Das Wissen darum ist entscheidend für den Erfolg eines Remote Influencing Vorhabens, bei dem das Unterbewusstsein der Zielperson von der gewünschten Handlung überzeugt werden muss. Der Viewer, der das Influencing durchführt, darf dabei nicht rational argumentieren. Tut er dies, ist sein Vorhaben zum Scheitern verurteilt. Er muss sich auf die Bedürfnisse und Entscheidungskriterien des Unterbewusstseins einlassen, d.h. Remote Influencing muss über die emotionale Ebene erfolgen.

Größen-, Positions- und Zeitangaben werden im Unterbewusstsein relativ wahrgenommen. So weiß es nicht, was die absolute Angabe von 30 cm bedeutet, aber es kann sehr wohl wahrnehmen, ob eine Sache größer ist als eine andere. Dies ist der Grund, warum Viewer bei absoluten Angaben oft falsch liegen.

Auch das Erfassen der räumlichen Anordnung von Dingen liegt im Wahrnehmungshorizont des Unterbewusstseins. Es erkennt auch unterschiedlich lange Zeitabstände, wobei in diesem Zusammenhang zu berücksichtigen ist, dass Zeiträume nicht linear wahrgenommen werden. Während für den Verstand der gestrige Tag mit seinen 24 Stunden genau so lang war wie der Vortag, hängt die gefühlte Dauer der beiden

Tage aus der Sicht des Unterbewusstseins davon ab, wie viele Ereignisse in diesem Zeitraum stattgefunden haben. Ist vorgestern kaum etwas passiert, während gestern ein ereignisreicher und aufregender Tag war, so ist der gestrige Tag im Unterbewusstsein deutlich überrepräsentiert. Im Remote Viewing wird dies als *Rubber Band Effect* (deutsch: Gummiband-Effekt) bezeichnet, da sich ereignisreiche Zeiträume ausdehnen und ereignisarme Zeiträume in der Wahrnehmung stauchen.

Ein weiterer wesentlicher Unterschied in der Wahrnehmung besteht darin, dass das Unterbewusstsein keine Symbole deuten kann, also Schriftzeichen und Zahlen nicht als solche interpretiert, sondern in Formen und Konturen wahrnimmt. Dasselbe gilt für die gesprochene Sprache. Sie ist für das Unterbewusstsein ein Auf und Ab von unregelmäßigen Lauten. Daher können Viewer in den Sessions in der Regel weder lesen noch verstehen, was gesprochen wird.

Gestalt und Archetypen

Die beiden Begriffe *Gestalt* und *Archetypen* bilden zusammen ein so fundamentales und wichtiges Prinzip der Wahrnehmung im Unterbewusstsein, dass sie ein eigenes Kapitel verdienen.

Das Konzept der Gestalt stammt aus der Gestaltpsychologie und bezeichnet eine *Ganzheit* der Wahrnehmung, die mehr ist als die Summe ihrer Einzelheiten. Es bezieht sich nicht nur auf das Unterbewusstsein. Auch in der bewussten Wahrnehmung werden solche Gesamtheiten wahrgenommen und finden ihren Ausdruck in den so genannten Gestaltgesetzen, die definieren, was der Mensch als zusammengehörig empfindet.

Beispiele für Gestaltgesetze sind:

- Das Gesetz der Nähe. Es besagt, dass nahe beieinander liegende Elemente als Einheit registriert werden. In der folgenden Abbildung werden vier Gruppen zusammengehöriger Rauten wahrgenommen. Jede Gruppe bildet dabei eine Ganzheit bzw. Gestalt, die über die Wahrnehmung der Rauten als Einzelkomponenten hinaus geht.

Abbildung 9: Das Gestaltgesetz der Nähe besagt, dass nah beieinander liegende Elemente als zusammengehörig wahrgenommen werden.

- Das Gesetz der Ähnlichkeit. Dieses Gesetz beschreibt den Umstand, dass ähnliche Elemente als zusammengehörig wahrgenommen werden. In der folgenden Abbildung entstehen so drei Gruppen zusammengehöriger Elemente, die jeweils eine Gestalt der Wahrnehmung sind.

Abbildung 10: Diese Abbildung demonstriert das Gestaltgesetz der Ähnlichkeit, nach dem hier drei separate Gruppen von Rauten wahrgenommen werden.

- Das Gesetz der Geschlossenheit. Die menschliche Wahrnehmung neigt dazu, geschlossene Strukturen auch dort zu erkennen, wo objektiv keine vorhanden sind. In der folgenden Abbildung ist prägnant in der Mitte ein weißes Dreieck zu erkennen, obwohl es sich objektiv nur um drei offene Kreise handelt.

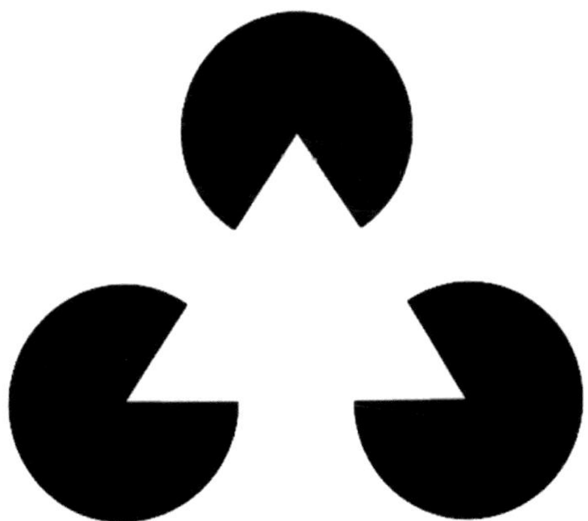

Abbildung 11: Hier wird in der Mitte ein weißes Dreieck wahrgenommen, obwohl es sich um drei teilweise geöffnete Kreise handelt. Die Abbildung verdeutlicht das Gesetz der Geschlossenheit.

Auch die Wahrnehmung des Unterbewusstseins basiert auf Gestalten, wobei hier nicht nur visuelle Muster gemeint sind. Vielmehr ist das Prinzip der Gestaltwahrnehmung weiter zu fassen. So können sich z.B. Strukturen, Menschenansammlungen, Bewegungen, Gefühle und Emotionen und sogar (in sich geschlossene) Vorgänge als Ganzheiten darstellen. Einige Beispiele aus dem Remote Viewing sollen dies verdeutlichen:

- Der Eiffelturm ist ein beliebtes Ziel beim Remote Viewing. Für den Viewer gilt, dass sein Unterbewusstsein den Eiffelturm als eine Gestalt erkennt, sofern die Position, von der aus er den Eiffelturm wahrnimmt, weit genug entfernt ist. Für diesen Teil des Bewusstseins ist das Bauwerk also mehr als die Summe der unzähligen Eisenträger und Bolzen, die es zusammenhalten. Erst wenn der Viewer den Eiffelturm aus geringerer Entfernung beschreibt, nimmt er einzelne Formen wahr, z.B. für die Füße, das Fundament und die Spitze des Turms. Steht er schließlich mental ganz nah vor einem Eisenträger, so wird dieser und eventuell vorhandene Bolzen und Nieten zu einer Ganzheit. Dies entspricht intuitiv dem Verständnis, wie ein Tourist den Turm vor Ort wahrnehmen würde. Bei entsprechender Entfernung dominiert der Turm als Ganzes, bei mittlerer Entfernung die Füße und die Spitze und bei sehr geringer Entfernung ein unmittelbar davor befindlicher Eisenträger die Wahrnehmung.
- Bei der Beschreibung eines Fußballspiels im Remote Viewing wird deutlich, dass für das Unterbewusstsein die Spieler jeder Mannschaft eine Gestalt bilden. So erklären Viewer bei diesem Target häufig, dass sich zwei *Lebewesen* als Gestaltwahrnehmungen in einem Wettkampf gegenüberstehen. Erst durch die Anwendung geeigneter Werkzeuge wird erkannt, dass es sich um zwei Gruppen von mehreren Individuen handelt.
- Auch nicht-physische Konzepte wie komplexe Vorgänge werden zu Gestalten. Targets, in denen Ereignisse und zeitliche Abläufe stattfinden, werden vom Unterbewusstsein als eine in sich ge-

> schlossene Ganzheit beschrieben. „Dort ist ein Vorgang, dort passiert etwas" ist eine häufige Aussage. Ähnlich wie der Eiffelturm aus entsprechender Entfernung als Gesamtheit und erst bei Annäherung seine Einzelteile als Gestalt wahrgenommen werden, wird auch der Vorgang in seine einzelnen Gestaltwahrnehmungen zerlegt, wenn sich der Betrachter gedanklich dem Geschehen nähert. Erst dann erhält er die Information, was an dem Prozess beteiligt ist und was genau dort geschieht.

Durch diese Beispiele wird klar, dass die Entfernung und Perspektive auf bestimmte Aspekte im Target definiert, was für das Unterbewusstsein Gestaltwahrnehmungen sind. Das Prinzip lässt sich leicht aus dem bewussten Erleben ableiten, wie am Beispiel des Eiffelturms aufgezeigt wurde.

Gestalten sind aus der Perspektive des Unterbewusstseins *archetypisch*. Es kann sehr wohl zwischen dem Eiffelturm und einem Touristen unterscheiden und den beiden Aspekten unterschiedliche Bedeutungen zuordnen. Diese sind jedoch auf Archetypen beschränkt. Ein Archetyp ist ein auf den *Ursprung* einer Sache reduziertes Konzept. Für das Unterbewusstsein ist der Eiffelturm nichts anderes als eine archetypische *Struktur*, während der Tourist ein archetypisches *Lebewesen* ist. Dabei beinhaltet etwa der Archetyp *Struktur* alles, was dreidimensional aufragt, physisch und nicht lebendig ist. So sind sowohl der Eiffelturm als auch ein Computerbildschirm aus der Sicht des Unterbewusstseins Strukturen, die für den Viewer erst durch ihr Erscheinungsbild (Farben, Formen etc.) unterscheidbar werden. Der Archetypus des Lebewesens trifft aus der Sicht des Unterbewusstseins auf alles zu, was lebendig ist. Dazu gehören Mensch, Tier, Pflanze, aber ggf. auch Bewusstseinsaktivitäten und mentale Vorgänge. Das Unterbewusstsein macht also keinen Unterschied zwischen Mutter Theresa und Elvis Presley. Auch hier gilt, dass sich die Unterschiede dem Viewer erst erschließen, wenn die Erscheinungsbilder beschrieben werden. Am Archetyp *Wasser* wird das Prinzip besonders deutlich. Aus Perspektive des Unterbewusstseins gehört dazu alles, was wässrig ist. Dazu zählen das Meer und der Ozean, ein Fluss, Orangensaft im Glas, Benzin im Tank, Wasserdampf über dem Kochtopf, Schnee, Eiszapfen, Wolken etc.

Die Kombination von Archetyp und Gestaltwahrnehmung verdeutlicht, dass jede Gestalt, die das Unterbewusstsein wahrnimmt, in ihrer Bedeutung archetypisch ist. Mit der Reduzierung der Wahrnehmung auf Archetypen geht im Remote Viewing ein beträchtlicher Verlust an Klarheit einher, sodass das Target nur unscharf erfasst wird. Viewer berichten in ihren Sessions von diversen Strukturen, Lebewesen oder Vorgängen, ohne diese klar benennen zu können. Weitere Beschreibungen, insbesondere von Farben, Oberflächen, Formen und Konturen, sind erforderlich, um zu bestimmen, ob der Remote Viewer in seiner Session den Eiffelturm oder den Bus voller Touristen nebenan wahrgenommen hat. Auch wenn diese Beschreibungen zu sehr guten und treffsicheren Ergebnissen führen, bleiben sie im gesamten Remote Viewing-Prozess archetypische Gestaltwahrnehmungen. Sie stellen einen fundamentalen Bestandteil des Unterbewusstseins dar.

Die Übersetzung im Remote Viewing

In ihren Sessions sind Remote Viewer mit den Eigenheiten ihrer unterbewussten Wahrnehmung des Targets konfrontiert. Sie beschreiben das Zielgebiet in archetypischen Gestalten und ihre Informationen unterliegen den Einschränkungen und Möglichkeiten des Unterbewusstseins.

Im Laufe der Forschungen entstanden jedoch einige hilfreiche Werkzeuge, die insbesondere auf die bessere Handhabe der Beschränkungen abzielten. Letztlich kann die gesamte Remote Viewing Methode als Schnittstelle zwischen Wach- und Unterbewusstsein definiert werden, die es ermöglicht, Informationen über das Target aus letztgenannter Instanz heraus verfügbar zu machen, sodass die Eindrücke aufgeschrieben werden können. Dabei findet eine Kommunikation in beide Richtungen statt. Es ist nachvollziehbar, dass sich die Methode an die

Funktions- und Denkweisen beider Bewusstseinsschichten weitestgehend anpasst. Erst dadurch gelingt es, unterbewusste Eindrücke aus dem Target zuverlässig zu Papier zu bringen.

Im Folgenden werden exemplarisch einige Mechanismen und Werkzeuge aus dem Remote Viewing aufgezeigt, welche verdeutlichen, wie Remote Viewing an die Eigenheiten unterbewusster Wahrnehmung angepasst wurde, um so eine optimale Schnittstelle zu schaffen. Die folgenden Erläuterungen sind als Einführung zu verstehen und gehen nicht in die Tiefe. Sie dienen ausschließlich dazu, dem Leser einen ersten Eindruck davon zu vermitteln, wie das Zusammenwirken zwischen Unter- und Wachbewusstsein unter Einsatz des Körpers im Remote Viewing stattfindet.

Ideogramme und archetypische Gestaltwahrnehmung

Ideogramme, das sind unwillkürlich auf Papier gezeichnete Linienzüge, haben einen direkten Bezug zur archetypischen Gestaltwahrnehmung des Unterbewusstseins. Diese bestimmte Linienführung steht, je nach Aussehen und dem Gefühl, das der Viewer zu ihr hat, für genau eine archetypische Gestalt im Target. Fortgeschrittene Remote Viewer verfügen über eine Vielzahl solcher Ideogramme, deren Bedeutung sie erlernen und trainieren müssen. Das bedeutet: Möchte der Viewer wissen, welche archetypischen Gestaltwahrnehmungen das Unterbewusstsein im Target hat, muss er nichts anderes tun, als ein oder mehrere Ideogramme zu Papier zu bringen und sie auf ihre Bedeutung hin zu untersuchen. Da die Linienzüge ohne bewusste Steuerung produziert werden, treten darin direkt die Informationen aus dem Unterbewusstsein hervor. Infolgedessen ist es dem Viewer möglich, sich einen Überblick über die im Target vorhandenen Gestalten zu verschaffen, die er im weiteren Verlauf der Session hinsichtlich ihres Erscheinungsbildes, ihrer Funktionalität etc. beschreiben kann.

Um das Beispiel des Eiffelturms erneut aufzugreifen: In Abhängigkeit der Position des Viewers im Target wird bei großer Distanz ein einzelnes Ideogramm für die Sehenswürdigkeit insgesamt zu Papier gebracht, während bei geringerem Abstand mehrere Linienzüge, etwa für die Füße, das Fundament und die Spitze, entstehen. Bei einer sehr geringen Distanz zum Turm liefert das Unterbewusstsein ein Ideogramm für den Eisenträger, der prägnant in der Wahrnehmung ist. Die Linienzüge bilden folglich direkt die Gestaltwahrnehmung ab.

In Bezug auf die Technik ist erwähnenswert, dass der Körper (wie bei anderen Werkzeugen im RV auch) direkt involviert ist. Anders ausgedrückt: Das Unterbewusstsein übermittelt seine Wahrnehmungen der Gestalt mithilfe des Körpers, sodass diese dem Viewer bewusst werden und er sie notieren kann.

Eine detaillierte Betrachtung der Ideogramme erfolgt in Kapitel *Ideogramme*.

Scalar Lines und die Ermittlung absoluter Größenangaben

Bei der Nennung absoluter Maßangaben, wie etwa zur Größe von Objekten, liegen Remote Viewer häufig daneben. Wie bereits dargelegt, ist das Unterbewusstsein nicht in der Lage, absolute Größenverhältnisse zu erkennen.
Um Größenangaben dennoch ermitteln zu können, bedient sich der Viewer einer Messskala (englisch: Scalar Line) in Form einer horizontalen Linie. Diese kann als Lineal unterschiedlicher Maßstäbe aufgefasst und interpretiert werden. Es stehen ihm verschiedene Techniken zur Verfügung, um den Wert der gesuchten Größe zu ermitteln. Er kann beispielsweise mit der Analogie, dass der gesuchte Marker auf der Messskala heiß, während der restliche Bereich kalt ist (die sogenannte Hotspot-Methode), arbeiten. Der Viewer erspürt den heißen Punkt, indem er die Linie entlang fühlt. Die Ermittlung der Größenangabe erfolgt demnach indirekt dadurch, dass sein Unterbewusstsein die ge-

suchte heiße Stelle auf der Messlinie ortet. Die Frage nach dem „heißen Punkt" auf der Messskala kann durch das Unterbewusstsein beantwortet werden. Anstatt die gesuchte Größe *direkt* zu erfragen (was nicht beantwortbar ist), bedient sich der Viewer einer *indirekten* Frage, deren Beantwortung Rückschlüsse auf den gesuchten Wert zulässt.

Zeitachsen und Rubber Band Effect

Für die Erkundung des Targets in der zeitlichen Dimension verwenden Remote Viewer Zeitachsen (engl. Time Lines). Sie sind, genau wie Messskalen, horizontale Linien, denen die Bedeutung des zeitlichen Ablaufs beigemessen wird. Auf diesen können Viewer mittels diverser Techniken sowohl gesuchte Zeitpunkte (sog. aktive Suche) als auch relevante Momente, in denen etwas passiert (passive Suche), ausfindig machen und erhalten somit eine Übersicht über die im Ziel stattfindenden Geschehnisse.

Der von der Achse aufgespannte Zeitraum wird zuvor festgelegt. Sie kann beispielsweise links am heutigen Tag beginnen und rechts in genau sechs Monaten enden. Im Falle einer passiven Suche werden zwischen Start- und Endpunkt die bedeutendsten Zeitpunkte im Target durch den Viewer markiert und beschrieben. Die folgende Abbildung veranschaulicht eine beispielhafte Zeitachse mit den äußeren, festgelegten Grenzen sowie den inneren Fundstellen T1 bis T5.

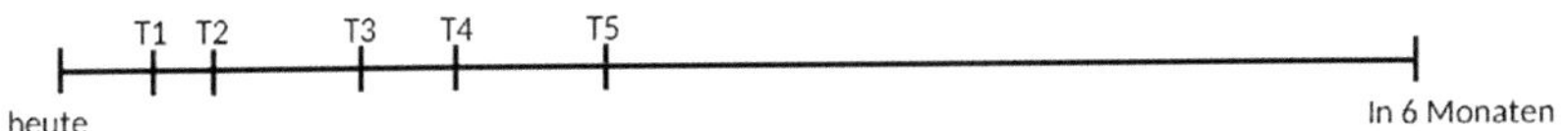

Abbildung 12: Eine Zeitachse mit den äußeren Grenzen von heute bis in 6 Monaten und den vom Viewer ausfindig gemachten Fundstellen T1 bis T5.

In obigem Beispiel hat der Viewer die Fundstellen T1 bis T5 im eher linksseitigen Bereich der Zeitachse markiert. Der Rubber Band Effect (deutsch: Gummiband-Effekt) besagt, dass das Unterbewusstsein Zeiträumen, in denen viel passiert, mehr Platz einräumt als ereignislosen Zeiten. Dies führt zu einer Nicht-Linearität der Achse, sodass der objektiv gesehene Mittelpunkt, nämlich von heute aus gesehen in drei Monaten, nicht in der Mitte dieser landet. In der Zeitachse der obigen Abbildung ist davon auszugehen, dass der Zeitpunkt *in drei Monaten* deutlich nach rechts verschoben ist.

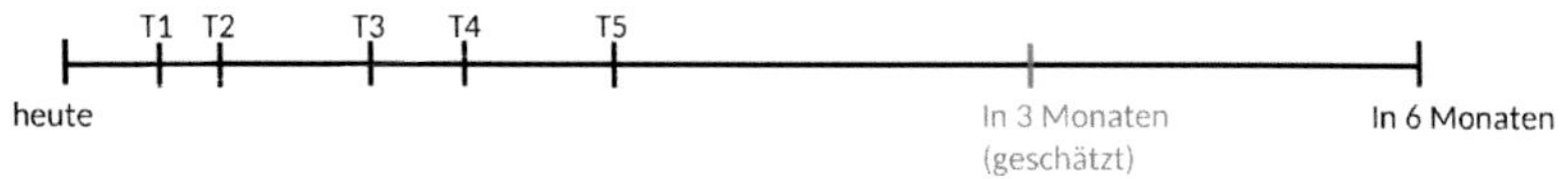

Abbildung 13: Die Zeitachse mit geschätztem Mittelpunkt in 3 Monaten. Durch die Nicht-Linearität der Zeitachse ist dieser deutlich nach rechts verschoben.

Folglich ist der Rubber Band Effect bei der Interpretation der Zeitachse zu berücksichtigen. Obgleich Möglichkeiten bestehen, diesen zu beschränken, soll an dieser Stelle lediglich ein Gefühl dafür vermittelt werden, wie Remote Viewing-Ergebnisse durch die Wahrnehmung des Unterbewusstseins geprägt werden.

Das Lotto-Problem

Die Frage, weshalb Remote Viewer nicht bereits im Lotto gewonnen haben, wird immer wieder gestellt. Die Argumentation, dass Remote Viewing nicht funktionieren könne, da die betreffenden Personen keine Lotto-Millionäre seien, ist weit verbreitet.

Doch so einfach ist es nicht und mit dem Verständnis über die Wahrnehmungsqualitäten des Unterbewusstseins wird deutlich, weshalb der Lotto-Gewinn eine Herausforderung ist: Die Zahlen auf den gezogenen Kugeln sind für das Unterbewusstsein keine Zeichen mit Bedeutung, sondern *Farben, Formen* und *Muster*.

Dies bedeutet, dass ein Viewer, der die Lottozahlen vorhersagen möchte, etwa folgende Eindrücke erhalten könnte: *Schwarz, Weiß, oben rund, unten rund, mittig weiß*. Diese Beschreibung trifft auf die Zahlen 0, 3, 6, 8 und 9 zu. Des Weiteren ist zu berücksichtigen, dass die Beschreibung des Viewers nicht immer korrekt ist. So kann ein *oben rund* auch ein *oben flach* sein, was die 5 ebenfalls als Option erscheinen lässt. Infolge dessen muss die 2 ebenfalls in Betracht gezogen werden, da die Form auch unten flach sein könnte. Anders formuliert: Die Beschreibung lässt lediglich den Schluss zu, dass die Zahlen 1, 4 und 7 nicht in Frage kommen. Damit ist es nicht möglich, einen Lotto-Jackpot zu knacken. Die Umsetzung des Vorhabens erweist sich als eine wahre Herausforderung.

Wie am Beispiel der Messskalen demonstriert wurde, welche zur indirekten Beantwortung einer Frage verwendet werden, die das Unterbewusstsein von Natur aus nur schwer beantworten kann, lässt sich auch im Lotto ein Vorgehen dieser Art anwenden. Die Frage nach den gezogenen Zahlen wird indirekt beantwortet, indem dem Unterbewusstsein ein einfacher zu beschreibendes Target gegeben wird, die in der Folge Rückschlüsse auf die Zahl zulässt. Im Kontext des Lottospiels findet insbesondere das sogenannte *Associative Remote Viewing* (ARV) Anwendung. Ziel ist es hierbei, ein schwer zu viewendes Target durch ein einfacher zu viewendes zu ersetzen. Dies bedeutet konkret, dass die im Lotto möglichen Zahlen (1 – 49) etwa in 10er-Schritten aufgeteilt werden, sodass man die Zahlengruppen 1 – 10, 11 – 20, 21 – 30, 31 – 40 sowie 41 – 49 erhält. Die einzelnen Zahlenblöcke werden mit einem leicht verständlichen Target (beispielsweise mit unterschiedlichen Farben) verknüpft bzw. assoziiert. Möchte der Viewer den Zahlenblock der ersten gezogenen Zahl ermitteln, so beginnt er eine Session auf das assoziierte Target. Dies ermöglicht ihm, Rückschlüsse auf die Zahlengruppe zu ziehen, in der die erste Zahl liegen muss. Da nun noch zehn (bzw. neun für die Gruppe 41-49) Ziffern in Frage kommen, kann er diese ebenfalls mit einfachen Targets verknüpfen und das Spiel wiederholen.

Die Darstellung des ARV-Prozesses erfolgt an dieser Stelle in stark vereinfachter Form und berücksichtigt weder die notwendige Feedbackschleife noch die Tatsache, dass der Viewer die assoziierten Targets gar nicht kennen darf (sie nicht selbst festlegt). Es wird jedoch deutlich, dass das schwierige Lotto-Problem indirekt, d. h. über Umwege, gelöst werden kann. Dennoch ist ein solches Projekt mit einem gewaltigen Arbeitsaufwand verbunden. Insbesondere das ARV weist eigene Stolpersteine auf. Dies führt dazu, dass viele Viewer den Gewinn des Lotto-Jackpots abgeschrieben haben oder solch ein Vorhaben erst gar nicht versuchen.

Das Kapitel *Viewen zukünftiger Ereignisse* widmet sich den Prinzipien des ARV und erläutert ausführlicher, wie sich der Prozess darstellt und weshalb es viel Training und Disziplin erfordert, um damit erfolgreich zu sein.

Übung

Im Folgenden wird die Fähigkeit des Unterbewusstseins dazu verwendet, einen verborgenen Gegenstand in einer Box zu beschreiben. Dazu ist es erforderlich, sich einen Moment der Ruhe zu gönnen und eine weitere Person zu bestimmen, die ein Objekt auswählt, welches sie in eine Box legt.

Die Vorgehensweise ist wie folgt:

- Eine Person wählt einen beliebigen Gegenstand aus, der in einer vorhandenen Box Platz findet und platziert ihn in dieser. Es wird empfohlen, die Box mit einem Deckel zu versehen, der das Objekt verbirgt.
- Nun wird ein geeigneter Platz gesucht, der Ruhe bietet, und die Box auf einer Unterlage platziert. Des Weiteren ist ein Stift sowie ein leeres Blatt Papier erforderlich, um die Informationen über den Gegenstand, die extrasensorisch wahrgenommen werden sollen, festzuhalten.

- Im nächsten Schritt geht es darum, seinen Fokus nach innen zu richten, zur Ruhe zu kommen und abzuschalten. Dazu eignet sich eine leichte Trance, die problemlos selbst ausgelöst werden kann. Es wird wie folgt vorgegangen:

    1. Die Augen werden geschlossen und vor dem geistigen Auge eine weiße Leinwand visualisiert. In der Folge wird diese weiße Leinwand gedanklich rot gefärbt und darauf die Ziffer „1“ platziert.
    2. Die Farbe Rot der Leinwand wechselt in ein Orange, während die Zahl 1 durch die Zahl „2“ ersetzt wird.
    3. Die Farbe Orange weicht einem Gelb. Aus der Zahl 2 wird die Zahl „3”.
    4. Aus der Farbe Gelb wird ein Grün und anstelle der Zahl 3 tritt die „4“.
    5. Das Grün der Leinwand verschwindet und die Farbe Hellblau taucht auf. Auf ihr erscheint die Zahl „5”.
    6. Die Farbe wechselt von Hellblau in Dunkelblau. Aus der 5 wird die „6“.
    7. Das Dunkelblau weicht einer violetten Färbung. Daraufhin erscheint eine "7".
    8. Das Bild der violetten Leinwand mit der Sieben darauf verblasst und vor dem geistigen Auge erscheint nun die mit dem enthaltenen Gegenstand gefüllte Box.

- Im Anschluss wird sich selbst die Anweisung erteilt, sich mental in die Box zu begeben und den Gegenstand vor sich wahrzunehmen. Diese mentale Bewegung erfolgt mühelos und ohne Widerstand. Anschließend erfolgt ein Zählen von drei bis eins. Mit Erreichen der Zahl Eins beginnt die Wahrnehmung des Inneren der bereitgestellten Box. Es gilt, sämtliche Eindrücke zu sammeln, die auf intuitive Weise wahrgenommen werden. Dafür können sich etwa folgende Fragen gestellt werden: *Welche Farben hat der Gegenstand? Wie fühlt er sich an? Wie riecht er? Wie schmeckt er? Welche Dimensionen werden wahrgenommen? Welchen Sinn und Zweck erfüllt der Gegenstand?*

Des Weiteren besteht die Möglichkeit, sich den Befehl zu geben, sich mental einmal um den Gegenstand herumzubewegen oder sich über ihm zu positionieren, um ihn aus einer anderen Perspektive wahrzunehmen. Weiter ist auch eine Interaktion denkbar, bei der das Objekt mental berührt oder dagegen getreten wird, um weitere Eindrücke zu sammeln.

Sobald das Gefühl entsteht, dass alle relevanten Informationen über den Gegenstand zusammengetragen wurden, wird die Rückreise angetreten. Dazu wird sich mental wieder aus der Box herausbewegt, erneut die Perspektive eingenommen, in der sie vor sich wahrgenommen wird. Die Box wird nun *losgelassen* und nun wieder die violette Leinwand visualisiert, auf der die Zahl 7 erscheint. Im Anschluss wechseln die Farben und Zahlen in umgekehrter Reihenfolge hin zur weißen Leinwand. Schließlich verschwindet das innere Bild und die bewusste Wahrnehmung des eigenen Körpers wird eingeleitet, indem die Bewegung der Finger und Zehen, das tiefe Atmen und das allmähliche Öffnen der Augen initiiert werden. Es empfiehlt sich, kurz aufzustehen, um den Trancezustand aufzulösen und wieder im Hier und Jetzt anzukommen.

Vor dem Öffnen der Box werden zunächst die während der Trance gesammelten Eindrücke auf dem leeren Blatt Papier notiert. Sobald man der Meinung ist, dass alle relevanten Informationen schriftlich festgehalten wurden, kann der Gegenstand in Augenschein genommen und mit den zuvor gesammelten Eindrücken verglichen werden. Im Laufe der Zeit und durch regelmäßiges Training entwickelt sich ein Gespür für die intuitiven Eindrücke, auch durch den Abgleich im Nachgang. Folglich lässt sich recht einfach erkennen, welche Aspekte aus dem Unterbewusstsein stammen und welche vom Verstand geliefert wurden. Insbesondere komplexe Bilder, wie beispielsweise ein Ball, ein

Stein oder eine Kerze, werden vom Verstand erzeugt und spiegeln dessen Interpretation der aufgekommenen Eindrücke wider. Diese verstandesmäßigen Schlussfolgerungen können beispielsweise durch das Gefühl, dass es sich um einen runden, grauen und harten Gegenstand oder einen glatten und aufragenden handelt, erzeugt werden. Im Laufe der Zeit gelingt es, Verstandesleistungen schneller zu identifizieren und sich durch mentales Beiseiteschieben während der Übung davon zu lösen. Dabei wird die Konzentration auf die Beschreibung des Gegenstandes gerichtet und eine Benennung vermieden.

6. Ablauf einer Session

Das Verständnis des Ablaufs einer Remote Viewing Session ist von signifikanter Bedeutung. Ein reibungsloser Verlauf ist essenziell, um das bestmögliche an Informationen über das Target zu erhalten.

Die erfolgreiche Bearbeitung einer Session erfordert eine kurze, jedoch wichtige Vorbereitungsphase. Es steht außer Frage, dass das Viewen zwischen Tür und Angel weniger produktiv sein wird. Eine stressfreie Atmosphäre ist ebenso bedeutsam wie das Vorhandensein des benötigten Materials und die Verfügbarkeit hinreichender zeitlicher Kapazitäten. Am Ablauf einer Session sind normalerweise mindestens drei Personen beteiligt (in einem umfangreichen Projekt noch deutlich mehr). Im Vordergrund stehen ein Tasker, ein Viewer und ein Monitor.

Die Durchführung einer Session beginnt stets mit dem Prozess des Taskings. In diesem Schritt definiert der sogenannte Tasker das Target, das der Viewer beschreiben soll. Er legt also das Ziel der Session fest. Zum Tasking gehören darüber hinaus die sogenannten Koordinaten (eine eindeutige Zahlenkombination, die mit dem Tasking verknüpft ist), etwaige Sessionanweisungen und das Frontloading, das dem Viewer Aufschluss darüber gibt, auf was er sich während des Prozesses fokussieren soll (siehe Abschnitt *Frontloading*). Auch vorhandenes Feedback (etwa in Form von Fotos aus dem Target) wird durch den Tasker gesammelt, damit dieses dem Viewer nach Sessionende übergeben werden kann. Das Tasking wird nach Fertigstellung in ein verschlossenes Kuvert verpackt, auf dessen Außenseite die Koordinaten, Sessionanweisungen und Frontloading notiert werden, und im Anschluss an den Monitor übergeben. Dies verhindert, dass der Viewer versehentlich Kenntnis von der Targetformulierung erlangt. Das Kapitel *Tasking* widmet sich diesem Thema ausführlicher und erläutert die einzelnen Bestandteile detaillierter.

Im Anschluss an die Erstellung des Taskings erfolgt die eigentliche Session. Obgleich ein Viewer auch eigenständig arbeiten kann (in diesem Falle erhält er das Kuvert vom Tasker), führt er sie im Idealfall gemeinsam mit einem Monitor durch. Letzterer übernimmt vom Tasker das Kuvert mit der Aufgabenstellung, die bearbeiten werden soll, und führt nun gemeinsam mit dem Viewer die Session durch. Hierbei besteht die Möglichkeit, blind oder doppelblind zu arbeiten. Bei einem blind durchgeführten Vorgehen ist der Monitor über das Target im Bilde, nicht jedoch der Viewer. Im Falle eines doppelblinden Vorgehens ist auch der Monitor nicht in Kenntnis über das Ziel. Ihm stehen in diesem Fall lediglich die Koordinaten, das Frontloading sowie die Sessionanweisungen zur Verfügung, die auf der Außenseite des Kuverts notiert sind. Ist der Monitor in der Lage, seine Aufgabe unvoreingenommen auszuführen und verfügt über ausreichend Erfahrung, so ist die blinde Variante zu empfehlen, da auf diese Weise deutlich mehr aus der Session herausgeholt werden kann, als wenn auch der Monitor nicht weiß worum es geht.

Die Dauer der Session ist von verschiedenen Faktoren abhängig. Hat der Viewer genug und sind die zutage beförderten Informationen über das Target ausreichend, kann die Session regulär beendet werden. Es besteht jedoch die Möglichkeit, und in vielen Fällen auch die Notwendigkeit, eine Pause einzulegen und die Session zu einem späteren Zeitpunkt fortzusetzen. Die Erfahrung zeigt, dass in der Regel nach ungefähr 45 bis 60 Minuten die Konzentration und auch die Motivation des Viewers nachlassen, sodass es empfehlenswert ist, hier einen Stopp einzulegen. Prinzipiell kann eine Session beliebig oft unterbrochen und zu einem späteren Zeitpunkt wieder aufgenommen werden, um das Target in seiner Gesamtheit zu erforschen. Ist die Session regulär beendet, muss das Target aufgelöst und dem Viewer Rückmeldung über die von ihm beschriebenen Inhalte gegeben werden. Dies ermöglicht ihm, seine Eindrücke zu verifizieren und seine Session auf etwaige Fehler hin zu überprüfen. Regelmäßiges Feedback zu den durchgeführten Sessions erlaubt dem Viewer daher auch einen konstanten Lernfortschritt, da er seine Schwächen im direkten Vergleich zwischen dem Resultat der Session und dem Feedback ermitteln kann.

Nach Beendigung der Session erfolgen eine Analyse und eine Auswertung der Ergebnisse. In der Praxis übernimmt dies oft der Monitor, in größeren Projekten steht hierfür ein Analyst bereit. Ziel ist es, die Sessionergebnisse im Hinblick auf die ursprüngliche Targetdefinition zu analysieren und Antworten auf etwaige Fragen herauszulesen.

Die folgende Abbildung verdeutlicht den Gesamtablauf einer Remote Viewing Session.

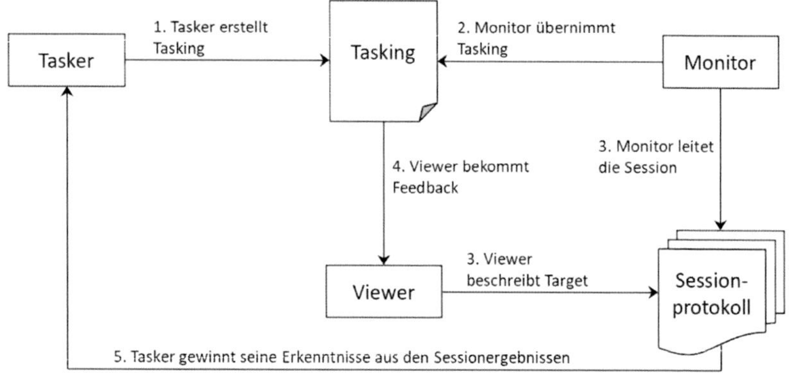

Abbildung 14: Der Ablauf einer Remote Viewing Session.

7. Die drei Modi des Remote Viewing

Remote Viewing kann in drei Modi durchgeführt werden:

- Trainingsmodus zum Lernen und Üben des Remote Viewing.
- Operationaler Modus, bei dem Remote Viewing genutzt wird, um wertvolle Informationen über ein Target zu gewinnen.
- Forschungsmodus zur Erprobung neuer Werkzeuge und zur wissenschaftlichen Untersuchung der Methode.

Die Wahl des Modus ist für den Viewer allerdings irrelevant, da sich für seine Session keine Unterschiede ergeben.

Für ein Verständnis der drei Verfahrensweisen muss eine weitere Unterscheidung getroffen werden, diesmal hinsichtlich der Ziele. So gibt es Targets:

- zu denen so viel Feedback verfügbar ist, dass fast alles über sie bekannt ist.
- zu denen es teilweise Feedback gibt, während ein Teil unbekannt ist.
- zu denen keinerlei Feedback vorhanden ist.

Die Art des Targets hat Auswirkungen auf den Modus. Im Trainings- und Forschungsmodus bedarf es solcher mit möglichst viel Feedback. Im operationalen Modus werden Targets mit nur teilweise oder gar keinem Feedback verwendet, da die unbekannten Aspekte per RV beleuchtet werden sollen.

Der Trainingsmodus

In der Regel ist im Trainingsmodus eine Vielzahl an Informationen über das Target verfügbar. Dies ermöglicht dem Viewer eine detaillierte Auswertung der Session anhand des Feedbacks im Nachgang. Auf diese Weise ist es ihm möglich, seine Trefferquote zu berechnen und eine Einschätzung darüber zu gewinnen, wie erfolgreich seine Session war. Prinzipiell können Trainingssessions, die im Trainingsmodus durchgeführt werden, auch solo stattfinden, sofern sichergestellt ist, dass das Target ungefährlich ist. Ist ein Monitor involviert, kann dieser das Target kennen. Der Übungsmodus stellt in der Regel den Hauptbestandteil beim Training angehender Viewer dar, die die Methode und die Kommunikation mit dem Unterbewusstsein erst erlernen. Allerdings sollten Übungstargets auch für erfahrene Viewer zum Alltag gehören. Die Entwicklung ist ein kontinuierlicher Prozess, der durch regelmäßiges Üben vorangetrieben wird. Dies führt zu einer kontinuierlichen Steigerung der Qualität der Ergebnisse. Der Viewer entwickelt dadurch eine zunehmend bessere Verbindung zu seinem Unterbewusstsein, erlernt neue Ideogramme und verbessert sich beim Generieren intuitiver Eindrücke. Zusammenfassend lässt sich festhalten: Im Rahmen einer Trainingssession erlangt der Viewer Erkenntnisse über sich selbst und sein Unterbewusstsein.

Der operationale Modus

Im operationalen Modus besteht ein Interesse an den Informationen, die der Viewer erlangt. Dies kann beispielsweise ein Kundenauftrag oder ein persönliches Anliegen sein, welches vom Tasker, Monitor oder einem Bekannten stammt (für weitere Anwendungsgebiete siehe Kapitel *Möglichkeiten, Anwendungsgebiete und Grenzen*). In diesem Fall ist lediglich ein Teil des Targets bekannt, möglicherweise sogar gar nichts. Die vorrangige Aufgabe des Viewers besteht in der Beschreibung der unbekannten Aspekte des Zieles. Im Anschluss an die Auswertung können die gewonnenen Erkenntnisse verwendet werden. Operationale Sessions sollten stets unter Begleitung eines Monitors durchgeführt werden. Doppelblinde Sessions können erforderlich sein, um ungewollte Beeinflussungen durch den Monitor auszuschließen. Es sei jedoch darauf hingewiesen, dass ein Monitor, der über das Target informiert ist, eher in der Lage ist, die richtigen Fragen zur richtigen Zeit zu stellen und somit mehr aus der Session herauszuholen. Gleichzeitig birgt diese Vorgehensweise jedoch das Risiko, dass er unbewusst den Viewer in eine bestimmte Richtung lenkt und beeinflusst. Hier ist Monitorerfahrung erforderlich. Dieser Modus kommt zum Einsatz, wenn ein Remote Viewer bereits Erfahrung im Trainingsmodus gesammelt hat, sicher im Umgang mit der Methode ist und sein ideogrammatisches Wörterbuch kennt (mehr dazu im Kapitel *Ideogramme*). Um im Controlled Remote Viewing operational eingesetzt werden zu können, ist mindestens die Stufe 4 notwendig. Idealerweise hat der Viewer jedoch ebenso Kenntnis über die Stufen 5 und 6.

Der Forschungsmodus

Im Forschungsmodus geht es darum, Remote Viewing selbst wissenschaftlich auf die Probe zu stellen, oder zu verbessern. Im Rahmen der Session besteht die Möglichkeit, neue Werkzeuge und Techniken einer Prüfung auf Funktionalität zu unterziehen. Das Target spielt dabei keine Rolle, es muss jedoch viel Feedback vorhanden sein, weshalb operationale Ziele hierfür nicht in Frage kommen. Dieser Modus kommt nur selten zur Anwendung, aber wenn, dann sind Forschungssessions ausnahmslos doppelblind und ohne Front-, Mid- oder Backloading (siehe Abschnitt *Frontloading*) durchzuführen. Sie können solo, oder mit Monitor abgearbeitet werden. In jedem Fall ist ein separater Tasker erforderlich. Im Forschungsmodus ist eine gut durchdachte Datenhaltung erforderlich, beispielsweise in Form einer umfassenden Datenbank.

8. Ideogramme

In diesem Kapitel erfolgt eine Auseinandersetzung mit einem der faszinierendsten Konzepte des Remote Viewing, den Ideogrammen.

Eine allgemeine Definition lautet:

Ein Ideogramm ist ein grafisches Zeichen oder Symbol, das eine bestimmte Bedeutung, eine Idee oder ein Konzept repräsentiert.

Der Begriff ist keine Erfindung aus dem Remote Viewing. Ideogramme finden Anwendung in bildbasierten Schriftsystemen, die demnach keine alphabetische Schreibweise aufweisen (wie etwa die deutsche, englische oder lateinische Sprache). In einem solchen Schriftsystem, das als Ideografie bezeichnet wird, stellen Symbole (bzw. die Ideogramme) einzelne Wörter, Phrasen oder auch ganze Konzepte dar. Im Gegensatz zu alphabetischen Schriftsystemen, bei denen Buchstaben zu Wörtern bzw. Lauten und Klängen zusammengefügt werden, basieren Ideogramme also auf visuellen Darstellungen. Sie können sowohl abstrakte als auch konkrete Ideen und Konzepte vermitteln und werden oft durch ihre Form oder ihre grafische Darstellung mit der Bedeutung assoziiert, wobei die Bedeutung aus der Erscheinungsform des Ideogramms nicht direkt ableitbar ist (das unterscheidet sie von Piktogrammen). Ideogramme sind nicht auf Ideografien beschränkt und können in verschiedenen Kulturen und Schriftsystemen Verwendung finden.

Auch die deutsche Sprache enthält sie, wie etwa Währungssymbole. Weitere bekannte Beispiele sind das Herz-Symbol, das Liebe repräsentiert, und die liegende 8 als Darstellung der Unendlichkeit. Die Kombination verschiedener Ideogramme erlaubt die Vermittlung komplexer Informationen und Aussagen.

Im Remote Viewing werden Ideogramme eingesetzt, um eine Kommunikation zwischen Wach- und Unterbewusstsein zu ermöglichen. Sie erlauben folglich eine Kommunikation in beide Richtungen. Damit dies funktionieren kann, müssen sich diese Bewusstseinsebenen über die eingesetzten Symbole und deren Bedeutung im Klaren sein[11]. Die Vorgabe derer erfolgt durch das Unterbewusstsein und im Rahmen des täglichen Trainings erlernen Viewer die Ideogramme dieser Instanz. Folglich verfügt ein Remote Viewer über eine eigene Ideografie, eine individuelle ideogrammatische Schrift, mittels derer er mit seinem Unterbewusstsein kommunizieren kann.

Ideogramme werden in Form von einfachen Linienzügen bzw. Krakeln auf dem Papier dargestellt. Die nachfolgende Abbildung präsentiert eine Auswahl an Beispielen sowie deren Bedeutung, welche als Einstieg in die Ausbildung im Remote Viewing Verwendung finden können.

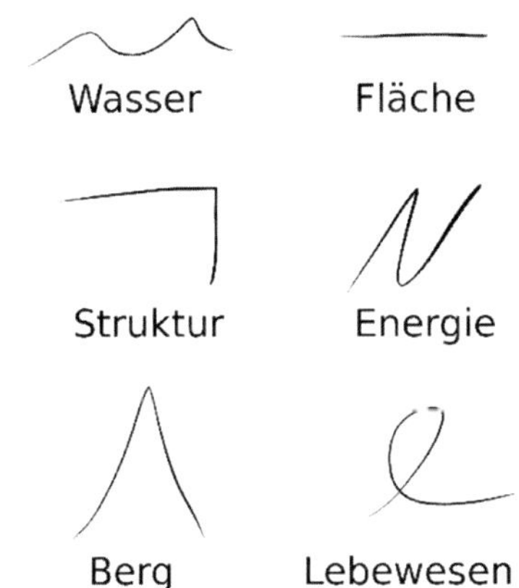

Abbildung 15: Typische Ideogramme und ihre Bedeutungen.

[11] Dieses Kapitel beschreibt, wie im Controlled Remote Viewing Ideogramme eingesetzt werden. Andere Varianten des Remote Viewing verwenden sie allerdings in anderer Form, welche in diesem Buch aber nicht behandelt werden. Wie eingangs dargelegt, vermittelt dieses Werk die Prinzipien des Remote Viewing aus Perspektive des Controlled Remote Viewing.

Obgleich Schüler in der Regel mit diesen Linienzügen beginnen, ist das von ihnen im Laufe ihres Trainings aufgebaute und erweiterte Wörterbuch individuell. In der Folge entwickelt jeder Viewer seine ganz persönlichen Ideogramme, wobei die oben dargestellten bei den meisten in einer ähnlichen Form auftreten. Sie eignen sich in besonderem Maße für den Einstieg ins Training. Wichtig zu wissen: Ideogramme sind nicht in Stein gemeißelt und das persönliche Wörterbuch unterliegt einem steten Wandel.

Unbewusster Einsatz

Damit das Unterbewusstsein Ideogramme zu Papier bringen kann, muss der Viewer diese *unbewusst* zeichnen. Dieser Prozess darf folglich nicht aktiv beeinflusst werden. Stattdessen muss den Muskelbewegungen des Armes vertraut und diese zugelassen werden. Der Viewer überlässt seinem Unterbewusstsein die Steuerung über den Körper. In dem entstehenden Linienzug manifestieren sich schließlich die Ideogramme, deren Bedeutung es zu entschlüsseln gilt. Die Vorgehensweise zur Entschlüsselung wird im Abschnitt *Archetypische Gestalt der Ideogramme* näher beleuchtet. Der Informationsfluss erfolgt somit vom Unter- zum Wachbewusstsein unter Einsatz des Körpers.

Die Verwendung von Ideogrammen ermöglicht es, Informationen aus dem Unterbewusstsein über das Target zu erhalten. Daher wird der unbewusste Einsatz im Remote Viewing ausgiebig genutzt. Für Anfänger liegt die Schwierigkeit häufig darin, während des Zeichnens des Linienzugs nicht dessen Aussehen zu antizipieren und das Ergebnis vorweg zu nehmen. Dies erfordert eine gewisse Übung sowie das Vertrauen darin, dass das Unterbewusstsein tatsächlich in Ideogrammen kommuniziert und sich diese Tatsache in der Linie wiederfinden lässt. Ein geübter und erfahrener Viewer, der über 50 bis 100 Ideogramme verfügt, wird keine Zweifel mehr hegen und wissen, dass das Unterbewusstsein nicht lügt. Das bedeutet: Was für Ideogramme er auch immer unbewusst zu Papier bringt, es ist absolut Verlass darauf, dass sie das Target tatsächlich beschreiben.

Archetypische Gestalt der Ideogramme

Im Kapitel *Die Welt des Bewusstseins* wurde die archetypische Gestaltwahrnehmung des Unterbewusstseins erläutert und bereits angedeutet, dass sich diese in den Ideogrammen widerspiegelt. In der Tat sind Ideogramme in ihrer Bedeutung archetypisch und jedes steht für eine Gestaltwahrnehmung im Target. In Abbildung 15 wurden die Ideogramme für *Struktur, Lebewesen, Energie, Wasser, Fläche* und *Berg* vorgestellt. Da ihre Bedeutung nun archetypisch ist, bedeutet dies für:

- *Wasser*: Es befindet sich etwas *Wässriges* im Target. Wie schon erläutert kann dies beispielsweise ein See, ein Fluss, der Orangensaft oder ein Eiswürfel sein.
- *Struktur*: Im Target gibt es eine dreidimensionale Struktur.
- *Berg*: Etwas sehr hoch Aufragendes ist im Target. Dies muss nicht zwangsläufig ein natürlicher Berg sein. Auch der Eiffelturm, der als ein hoch nach oben aufragendes Objekt betrachtet werden kann, lässt sich durch das Ideogramm für Berg vom Unterbewusstsein darstellen.
- *Energie*: Dieser Archetyp umfasst alles, was *energetisch* ist. Dies beinhaltet zum Beispiel Bewegung, Wärmeenergie und Elektrizität, aber auch emotionale Energie.
- *Fläche*: Eine archetypische Fläche als Gestaltwahrnehmung bedeutet genau das: eine Fläche. Dies kann ein Sportplatz, ein Parkplatz, eine Planetenoberfläche, eine Schreibtischfläche und genauso gut eine Bühne sein.
- *Lebewesen*: Hierunter fällt alles, was lebt. Mensch, Tier und auch Bewusstseinsvorgänge nimmt das Unterbewusstsein als Gestalt wahr und ist archetypisch Lebewesen. Je nach Viewer zählen hier auch Pflanzen dazu.

Interpretation der Bedeutung

Der Viewer muss die Ideogramme, die sein Unterbewusstsein verwendet, erlernen und verstehen. Zudem muss er in der Lage sein, Veränderungen bestehender sowie das Auftreten neuer Ideogramme zu erkennen und sich darauf einzulassen. Dies gelingt nur durch Training und ausgiebige Analyse der Ideogramme[12]. In der Session muss er zwangsläufig deren Bedeutungen erkennen. Dafür gibt es ein spezielles Analyse-Verfahren. In der Praxis hat sich gezeigt, dass das Aussehen des Linienzugs allein nicht ausreicht, um den Archetyp bestimmen zu können. Vielmehr ist auch das Gefühl zur Linie ein entscheidender Faktor, den es zu berücksichtigen gilt. Ein Beispiel soll dies verdeutlichen:

Eine nach oben gerichtete Schleife, wie sie in Abbildung 15 zu sehen ist, lässt in der Regel auf die Anwesenheit eines oder mehrerer Lebewesen im Target schließen. Es kann (je nach individuellem Wörterbuch des Viewers) sein, dass eine solche Schleife ebenso für ein bewegtes, nicht-lebendiges Objekt steht. Beide Ideogramme weisen demnach Schleifen auf. Die korrekte Unterscheidung ist von entscheidender Bedeutung für das zuverlässige Viewen des Targets. Der fundamentale Unterschied zwischen beiden Ideogrammen besteht darin, dass sich die Schleife des Lebewesens eher weich anfühlt, während sie beim bewegten Objekt hart wirkt. Das Gefühl ist in diesem Beispiel also ausschlaggebend.

---

[12] Dies ist ein weiterer Grund, weshalb regelmäßiges Training auch für geübte Remote Viewer unerlässlich ist. In der Praxis wird diese Notwendigkeit von vielen Viewern unterschätzt, sodass nach Abschluss der Ausbildung keine weiteren Trainingssessions mehr durchgeführt werden und stattdessen lediglich operative Arbeit erfolgt. Dies entspricht in etwa der Vorstellung eines angehenden Fußballspielers, der das Trainingslager verlässt und meint, er müsse nun nie wieder üben und könne trotzdem in die Bundesliga aufsteigen. Er verkennt dabei, dass Bundesliga-Spieler über die gesamte Woche hinweg zahlreiche Trainingseinheiten absolvieren, um am Wochenende ihre optimale Leistung erbringen zu können. Daher sollte und muss auch der Remote Viewer entsprechend verfahren.

Im Englischen spricht man von *Motion & Feel,* wobei sich *Motion* auf das Aussehen des Ideogramms bezieht (oder eher gesagt auf die Bewegung des Stifts, als es zu Papier gebracht wurde), während *Feel* das Gefühl zur Linie beschreibt. Die magische Formel bei der Analyse eines Ideogramms lautet: *Motion & Feel definiert den Archetyp.*

Ideogramme und der Erkundungsprozess

Wie im Kapitel *Die Welt des Bewusstseins* dargestellt, sind die Gestaltwahrnehmungen des Unterbewusstseins abhängig von dessen Position im Target. Die Erklärung erfolgte anhand des Eiffelturms, der aus entsprechender Entfernung als eine einzelne Gestalt vom Unterbewusstsein aufgefasst wird. Erst bei einer Annäherung an den Turm entstehen Gestaltwahrnehmungen für die vier Füße, die Spitze und gegebenenfalls das Fundament des Turms. Bei weiterem Herankommen werden schließlich Querverstrebungen, Eisenträger und Bolzen als wahrnehmbare Gestalten identifiziert.

Diese Art der Wahrnehmung spiegelt sich in Ideogrammen wieder:

- Beschreibt der Viewer den Eiffelturm aus großer Entfernung, so kann seine Gesamtheit etwa als ein Ideogramm für Struktur oder Berg vorkommen. Die jeweilige Gestalt ist dabei von Viewer zu Viewer unterschiedlich und hängt von der Position im Target sowie der Perspektive auf den Turm ab.
- Bewegt sich der Viewer mental näher an den Eiffelturm heran, so bekommt er Ideogramme für die groben Einzelkomponenten. Er erhält Linienzüge mit der Bedeutung Struktur für die Füße, die Spitze und das Fundament.
- Bei weiterer mentaler Annäherung werden ihm Ideogramme für die Eisenträger präsentiert, die aller Wahrscheinlichkeit nach ebenfalls in Form von Struktur dargestellt werden.

Körper als Kommunikationsschnittstelle

Im Remote Viewing spielen Wachbewusstsein, Unterbewusstsein und Körper zusammen, um extrasensorisch das Target beschreiben zu können. In diesem Zusammenhang kommt dem Körper die Funktion eines Vermittlers zwischen den beiden Bewusstseinsebenen zu. Diesem Prinzip liegt zugrunde, dass sowohl das Wach- als auch das Unterbewusstsein Zugriff auf den Körper haben. Durch körperlichen Einsatz können Informationen zwischen beiden Bewusstseinsebenen ausgetauscht werden. Dies wird ersichtlich bei der Betrachtung der Ideogramme, welche letztlich unter Einsatz der Physis zu Papier gebracht werden. Beim unbewussten Zeichnen des Linienzuges, werden Archetypen vorhandener Gestaltwahrnehmungen dem Wachbewusstsein zugänglich gemacht.

Tapping

Ideogramme eignen sich sehr gut, um das Prinzip dieses Zusammenspiels zu verstehen. Damit hört jedoch die Kommunikation mit Hilfe des Körpers nicht auf. Es spiegelt sich in vielen weiteren Techniken im RV wider, beispielsweise beim *Tapping*.

Tapping ist eine Technik, um sensorische und dimensionale Daten aus den Gestaltwahrnehmungen zu gewinnen. Dazu muss betont werden: Indem das Unterbewusstsein dem Viewer durch Ideogramme archetypische Gestaltwahrnehmungen bewusst zugänglich macht, hat dieser jedoch noch keine *Eindrücke* dazu. Dies bedeutet, dass er zwar Kenntnis davon hat, dass sich im Target etwa eine oder mehrere Strukturen befinden, jedoch keine weiteren Details. Es lassen sich daraus weder sensorische Eindrücke wie Farben, Oberflächen oder Gerüche, noch dimensionale Daten wie Größenangaben und Formen ableiten.

Um an diese Informationen zu gelangen, kann sich der Viewer nun der Technik des Tappings bedienen. Hierbei wird mit dem Stift (oder dem

Finger) das Ideogramm angetippt, um sensorische und dimensionale Eindrücke zu der Gestalt zu bekommen, die es repräsentiert.

Ein Beispiel, das sich erneut am Eiffelturm als Target orientiert, sei wie folgt dargestellt: Der Viewer lässt sein Unterbewusstsein ein Ideogramm zu Papier bringen. Die Analyse ergibt, dass es sich um sein Ideogramm für den Archetyp *Berg* handelt. Das Unterbewusstsein hat demnach eine Gestaltwahrnehmung im Target, die sehr hoch nach oben aufragt. An dieser Stelle sind weitere Erkenntnisse über das Ziel durch den Viewer jedoch nicht möglich. Um nun sensorische und dimensionale Daten zur Gestalt des Berges zu erhalten, beginnt er das Ideogramm anzutippen. Nach und nach erhält der Viewer die Informationen *grau, hart, kalt, gekreuzt, durchlässig, spitz* und *hoch*.

Das Antippen des Ideogramms, das Tapping, ist folglich eine Technik, die den Körper einbezieht. Der Informationsaustausch erfolgt zunächst vom Wach- zum Unterbewusstsein hin, wobei die Intention des Viewers, Informationen zu der Gestalt des Ideogramms zu erhalten, an dessen Unterbewusstsein übermittelt wird. Das Antippen des Linienzuges signalisiert diesem, dass *Informationen zu dem betreffenden Aspekt* im Target angefordert werden. In einem zweiten Schritt erfolgt der Informationsaustausch vom Unter- zum Wachbewusstsein. Dabei übermittelt das Unterbewusstsein sensorische und dimensionale Daten der Gestaltwahrnehmung, welche der Viewer bewusst empfängt und aufschreibt.

Remote Viewing basiert prinzipiell auf dem Konzept, den Informationsaustausch zwischen Wach- und Unterbewusstsein mit Hilfe des Körpers herzustellen. Ideogramme und die Möglichkeit mittels Tapping Informationen aus ihnen zu generieren, zeigt exemplarisch die Vorgehensweise.

Ideogramm-Training

Wie bereits erläutert, sind Ideogramme und ihre Bedeutung individuelle Angelegenheiten. Die zuvor vorgestellten Linienzüge und deren archetypische Bedeutungen stellen in der Regel lediglich einen Startpunkt dar. Der Viewer entwickelt relativ schnell ein eigenes ideogrammatisches Wörterbuch. Bestehende Ideogramme unterliegen der steten Veränderung, sodass sich Linienzüge in Details verändern oder gar neue Bedeutungen erhalten können. Der Viewer ist folglich angehalten, in regelmäßigen Trainingssessions eine Analyse seiner Ideogramme vorzunehmen, um mit etwaigen Änderungen und Erweiterungen des Wörterbuchs Schritt halten zu können. Im Remote Viewing gibt es ein spezielles Ideogramm-Training. Dieses umfasst zwei Methoden, die es dem Viewer ermöglichen, seine Ideogramme zu ergründen und zu verfestigen. Es handelt sich hierbei um die sogenannten *Bottom-Up-* und *Top-Down-*Methoden. Beide sollten parallel trainiert werden, da sie in einem engen Zusammenhang zueinander stehen.

Bottom-Up

Bei der Bottom-Up Methode versucht der Viewer herauszufinden, welche Ideogramme im Unterbewusstsein bereits verankert sind. Dazu führt er eine geeignete Menge Trainingssessions durch, in denen er seine Linienzüge zum Target zu Papier bringt. Auf diese Weise werden die Archetypen ermittelt. Sollte er diese zu einem Ideogramm nicht bestimmen können, so lässt er sie offen. Zu jeder Gestalt sammelt der Viewer nun mittels Tapping sensorische und dimensionale Daten.

Anhand des Feedbacks nach Beendigung der Session und unter Zuhilfenahme der sensorischen und dimensionalen Eindrücke versucht er, die Bedeutung der Ideogramme zu ermitteln. Auf diese Weise kann der Viewer erkennen, ob seine Analysen während der Session korrekt waren und welche Bedeutung die Ideogramme haben könnten, deren Archetypen er nicht bestimmen konnte. So ist es dem Viewer möglich, mit Veränderungen Schritt zu halten und neue Ideogramme zu bemerken.

Top-Down

Sobald der Viewer über gesicherte Ideogramme und Archetypen verfügt, kann er diese durch gezieltes Training weiter im Unterbewusstsein verankern. Dafür benötigt er einen Trainingspartner, der ihm mit steigender Geschwindigkeit die Archetypen in zufälliger Reihenfolge nennt, während der Viewer die Aufgabe hat, blitzschnell das passende Ideogramm dazu zu zeichnen. Er wird feststellen, dass dies eine anspruchsvolle Aufgabe werden kann, wenn der Trainingspartner das Tempo anzieht.

Wenn der Viewer nach ausreichend Training beginnt, während dieser Übung mit seinen Gedanken abzuschweifen, während er gleichzeitig die Ideogramme trotzdem richtig zu Papier bringt, so übernimmt an dieser Stelle das Unterbewusstsein. Dies ist das Zeichen dafür, dass die Ideogramme dort vorhanden und verankert sind.

Ideogrammatische Sätze

Remote Viewer stellen meist relativ schnell fest, dass ihr Unterbewusstsein ihnen nicht nur ein einzelnes Ideogramm präsentiert, sondern der Linienzug deutlich komplexer ist und mehrere Abschnitte enthält. Man unterschcidet:

- (Einzel-)Ideogramme. Diese enthalten exakt eine Gestaltwahrnehmung (siehe Abbildung 15). Der allgemeine Sprachgebrauch des Wortes *Ideogramm* bezieht sich in der Regel auf diesen Typ.
- Zusammengesetzte Ideogramme. Diese bestehen aus einem Linienzug, der keine Lücken aufweist und mehrere Einzelideogramme enthält. Ein Beispiel ist in der folgenden Abbildung gegeben. Es besteht aus einem zusammengesetzten Ideogramm, das nach der Analyse die Einzelideogramme für Struktur und Lebewesen beinhaltet.

Abbildung 16: Ein zusammengesetztes Ideogramm, bestehend aus den Einzelideogrammen für Struktur und Lebewesen.

- Komplexe Ideogramme. Diese zeichnen sich dadurch aus, dass der Linienzug eine oder mehrere Lücken aufweist. Die so voneinander abgetrennten Teile können wiederum Einzel- oder zusammengesetzte Ideogramme sein. Das komplexe Ideogramm der nachfolgenden Skizze analysiert der Viewer in diesem Fall als Berg, Wasser und Lebewesen.

Abbildung 17: Ein komplexes Ideogramm, bestehend aus den Einzelideogrammen Berg, Wasser und davon abgetrennt Lebewesen.

Während Einzelideogramme als ideogrammatische Wörter aufgefasst werden können, bilden zusammengesetzte und komplexe Ideogramme *ideogrammatische Sätze*. Die Lücken bei komplexen Ideogrammen können dabei als Satzzeichen interpretiert werden.

Bei zusammengesetzten Ideogrammen kann in der Regel davon ausgegangen werden, dass die darin zum Ausdruck gebrachten Gestaltwahrnehmungen im Target in räumlicher, zeitlicher oder sinngemäßer Hinsicht in Beziehung zueinander stehen. Das Unterbewusstsein ist folglich intelligent genug, in der Zusammensetzung dieser Ideogramme Informationen über das Target zu vermitteln. Im Beispiel des zusammengesetzten Ideogramms mit den Einzelideogrammen für Struktur und Lebewesen aus obiger Abbildung könnte beispielsweise zutreffen:

- Dass sich das Lebewesen in der Struktur befindet (z.B. ein Autofahrer) und wäre ein Beispiel für eine räumliche Beziehung.
- Dass sich das Lebewesen zu dieser Struktur hin begibt (z.B. Ist die Person auf dem Weg zur Arbeit und die Struktur ist das Bürogebäude). In diesem Fall handelt es sich um eine zeitliche Beziehung.
- Dass sich das Lebewesen Gedanken um die Struktur macht, obwohl sie sich räumlich und zeitlich woanders befindet (z.B. eine Person, die sich Gedanken über einen Hauskauf macht). Hier herrscht eine sinngemäße Beziehung vor.

Sind Linienzüge durch Lücken getrennt, wie bei komplexen Ideogrammen der Fall, so stehen in der Regel die durch die Auslassung separierten Gestalten im Target indirekt in Beziehung zueinander. In Bezug auf das obige Beispiel aus Abbildung 17 könnte es sein, dass das Target ein Stausee mit Sperrmauer ist, der durch Berg und Wasser angezeigt wird, während das Lebewesen für den Architekten der Sperrmauer steht, der indirekt mit dem Target verknüpft ist.

An dieser Stelle sei noch einmal betont, dass Ideogramme eine sehr individuelle Angelegenheit sind. Bei den meisten Viewern lassen sich die direkten und indirekten Beziehungen aus zusammengesetzten und komplexen Ideogrammen ableiten, garantiert werden können sie jedoch nicht. Des Weiteren kann aus dem gemeinsamen Auftreten von Gestaltwahrnehmungen in zusammengesetzten und komplexen Ideogrammen nicht auf die Art der Beziehung geschlossen werden. Die Kategorien der räumlichen, zeitlichen und sinngemäßen Beziehung lassen noch viel Interpretationsspielraum. Der Viewer darf sich hier also nicht darauf versteifen und verstandesmäßig die Beziehungen ableiten. Durch das Viewen der Gestaltwahrnehmungen wird sein Unterbewusstsein die Verbindung übermitteln. Eine verstandesmäßige Analyse sollte unterbleiben, da dies mit hoher Wahrscheinlichkeit ein erfolgreiches Beschreiben des Targets verhindert. Der Viewer arbeitet in seiner Session also lediglich in einem zusammengesetzten oder komplexen Ideogramm mit den Gestaltwahrnehmungen aus den einzelnen Abschnitten, ignoriert jedoch ihr gemeinsames Auftreten im Ideogramm.

Die Intelligenz des Unterbewusstseins

Viewer stellen immer wieder fest, dass sich Ideogramme im Laufe der Session wiederholen. Dies kann mehrere Gründe haben:

- Der Viewer hat ein Muster entwickelt und kann seine Ideogramme nicht mehr neutral zu Papier bringen. Solche Muster sind meist nur vorübergehend und lösen sich auch rasch wieder auf.
- In den vorherigen Ideogrammen sind bereits alle relevanten Gestaltwahrnehmungen des Targets aufgegriffen worden, sodass es zu Wiederholungen kommt.
- Der Viewer hat die Archetypen seiner Ideogramme falsch interpretiert. Hier offenbart sich die Intelligenz des Unterbewusstseins auf faszinierende Art und Weise. Es präsentiert das Ideogramm, auf Grund der falschen Interpretation des Linienzuges seitens des Viewers, spontan erneut.

Dem Unterbewusstsein ist eine Intelligenz zu eigen, die sich immer wieder in den Details des Remote Viewing Prozesses zeigt. Da es mit einer Aufgabe betraut ist (nämlich Informationen zum Target zu übermitteln), wird es sein Bestes tun, um diese zu erfüllen. Wach- und Unterbewusstsein stehen in engem Austausch miteinander, wobei sich immer wieder zeigt, dass das Unterbewusstsein in der Lage ist, dynamisch auf Fehler des Viewers während der Session zu reagieren. Dazu zählt, dass es Ideogramme so lange wiederholt, bis die Bedeutung korrekt interpretiert wurde. Es gibt genügend Praxisbeispiele, die dies gezeigt haben. Tatsächlich erscheinen neue Ideogramme, sobald der Viewer die Bedeutung korrekt analysiert hat.

Aktive Ideogramme

Es ist allgemein wenig bekannt, dass das bewusste Zeichnen von Ideogrammen ebenfalls möglich ist. Da der Informationsfluss hier vom Wach- zum Unterbewusstsein stattfindet (und damit in entgegengesetzter Richtung zum unbewussten Einsatz der Ideogramme), kommt diese Art der Verwendung im Remote Viewing eher selten vor. Vielmehr macht Remote Influencing hiervon Gebrauch. Durch die mentale Ausrichtung auf eine bestimmte Person und das bewusste Zeichnen eines ausgewählten Ideogramms kann dessen Bedeutung an die Zielperson übermittelt werden. Hat der Viewer ein Ideogramm für *Ruhe*, kann er hierüber der Zielperson einen Ruhe-Impuls senden. Über diesen Linienzug kommuniziert der Viewer zunächst mit seinem eigenen Unterbewusstsein, was übertragen werden soll (Ruhe). Die weitere Übermittlung zur Zielperson erfolgt dann von Unterbewusstsein zu Unterbewusstsein. Das beschriebene Vorgehen veranschaulicht die Verwendung des Ideogramms zur Übermittlung von Informationen an das eigene Unterbewusstsein.

9. Aesthetic Impact

Es gibt in der Remote Viewing Szene viele bekannte und alltägliche Prinzipien, bei denen oft übersehen wird, dass es einer intensiven Forschung bedurfte, die das Wissen darum überhaupt erst möglich gemacht hat. Dies trifft ebenfalls auf den Ablauf zu, den Viewer durchlaufen müssen, um mentalen Zugang zum Target aufzubauen. Dieser folgt einem festen Schema, dem sich dieses Kapitel widmet.

Es ist keineswegs so, dass Viewer mit Beginn der Session das Target in allen Einzelheiten beschreiben können. Die Informationen müssen im Verlauf der Sitzung Stück für Stück erarbeitet werden. Doch bevor es soweit ist, muss der Viewer Zugang zum Zielgebiet bekommen. Diesen erlangt er schrittweise, indem er sich in das Target *hineinviewt*, d.h. sich mental mit dem Ziel befasst.

Die Methode des Remote Viewing sieht vor, dass er dieses Hineinviewen mit Ideogrammen einleitet, die ihm im Rahmen seiner diesbezüglichen Analyse Aufschluss darüber geben, welche Gestaltwahrnehmungen im Target vorhanden sind. Somit lässt sich sowohl der Eiffelturm als auch die Kaffeetasse als *Struktur* im Ideogramm identifizieren. Die alleinige Kategorisierung der Ideogramme in ihre Archetypen erlaubt noch keine Aussage darüber, wie die Struktur aussieht. An dieser Stelle beginnt der eigentliche Viewing-Prozess, in dessen Verlauf die Gestaltwahrnehmungen unter Einsatz von Tapping wahrgenommen und beschrieben werden.

Aufbauend auf den Ideogrammen hat sich herausgestellt, dass dem Kontaktaufbau mit dem Target folgende Phasen zugrunde liegen:

- Sensorischer Kontakt: Der Viewer erhält zu Beginn, wenn er noch keinerlei Bezug zum Target hat, ausschließlich Informationen zu Farben, Geräuschen, Gerüchen, Geschmacksrichtungen, Oberflächen und ggf. Temperaturen aus dem Zielgebiet.
- Dimensionaler Kontakt: Nachdem der Viewer eine Weile sensorische Daten gesammelt hat, mischen sich erste dimensionale Ein-

drücke hinzu, die unter anderem Größe, Formen und Entfernungen betreffen. Das Auftreten dieser kategorischen Informationen kann als kleiner Meilenstein im Kontaktaufbau gewertet werden und bestätigt, dass der Viewer nun intensiveren Zugang zum Zielgebiet hat.

- Aesthetic Impact: Dies ist der entscheidende Moment, auf den der Viewer hinarbeitet und mental seine Position im Target eingenommen hat und wahrnehmen kann, was sich vor ihm und um ihn herum im Zielgebiet befindet.

Die folgende Abbildung zeigt noch einmal diesen wichtigen Ablauf.

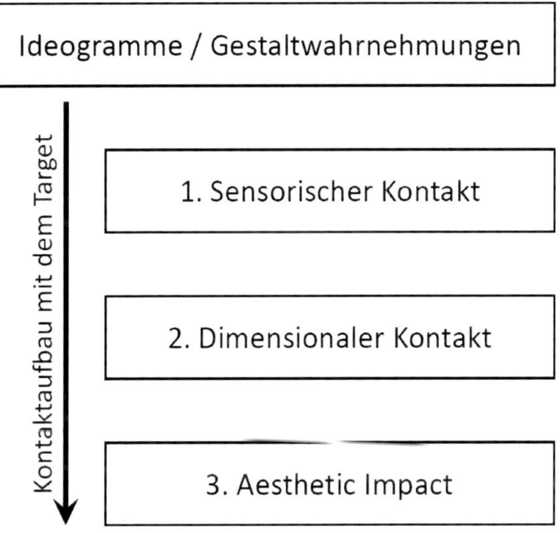

Abbildung 18: Der mentale Kontakt etabliert sich immer nach diesem dargestellten Schema. Zuerst hat der Viewer sensorischen Kontakt. Anschließend kommen dimensionale Eindrücke hinzu. Schließlich hat der Viewer einen Aesthetic Impact, der eintritt, sobald er seine Position im Target mental eingenommen hat.

Basis: Ideogramme

Die Ideogramme stellen die Basis des Erkundungsprozesses einer Remote Viewing-Session dar. Durch sie erhält der Viewer einen Überblick über die im Target vorhandenen Gestaltwahrnehmungen. Daher stehen sie auch am Beginn einer Sitzung. Wie im Kapitel *Ideogramme* beschrieben, sind die Gestaltwahrnehmungen archetypisch in ihrer Bedeutung. Dies bedeutet, dass der Viewer anhand seiner Ideogramme erkennen kann, ob beispielsweise Lebewesen im Target vorhanden sind. Die Frage, um welche Spezies es sich handelt, kann anhand eines Ideogramms für Lebewesen nicht beantwortet werden. Aufgrund dessen zählen die Linienzüge streng genommen auch noch nicht zum Remote Viewing Prozess, da die Wahrnehmung des Targets bis dato aussteht. Ideogramme sind zunächst lediglich eine körperliche Reaktion auf das Ziel.

Erst in den nachfolgenden Schritten erfolgt die Wahrnehmung (und damit das eigentliche Viewen des Targets), sodass etwa bei Mensch und Tier völlig unterschiedliche Eindrücke und Informationen durchkommen würden.

Schritt 1: Sensorischer Kontakt

Aufbauend auf den Informationen über vorhandene Gestaltwahrnehmungen beginnt der eigentliche Viewing-Prozess. In Abhängigkeit der genauen Remote Viewing Methode erfolgt entweder eine Wahrnehmung von Informationen aus dem Target im Allgemeinen oder (wie im Controlled Remote Viewing) getrennt pro Gestalt. In jedem Fall beginnt der Viewer hier typischerweise mit dem Sammeln sensorischer Informationen. Diese umfassen:

- Farben
- Geräusche
- Temperaturen
- Gerüche

- Geschmäcker
- Oberflächenbeschaffenheiten

Es sei darauf verwiesen, dass keine Vorgabe existiert, zunächst nur sensorische Informationen zu sammeln. Vielmehr entspricht es dem natürlichen Ablauf der Fernwahrnehmung, dass der Viewer anfänglich lediglich sensorische Eindrücke erhält. Remote Viewing bildet diesen natürlichen Ablauf ab, indem es sich mit Beginn der Wahrnehmung zunächst auf sensorische Daten fokussiert und dem Viewer somit den Freiraum lässt, vertiefenden Kontakt zum Target aufbauen zu können. Andere Varianten des Remote Viewing fragen explizit nach allen Informationen oben genannter Kategorien, während etwa im Controlled Remote Viewing, welches die Autoren verwenden, die Frage nach dimensionalen Daten ungültig ist, solange der Viewer noch in der Phase steckt, in der er ausschließlich sensorische Informationen erhält.

Schritt 2: Dimensionaler Kontakt

Nachdem sich der Viewer einige Zeit mit den sensorischen Informationen befasst hat, kommt es zu ersten dimensionalen Eindrücken. Diese spannen den dreidimensionalen Raum auf und umfassen beispielsweise:

- Größen
- Formen
- Strukturierungen
- Richtungen
- Begrenzungen
- Positionen
- Entfernungen
- Höhen und Breiten

Das Auftreten erster dimensionaler Eindrücke kann als Indikator dafür gewertet werden, dass der Viewer nun einen tieferen mentalen Kontakt zum Target aufgebaut hat. Obgleich noch nicht die vollständige

Wahrnehmung des Zielgebiets erreicht ist, wurde diese Hürde überwunden. Ab diesem Zeitpunkt wechseln sich sensorische und dimensionale Daten ab. In einigen Methoden erfolgt eine explizite Abfrage der Dimensionen des Targets, nachdem die sensorischen Kategorien bearbeitet wurden. Technisch gesehen zwingen sie den Viewer somit in die dimensionale Wahrnehmung, was an dieser Stelle scheitern kann, falls der Viewer den Zugang zu den Dimensionen noch nicht hat. Im Rahmen des Controlled Remote Viewing werden diese Daten erst dann abgefragt, wenn der Viewer sie von sich aus notiert hat. Er bekommt somit die Zeit und die Gelegenheit, selbstständig den dimensionalen Zugang zu erlangen, weshalb die Session (insbesondere bei Anfängern) auch etwas länger dauern kann.

Schritt 3: Aesthetic Impact

Der *Aesthetic Impact* (kurz: AI) stellt eines der größten Mysterien des Remote Viewing dar und entzieht sich zu einem großen Teil einer vernünftigen Definition. Gleichzeitig stellt dieser Punkt einen entscheidenden Meilenstein innerhalb einer Session sowie einen Wendepunkt in der Wahrnehmung dar. Die Diskrepanz zwischen der Schwierigkeit der Definition und der Relevanz im Viewing-Prozess führt dazu, dass Anfänger mit diesem Begriff häufig Schwierigkeiten haben. Letztlich muss ein Aesthetic Impact *erfahren* werden, um ein Verständnis dafür zu erlangen.

Ein AI tritt ein, sobald der Viewer einen dimensionalen Zugang zum Target gefunden und sich im Rahmen seiner Methode weiter mit diesem befasst hat. Es ist deshalb ein Meilenstein, da sein Auftreten bedeutet, dass der Viewer, oder besser gesagt sein Unterbewusstsein, eine feste Position im Target eingenommen hat, aus der heraus er dieses wahrnehmen und den Erkundungsprozess einleiten kann, und sich der Viewer dieser Position (direkt oder indirekt) bewusst wird. Gleichzeitig hat sich das Unterbewusstsein auf den Maßstab des Targets skaliert, sodass es sich beispielsweise mikroskopischen sowie makroskopischen Skalen angepasst hat. Dies ist ein weiterer Grund dafür, weshalb Viewer auf direktem Wege keine absoluten metrischen Angaben machen können.

Wie bereits angedeutet, lässt sich der Aesthetic Impact nicht eindeutig definieren. Ein AI kann auf unterschiedliche Arten auftreten und sich über diverse Indikatoren bemerkbar machen, die alle anzeigen, dass der Viewer seine Position im Target gefunden hat.

Emotionale Reaktion

Die am häufigsten auftretende Form des Aesthetic Impacts manifestiert sich in einer emotionalen Reaktion des Viewers. So kann sich dieser etwa überrascht, freudig, ängstlich, unwohl, wütend, interessiert, mitfühlend, angespannt, gelangweilt, neugierig oder zurückhaltend fühlen. Diese Reaktion ist wohlgemerkt auf das Target bezogen. Doch warum lässt sich daraus schlussfolgern, dass der Viewer bzw. dessen Unterbewusstsein eine Position im Target eingenommen hat? Um diese Frage zu beantworten, sei ein kleines Gedankenexperiment gestattet:

Drei abenteuerlustige Kinder gehen in den Vergnügungspark. In der näheren Umgebung befinden sich nebeneinander die Geisterbahn, die Achterbahn sowie der Zuckerwattestand. Die Kinder teilen sich auf. Ein Kind begibt sich in die Geisterbahn, ein zweites in die Achterbahn, während das dritte den Zuckerwattestand aufsucht. Nach einer Dauer von 15 Minuten finden sie sich wieder zusammen, um ihre Erfahrungen und die damit verbundenen Gefühle zu berichten. Das Kind in der Geisterbahn hatte Angst. Sein Freund in der Achterbahn war angespannt und aufgeregt. Das dritte Kind am Zuckerwattestand empfand die Zeit dort als entspannt und ruhig. Obgleich die drei Kinder die vergangenen 15 Minuten räumlich nicht allzu weit voneinander entfernt verbrachten, erlebten sie doch unterschiedliche emotionale Reaktionen.

In Bezug auf Remote Viewing lässt sich dies wie folgt zusammenfassen: Eine emotionale Reaktion des Viewers auf das Target ist nur dann möglich, wenn er eine Position einnimmt, aus der heraus er diese Emotionen erfährt. Auch im RV gilt, dass die eigene Emotion in Abhängigkeit von der jeweiligen räumlichen Positionierung variiert.

Atmosphärische Wahrnehmung

Die Wahrnehmung der Atmosphäre im Zielgebiet ist eng mit den eigenen Emotionen verknüpft. Der Viewer kann diese beispielsweise als angespannt oder trügerisch empfinden. Auch der Eindruck, dass bald etwas passieren werde, gehört zur atmosphärischen Wahrnehmung. Allerdings muss diese nicht immer der eigenen emotionalen Reaktion entsprechen. Angenommen, man befindet sich in der Situation eines erfahrenen Fallschirmspringers, der gemeinsam mit einer Vielzahl an Neulingen im Flugzeug sitzt. Kurz vor dem Absprung ist die Atmosphäre im Flugzeug vermutlich sehr angespannt, während der erfahrene Springer selbst entspannt ist. Folglich entspricht seine emotionale Lage nicht der Atmosphäre im Flugzeug.

Obwohl die atmosphärische Wahrnehmung kein direkter Aesthetic Impact ist, so ist sie ähnlich wie die emotionale Reaktion des Viewers positionsabhängig, weshalb eine atmosphärische Wahrnehmung häufig zu einem AI führt.

Überraschung, etwas Neues entdeckt zu haben

Der Viewer zeigt sich überrascht, dass im Target etwas vorhanden ist, das ihm zuvor nicht bewusst war (und das auch in seinen Ideogrammen nicht auftrat). Ein solcher Aesthetic Impact geht oft mit überraschten Worten einher, da es unerwartet eintritt. Dies kann als sicheres Zeichen dafür gewertet werden, dass das eben Entdeckte nicht ausgedacht wurde, bzw. es der Fantasie des Viewers entspringt.

Auch hier gilt: Der Viewer ist nur dann in der Lage, einen neuen Aspekt im Target zu erkennen, wenn er eine Position einnimmt, aus der heraus er diesen wahrnehmen kann.

Körperliche Reaktion

Es kann regelmäßig beobachtet werden, dass auch der Körper des Viewers auf das Zielgebiet reagiert. Ein typisches Beispiel ist ein (meist leichter) Schwindel bei Targets in großer Höhe. Des Weiteren können bei energiereichen Zielen ein Kribbeln in den Gliedmaßen sowie bei Zielgebieten unter Wasser ein erschwertes Atmen beobachtet werden. Solche Reaktionen sind ebenso als Aesthetic Impact zu werten. Dem Viewer kann nur deswegen schwindelig werden, wenn er eine Position etwa in großer Höhe eingenommen hat.

Aspekte in Relation zu sich selbst wahrnehmen

Ein Aesthetic Impact kann sich zudem in einer Wahrnehmung von Dingen in Relation zu sich selbst äußern. Dies ist neben einer erweiterten dreidimensionalen Wahrnehmung, wie sie im nachfolgenden Abschnitt erläutert wird, einer der direktesten Indikatoren für ein AI. Die Wahrnehmung des Viewers ist dadurch gekennzeichnet, das Gefühl zu haben, dass sich im Target beispielsweise vor, seitlich, über oder unter ihm etwas befindet, er mittendrin steht oder etwas aus der Ferne beobachtet. Hat der Viewer diese Art von Aesthetic Impact, impliziert dies einen intensiven Targetkontakt. Ihm ist so, als könne er die Dinge vor dem inneren Auge sehen, wobei die für die Fernwahrnehmung typische Unschärfe erhalten bleibt. Mit dieser intensiven Wahrnehmung ist es dem Viewer nun möglich, sich mental umzuschauen und zu skizzieren, was sich um ihn herum befindet. Darauf aufbauend stützt sich die weitere Session.

Manchmal tritt eine Vorstufe dieses AIs auf. Auch die Aussage des Viewers, die Struktur sei ja viel größer als er, kann als Aesthetic Impact gewertet werden. Die Struktur kann hier nur deswegen viel größer sein als er, weil er seine Position im Target gefunden und sich dabei dem Maßstab angepasst hat. Verwandte Aussagen können sein, dass der Viewer etwa nach oben, unten oder zur Seite schauen muss, um etwas zu sehen. Auch die Äußerung „Wow, ist das groß!" ist ein Aesthetic Impact und von dem dimensionalen Eindruck *groß* zu unterscheiden.

Von diesen Äußerungen ausgehend ist es meist nicht mehr weit, bis der Viewer das Gefühl hat, dass sich das, was viel größer ist als er, direkt vor ihm befindet.

Erweiterte 3D Wahrnehmung

Ein weiterer Indikator, der einen guten Targetkontakt anzeigt, ist die erweiterte, dreidimensionale Wahrnehmung. Diese manifestiert sich zumeist abrupt und unvorhersehbar. Für den Viewer fühlt es sich an, als würde sich in Sekundenbruchteilen ein 3D Raum in seinem Kopf öffnen. Das Gefühl kann mal mehr, mal weniger intensiv sein, ist aber der Startpunkt dafür, das Target um sich herum wahrzunehmen.

Beginn des Erkundungsprozesses

Ein Aesthetic Impact zeigt sich häufig in einer sehr subtilen Art und Weise. Die Identifikation ist insbesondere für Anfänger (aber nicht nur) nicht immer einfach. Da nicht klar definiert werden kann, wie sich ein AI anfühlt, muss der Viewer (ebenso wie der Monitor) auf die oben genannten Indikatoren achten. Im Verlauf einer Session treten typischerweise mehrere AIs in unterschiedlichen Ausprägungen auf. Hat der Viewer beispielsweise zunächst eine emotionale Reaktion auf das Target, so kann im nächsten Moment eine erweiterte dreidimensionale Wahrnehmung einsetzen, die schließlich dazu führt, dass er Aspekte im Target um sich herum wahrnimmt. Innerhalb des weiteren Verlaufs der Session können sich zudem atmosphärische Wahrnehmungen oder weitere Emotionen seitens des Viewers einstellen.

Das erstmalige Auftreten eines AIs stellt jedoch den entscheidenden Schlüsselmoment dar, auf den der Viewer hinarbeitet. Nachdem zuvor sensorischer und in der Folge zusätzlich dimensionaler Kontakt zum Target hergestellt wurde, erfolgt mit dem Auftreten des ersten

Aesthetic Impacts eine Veränderung der Wahrnehmung. Der Viewer hat nun das Gefühl, *im Target zu sein*. Hier beginnt genau genommen erst der Erkundungsprozess. Der Viewer tut gut daran, alle sensorischen und dimensionalen Eindrücke vor dem ersten AI zu *vergessen*. Denn verlässt sich dieser auf die frühen Eindrücke, die vor dem Meilenstein des Aesthetic Impacts aufgetreten sind, läuft er Gefahr, dass seine Targetbeschreibung in eine falsche Richtung abdriftet. Die frühen Eindrücke sind häufig zu instabil und ungenau und stammen ggf. von verschiedenen Orten im Target. Erst mit dem AI kann den Eindrücken eine gewisse Glaubwürdigkeit beigemessen werden. Folglich verkommt der Prozess des Kontaktaufbaus und das Durchlaufen sensorischer sowie dimensionaler Eindrücke bis zum Aesthetic Impact zu einer Prozedur, die einzig und allein der Herstellung des Targetkontakts dient. Eine zuverlässige Beschreibung kann bis zu diesem Zeitpunkt in der Regel noch nicht erfolgen. Die Lage ändert sich allerdings mit Auftreten des ersten AIs. Ab diesem Zeitpunkt erfolgt eine echte Targetbeschreibung und der mentale Kontakt zum Zielgebiet intensiviert sich in der Folge meist noch deutlich. Die Kernaussage lässt sich wie folgt zusammenfassen: Erst mit Auftreten des Aesthetic Impacts kann von produktivem Viewing gesprochen werden.

Informationsgewinnung

Sobald der Viewer den Aesthetic Impact erfährt, erweitert sich seine Wahrnehmung und er hat das Gefühl, sich im Target zu befinden. Für den weiteren Verlauf der Session stehen ihm nun diverse Möglichkeiten zur Informationsgewinnung zur Verfügung. Im Folgenden werden drei für den Prozess bedeutende und regelmäßig verwendete Techniken vorgestellt, wobei diese lediglich Beispiele aus einer ganzen Palette an Optionen darstellen. In der Praxis bedient sich der Viewer eines Mixes aus verschiedenen Techniken, wobei jeder in der Handhabung dieser seine eigenen Vorlieben, Stärken und Schwächen hat.

Umherschauen und Bewegung im Raum

Mit dem Eintreten des AIs kommt es häufig vor, dass Remote Viewer den Körper bewusst oder unbewusst einsetzen. Fragt man einen Viewer, der nach einem Aesthetic Impact einen intensiven Targetkontakt hat, was sich denn links von ihm im Zielgebiet befindet, so dreht er nicht selten den Kopf in diese Richtung, und schaut in den Raum hinein, in dem er seine Session absolviert. Tatsächlich nimmt er an dieser Stelle die Gegebenheiten im Zimmer gar nicht wahr, sondern vollführt diese Veränderung der Blickrichtung mental im Target parallel zur Kopfdrehung und nimmt dieses vor dem inneren Auge wahr, während sein Körper die mentale Ausrichtung vorgibt.

Hier wird erneut die Verbindung zwischen Wachbewusstsein, Körper und Unterbewusstsein deutlich. Der Viewer setzt den Körper bewusst oder unbewusst ein und dreht den Kopf nach links, was sein Unterbewusstsein dazu veranlasst, im Target ebenfalls nach links zu schauen.

Das Prinzip lässt sich weiter ausbauen. Es ist ebenso möglich, das Zimmer bzw. die physische Umgebung als Targetrepräsentation zu verwenden. Der Viewer kann beliebige Gegenstände im Raum in die Session mit einbeziehen, indem er diese zu Stellvertreter für Aspekte im Target ernennt. Die Verwendung von beispielsweise Klebezetteln erlaubt die Erstellung von Querverweisen zu seinen Aufzeichnungen, in denen er die eigenen Eindrücke notiert. Eine Wasserflasche auf dem Tisch könnte hierbei stellvertretend für ein Lebewesen stehen, wobei der Wohnzimmerschrank die große Struktur im Zielgebiet repräsentiert. Selbstverständlich ist es auch möglich, Gegenstände zu verschieben, zu drehen und mit anderen Dingen zu kombinieren oder den Raum durch eigene Modelle (beispielsweise aus Legosteinen oder Modelliermasse) zu erweitern. Diese, zugegeben selten genutzte, Methode ist insofern interessant, als dass sie nicht nur sehr viel Spaß macht, sondern auch, weil sie den gesamten Körper mit einbezieht. Damit fällt es dem Viewer leichter, sich zeitgleich und analog im Target umzuschauen.

Move Commands und explizite Bewegung im Target

Im Einführungskapitel *Was ist Remote Viewing?* wurden den Möglichkeiten des Erkundungsprozesses die Fachbegriffe des Remote Viewings gegenübergestellt. Wenn es heißt, dass Ideogramme das Pendant dazu sind, sich einen Überblick über das Target zu verschaffen (indem nämlich die vorhandenen Gestaltwahrnehmungen festgestellt werden), so wird dies an dieser Stelle des Buches verständlicher als noch in der Einführung. Der Aesthetic Impact wurde dort mit der Eigenwahrnehmung gleichgesetzt. Da nun klar ist, dass der AI sowohl die eigenen Emotionen als auch Informationen zum eigenen Standpunkt beinhalten, wird diese Gleichung nachvollziehbar.

In Anlehnung an den Erkundungsprozess des Gedankenexperiments im Einführungskapitel besteht für den Viewer die Möglichkeit, sich im Target bewusst umherzubewegen und verschiedene Positionen einzunehmen. Hat er einen Aesthetic Impact und damit seine Position gefunden, besteht die Möglichkeit, sich frei in Raum und in der Zeit zu bewegen, nachdem er das Target in seiner direkten Umgebung erkundet hat. Folglich kann er seine Wahrnehmungssphäre zusätzlich erweitern. Eine bewusst herbeigeführte Bewegung wird *Move Command* genannt. Sie wird durch die Intention des Viewers ausgelöst und durchgeführt, weshalb man auch von einer *expliziten Bewegung im Target* spricht.

Der Viewer platziert sich durch einen Move Command an der gewünschten neuen Position im Target. Gemäß dem Gedankenexperiment verschafft er sich nun am aktuellen Standpunkt einen Überblick, indem er neue Ideogramme zu Papier bringt, welche ihm Aufschluss darüber geben, welche Gestaltwahrnehmungen sich hier befinden. Sobald er einige neue Informationen gesammelt hat, zunächst sensorische, dann dimensionale, erhält er einen weiteren Aesthetic Impact. Dadurch, dass er sich nun seiner neuen Position im Target gewahr wird, nimmt er erneut die Dinge um sich herum wahr. Folglich durchläuft er den eingangs vorgestellten Prozess mit jedem Move Command neu. In der Regel erfolgt dieser deutlich schneller als zu Beginn der Session bis zum allerersten AI. Insofern kann Remote Viewing als ein sehr dynamischer Vorgang verstanden werden. Der Viewer hat jede Freiheit, das Target aus allen Perspektiven und zu beliebigen Zeitpunkten zu erkunden. Da der Ablauf (beginnend mit Ideogramm, gefolgt vom sensorischen, dann dimensionalen Targetkontakt, bis hin zum AI) immer wieder auftritt, ist es unabdingbar, dass der Viewer diesen kennt und damit umgehen kann[13].

Tapping und implizite Bewegung im Target

Wie im Kapitel *Ideogramme* vorgestellt wurde, kann der Viewer in Ideogramme hinein tippen, um Informationen über die repräsentierte Gestalt zu erhalten. Diese Technik wird als Tapping bezeichnet und findet nicht nur im Kontext von Ideogrammen Anwendung, sondern beispielsweise auch in Zeichnungen[14]. Auf diese Weise erhält der Viewer

---

[13] Viele Tasker neigen dazu, dem Viewer komplexe Fragestellungen und Handlungsoptionen, als Buchstaben kodiert, verbunden mit der Bitte der schnellen Beantwortung, in der Session vorzulegen. Eine solche Frage könnte lauten: *Welchen Beruf soll die Person im Target optimalerweise ausführen? A, B, C, D oder E?* Die Kodierungen A bis E sind vom Tasker mit möglichen Berufen belegt. Der Viewer jedoch bekommt lediglich die Kodierungen, nicht aber deren Bedeutungen. Durch das Einfühlen in die diversen Optionen erhofft man sich, dass der Viewer die Frage nach der besten Option beantworten kann. Was die Tasker an dieser Stelle übersehen: Die Kodierungen (hier A bis E) stellen eigenständige Targets außerhalb der Wahrnehmungssphäre des Viewers dar. Dies impliziert, dass der Viewer, sofern er sich in die genannten Kodierungen hineinfühlt, gemäß des in diesem Kapitel dargestellten Ablaufs zunächst sensorische Eindrücke erhält. Auf die Frage, ob A eine gute Option für die Person wäre, antwortet der Viewer beispielsweise mit Farben, jedoch nicht mit einer Bewertung der Option als *gut* oder *schlecht*. Es wäre sinnvoller, zu den einzelnen Optionen Move Commands durchzuführen und den Viewer sensorische und dimensionale Daten sammeln zu lassen, bis er einen Aesthetic Impact bekommt. Erst dann hat er ein Gefühl für die Qualität der untersuchten Option.

[14] Tatsächlich wird Tapping sehr umfassend und über die Verwendung in Ideogrammen und Skizzen hinausgehend eingesetzt.

die Möglichkeit, weitere Daten zu sammeln, indem er verschiedene Elemente seiner Skizzen antippt. Das Tapping hat dabei einen ähnlichen Effekt wie die Kopfdrehung/die Bewegung im Zimmer und ein Move Command: es verlagert den Fokus der Wahrnehmung im Target. Tippt der Viewer etwa ein Element seiner Skizze oder ein anderes, bisher unbeachtetes Ideogramm an und sammelt Informationen darüber, wird er nach einer Weile (nachdem er zuerst sensorischen und dann dimensionalen Kontakt hatte) einen neuen Aesthetic Impact bekommen. Das Unterbewusstsein folgt dem Fokus und nimmt einen neuen Platz im Target ein, sodass sich das Element, mit dem sich der Viewer gerade befasst, nun, beispielsweise direkt, vor ihm befindet. Diese Form der Bewegung wird als implizite Bewegung im Target bezeichnet, da sie im Zuge einer Veränderung des Fokus ausgelöst und veranlasst wird. Ebenso wie bei der expliziten Bewegung erweitert sich hier die Wahrnehmungssphäre. Der Viewer durchläuft erneut die Phasen des sensorischen und dimensionalen Kontakts mit der neuen Position im Target, bis er schließlich einen AI erhält.

Im Unterschied zum Move Command veranlasst der Viewer die *Bewegung im Target* jedoch nicht durch seine Intention. Diese erfolgt vielmehr beiläufig, wenn er sich mit Dingen im Zielgebiet befasst, die sich räumlich oder zeitlich entfernt befinden. Die Herausforderung für viele Viewer besteht darin, sich einer impliziten Bewegung bewusst zu werden. Besonders zwischen einer räumlichen und zeitlichen Bewegung zu unterscheiden, erfordert Erfahrung.

Bewusste Herbeiführung des Aesthetic Impacts

Die wichtigsten Remote Viewing Methoden sind von Natur aus so ausgelegt, dass sie dem natürlichen Ablauf des sensorischen und dimensionalen Kontakts, gefolgt vom AI, Rechnung tragen und diesen abbilden. Im Controlled Remote Viewing wird der erste Aesthetic Impact in Stufe 2 erarbeitet. Technisch gesehen darf der Viewer erst dann in

Stufe 3 gehen, wenn er seinen AI hat. Der Grund ist der, dass er in dieser angehalten ist, das Target so zu skizzieren, wie er es aus seiner Position heraus wahrnehmen kann. Dafür ist der Aesthetic Impact notwendig. Da der Viewer während einer Session alles notiert, muss er sämtliche AIs ebenfalls schriftlich festhalten. An dieser Stelle liegt für Anfänger der Haken: In dem Moment, in dem sie dieser Tatsache Folge leisten, verlieren sie sehr häufig die veränderte, intensivere Wahrnehmung des Zielgebiets, da der Vorgang des Schreibens ihren Fokus zurück auf die physische Welt zwingt. Aus technischer Sicht heraus betrachtet scheitern sie damit an dem Ziel, die notwendige Intensität der Wahrnehmung zu erreichen. Es erfordert ein wenig Übung, diese trotz des Schreibens aufrecht zu erhalten, und verliert die Herausforderung mit voranschreitendem Training.

Sollte sich der Aesthetic Impact nicht von selbst einstellen, beispielsweise weil er durch das Aufschreiben immer wieder verloren geht, gibt es Möglichkeiten, diesen zu erzwingen. An dieser Stelle sei erwähnt, dass der Viewer in den allermeisten Fällen einen AI hat, dieser jedoch schlicht nicht bemerkt wird. Im Folgenden werden zwei Methoden vorgestellt, mit denen der er erzwungen werden kann. Die erstgenannte Möglichkeit eignet sich insbesondere für Einsteiger, während die zweite Art etwas mehr Übung und Erfahrung erfordert.

- Sofern der Viewer einen dimensionalen Bezug zum Target hat (dieser ist tatsächlich erforderlich, um diese Methode anwenden zu können), ist es ihm möglich, zu einem beliebigen dimensionalen Eindruck auf einer Messskala sein persönliches Empfinden einzutragen. Beispiel: Der Viewer hat zu einer Struktur den Eindruck *groß* genannt. Auf einer vertikalen Linie (der Skala) ohne Maßeinheiten wird nun die empfundene Größe eingetragen. Da es sich um die Wahrnehmung des Viewers handelt, gibt es hier kein richtig oder falsch, führt aber dazu, dass er die Größe der Struktur in Relation zu sich wahrnimmt. Diese Herangehensweise hat meistens das Gefühl zur Folge, dass sich das, was gerade bemessen wurde, direkt vor ihm befindet.

- Für Fortgeschrittene eignet sich die folgende Methode: Der Viewer kommt einen Augenblick zur Ruhe, tippt anschließend kurz in ein Ideogramm, welches er gerne direkt vor sich wahrnehmen würde und begibt sich unmittelbar danach in einen Moment der mentalen Stille. Nach einer kurzen Zeitspanne von zwei bis drei Sekunden wird er die Gestalt des Ideogramms vor sich wahrnehmen. Die Methode erfordert Übung, da jeglicher Gedanke nach dem Antippen, wie auch Vorannahmen des Viewers, den Prozess unterbinden. Hat er sie jedoch im Griff, stellt sie ein Garant für einen intensiven AI dar.

Übung

Eine effektive Übung, die dazu dient, die eigene Intuition zu schulen, kann im Alltag Anwendung finden. Ein zusätzliches Zeitfenster ist hierfür nicht erforderlich. Vielmehr kann diese Aufgabe in den täglichen Ablauf integriert werden, beispielsweise beim Spazierengehen. Jedoch kann sich auch in jeder anderen beliebigen Situation die folgende Frage gestellt werden:

Wer kommt mir als nächstes entgegen?

Die Übung zielt darauf ab, die Fähigkeit zu entwickeln, subtile Eindrücke aus dem Unterbewusstsein wahrzunehmen. Nach einer gewissen Trainingsphase lässt sich eine beachtliche Trefferquote beobachten.

Und so funktioniert's:

Vor beispielsweise einem geplanten Spaziergang kann sich im Geiste die Frage gestellt werden, wer einem als nächstes entgegenkommen wird. Im Anschluss ist nichts weiter zu tun, als in sich hineinzuhorchen. Das Unterbewusstsein wird gewillt sein, die Antwort zu liefern, indem es intuitive Eindrücke zur Verfügung stellt. Wie bereits in diesem Kapitel dargelegt, werden sensorische Informationen, beispielsweise Farben, zuerst wahrgenommen. Anschließend mischen sich dimensionale Daten (wie etwa die Körpergröße) hinzu. Letztlich wird sich eine emotionale Reaktion auf die Wahrnehmung einstellen, ein klassisches AI. Unabhängig davon, welche intuitiven Wahrnehmungen erfolgen, ist es empfehlenswert, die Eindrücke zu notieren oder sie sich zu merken. Sobald der Verstand einsetzt, wird er gewillt sein, die Informationen zu interpretieren, zu korrigieren oder auszuschmücken, sodass sie verfälscht werden. An dieser Stelle sei angemerkt, dass die ersten Eindrücke in der Regel richtig sind. Nach dem Sammeln der Informationen kann der Spaziergang beginnen, wobei ab diesem Zeitpunkt selbstverständlich darauf geachtet wird, wer einem als Erstes entgegenkommt. Diese Übung eignet sich ebenfalls in der Gruppe. Das Spiel stellt gerade für Kinder eine willkommene Abwechslung dar, die ihnen der Erfahrung nach große Freude bereitet. Ein schöner Nebeneffekt ist, dass bei zeitnah abgeglichenen, richtigen Eindrücken die Selbstsicherheit erheblich gesteigert werden kann, wenn erkannt wird, dass man richtig lag. Mit kontinuierlicher Übung werden die Eindrücke immer treffsicherer.

10. Fehlerquellen

Im Rahmen des Controlled Remote Viewing sowie ähnlicher Remote Viewing Ansätze arbeitet der Viewer ohne einen veränderten Bewusstseinszustand. Eine Trance, wie sie etwa durch eine Hypnose-Sitzung eingeleitet werden kann, ist nicht Teil des Prozesses. Für diesen Zweck existieren spezielle Remote Viewing Methoden, die mit Trance-Zuständen arbeiten und Extended Remote Viewing genannt werden. Hierbei gibt der Viewer dank der Trance einen Teil der Kontrolle über das Viewing ab. Der Erfolg dieser Herangehensweise ist jedoch in besonderem Maße vom Hypnotiseur bzw. Monitor abhängig. Dieser muss u. a. über das erforderliche Wissen verfügen, um in brenzligen Situationen angemessen mit dem Viewer zu verfahren. Extended Remote Viewing weist somit eigene Herausforderungen (ebenso wie Vorteile) auf, die jedoch im weiteren Verlauf dieses Kapitels nicht näher erörtert werden.

Schüler, die erstmals eine Remote Viewing-Sitzung durchführen, sind häufig unsicher, wie sich das Viewen anfühlen wird. Ab und an denken sie an Szenen aus Filmen, in welchen Menschen mit verdrehten Augen und tiefer, dröhnender Stimme unheilschwangere Vorhersehungen verkünden. Folglich werden besondere Bewusstseinszustände erwartet. Dies ist insofern nachvollziehbar, als dass die Fernwahrnehmung, wie sie im Rahmen des Remote Viewings durchgeführt wird, zunächst erfahren werden muss, um sich ein richtiges Bild davon zu machen. Jede Session ist eine höchst individuelle Erfahrung[15] und kann daher

[15] Die teils heftigen Debatten darüber, welche genaue Methode denn die bessere sei, erweisen sich somit als wenig zielführend. Obgleich sich Techniken und Werkzeuge statistisch auf ihre Anwendbarkeit bzw. Erfolgsquote hin überprüfen lassen, resultiert dies lediglich in einer Statistik. Sie gibt jedoch keine Auskunft darüber, ob ein individueller Viewer nicht doch mit anderen Ansätzen bessere Ergebnisse erzielen kann, auch wenn diese in der Statistik schlechter abschneiden. RV ist und bleibt eine individuelle Angelegenheit, die sich nicht standardisieren lässt. Jede Session ist letztlich eine Reise ins eigene Selbst und die dabei gewonnenen Erfahrungen sind nicht verallgemeinerbar.

nicht verallgemeinert werden. Die Reaktionen der Schüler auf ihre erste Session sind vielfältig und reichen von Überraschung über Erleichterung bis hin zur Enttäuschung. Sie mussten feststellen, dass sie sich während der Session völlig normal gefühlt haben und nicht von einem mentalen Blitz getroffen wurden, der ihren Geist in entfernte Dimensionen geschleudert hätte. Die Erfahrung, dass die Sitzung mit einem Alltagsgefühl einhergeht, überrascht die meisten Schüler. Wie bereits angedeutet, sind viele von ihnen erleichtert, nachdem sie mit einer gewissen Nervosität und Anspannung in die Sitzung gestartet waren. Andere wiederum zeigen sich in ihren Erwartungen enttäuscht.

An dieser Stelle sei darauf hingewiesen, dass es im Remote Viewing durchaus das Phänomen gibt, dass Viewer mental *vollständig* ins Zielgebiet abdriften und den Bezug und die Wahrnehmung zu ihrer physischen Umgebung verlieren. Der entsprechende Fachbegriff lautet Bilokation. Sie tritt allerdings sehr selten auf. Das Kapitel *Gefahren für den Viewer* widmet sich diesem Thema. Da es sich hierbei um kein alltägliches Phänomen handelt, wird die Thematik an dieser Stelle ausgeklammert. Sie ist für die weiteren Betrachtungen dieses Kapitels nicht von Bedeutung.

Mentales Rauschen

Da der Viewer während seiner Session nicht losgelöst von Wachbewusstsein und Verstand operiert, ist er in mehr oder weniger großem Ausmaß mit den unzähligen Gedanken konfrontiert, die den Menschen sein gesamtes Leben lang begleiten. Täglich sind wir einer Vielzahl unterschiedlichster Erinnerungen, Fantasien, Planungen, Vorstellungen, Schlussfolgerungen, Ängste und Wünsche ausgesetzt. Die allermeisten dieser Gedanken verschwinden ebenso schnell, wie sie aufgetreten sind. Dieses *mentale Rauschen* kann zwar während einer Remote-Viewing-Session reduziert, jedoch nicht vollständig eliminiert werden. Das Problem in diesem Zusammenhang ist, dass die Informationsübermittlung aus dem Unterbewusstsein gestört wird. Hier drängen sich Parallelen zur verrauschten Signalübertragung auf (tatsächlich hat sich in den Anfängen des Remote Viewing der Begriff *Signallinie* etabliert). Als Analogie kann ein Radio herangezogen werden, das auf die entsprechende Frequenz eines Senders eingestellt wird. In Abhängigkeit der Einstellung kann das Signal bis hin zur Unkenntlichkeit rauschen. Innerhalb des Remote Viewing kann das mentale Rauschen dazu führen, dass eine Kommunikation mit dem Unterbewusstsein nicht mehr möglich ist, was letztlich eine Übertragung von Informationen verhindert und die subtilen Daten dadurch *überlagert*.

Der erste Schritt, diesem Problem entgegenzuwirken, besteht in der Protokollierung aller Gedanken- und Informationsschnipsel seitens des Viewers während der Session. Die Trennung von mentalem Rauschen von intuitiven Eindrücken stellt dabei eine wesentliche Aufgabe dar. Auf diese Weise wird dem Viewer bewusst, dass bestimmte Störeinflüsse vorhanden sind, und er kann sich davon lösen.

Die korrekte Sortierung von unterbewusster Informationsübertragung bzw. dem Signal vom Rauschen erfordert etwas Erfahrung und wird mit Übung deutlich treffsicherer. Es gibt einige Anhaltspunkte, an denen sich orientiert werden kann. Diese werden im Laufe des Kapitels erörtert. Ein zweiter Schritt zur Eindämmung besteht im kontinuierlichen Schreiben und Sprechen seitens des Viewers. Des Weiteren enthalten die meisten Methoden Regeln zur korrekten Notation. Arbeitet der Viewer mit Monitor, so kommuniziert er zudem verbal mit diesem. All das fordert Verstandesressourcen, die dem mentalen Rauschen entzogen werden und dank des Körpereinsatzes (er schreibt seine Eindrücke auf, spricht sie aus und hört gleichzeitig, was er selbst sagt) involviert der Viewer seinen Körper noch stärker in den Viewing-Prozess, weshalb er dadurch intensiveren Targetkontakt bekommt. Diese Tatsache lässt sich als Viewer direkt erfahren: Remote Viewing Sessions ohne Schreiben, Sortieren und Sprechen sind aufgrund des Rauschens deutlich anspruchsvoller. Der Unterschied ist beispielsweise auch dann deutlich spürbar, wenn der Viewer solo arbeitet und keinen Monitor neben sich hat, mit dem er kommunizieren kann. In anderen Worten:

Die geordnete Notation gemäß den Regeln der Methode sowie die Kommunikation mit dem Monitor führen in der Regel zu einer deutlichen Steigerung der Konzentration des Viewers und zu besseren Ergebnissen. Er hat mit weniger mentalen Störeinflüssen zu tun, als wenn diese Tätigkeiten wegfallen.

Es lassen sich mehrere Quellen des mentalen Rauschens ausmachen. Für den Viewer ist das Wissen um die Unterschiede von signifikanter Bedeutung. Je nach Ursprung eines Gedankens ist dieser entsprechend den Vorgaben der Methode zu notieren. Dies ist in der späteren Analyse der Session eine wertvolle Information. Wie noch zu sehen sein wird, haben beispielsweise analytische Schlussfolgerungen und Erinnerungen an eigene Erlebnisse, die der Viewer während der Session hat, ganz eigene Bedeutungen und können wertvolle Einsichten über das Target beinhalten. Die wesentlichen Quellen der Gedanken, die er während der Session haben kann, sind:

- Das Unterbewusstsein: Es ist die Quelle der Informationen über das Target und stellt sozusagen das Signal dar, das es zu empfangen gilt.
- Der Verstand: Er ist ein Meister der Schlussfolgerung und Planung und arbeitet dabei analytisch und logisch. Aufgrund der Tatsache, dass er seiner Tätigkeit auch während der Fernwahrnehmung nachkommt und bestrebt ist, die Kontrolle über den Viewing-Prozess zu erhalten, kommt ihm eine besondere Rolle zu, die im Abschnitt zum *Analytic Overlay* weiter unten näher beleuchtet wird. Der Verstand ist zudem Skeptiker und streng an das Prinzip von Ursache und Wirkung gebunden. Da die Fernwahrnehmung diesem Prinzip widerspricht, verfallen insbesondere Anfänger während ihrer RV Sitzung in Zweifel. Sie überlegen, ob das, was sie gerade tun, funktionieren kann, oder ob sie selbst überhaupt fähig sind, zu viewen. Diese Art der kritischen Selbstbeobachtung stellt eine erhebliche Störung des Viewing-Prozesses dar und kann nur durch Übung, Disziplin und Routine überwunden werden.

- Offene und verborgene Traumata: Der Informationsfluss kann hierbei massiv beeinflusst werden, sodass der Viewer in eine Spirale gelangt, durch welche er sich immer weiter vom Target entfernt und seine ureigenen Konflikte in den Vordergrund bringt. Obgleich dies vergleichsweise selten der Fall ist, sind derartige Erfahrungen unschön. Sie konfrontieren den Viewer mit unangenehmen Themen, die ihn emotional entsprechend aufwühlen werden.
- Erinnerungen, Wünsche und Ängste: Sie spielen im Remote Viewing eine wichtige Rolle, treten als plötzliche Gedanken und Gefühle der Furcht, Sehnsucht und Hoffnung auf und sind aufs engste mit dem Unterbewusstsein verwoben. Tatsächlich bedient sich dieses der eigenen Erinnerungen, Ängste und Wünsche, um dem Viewer Informationen über das Target mitzuteilen. Der folgende Abschnitt zu *Analytic Overlay / signal line* wird sich näher mit diesem Phänomen befassen.

Wie bereits angedeutet, sind die sogenannten Analytic Overlays und Analytic Overlays/signal line von besonderer Bedeutung, wenn es um das mentale Rauschen geht. Sie stellen bei weitem die bedeutsamsten Störeinflüsse dar, die die Informationsübertragung aus dem Unterbewusstsein beeinflussen können. Daher werden sich die folgenden Abschnitte näher damit befassen und erläutern, wie sie zum sogenannten *Castle Building* führen und damit die Session verfälschen bzw. in eine völlig falsche Richtung lenken können.

Analytic Overlay

Es gibt ein kleines Experiment, welches mit einem Trainingspartner durchgeführt werden kann. Während die Augen geschlossen sind, wird vom Partner ein beliebiger Gegenstand in einer Entfernung von etwa einem halben Meter vor das Gesicht gehalten. Sobald dieser das OK gibt, werden die Augen für einen Sekundenbruchteil geöffnet, um einen Blick auf den Gegenstand zu erhaschen, und anschließend so schnell wie möglich wieder geschlossen. Hier stellt sich nun die Frage:

Wird man trotz des kurzen Augenblicks, in dem man den Gegenstand sehen kann, erkennen, worum es sich handelt?

Nun, das kommt sehr darauf an. Bei einem alltäglichen Gebrauchsgegenstand genügt in der Regel der kurze visuelle Eindruck zur Identifikation. Handelt es sich dagegen um eine sehr seltene bzw. noch nie gesehene Sache, ist dem nicht so. In jedem Fall verdeutlicht dieses Gedankenexperiment die Fähigkeit des Verstandes, auf Basis weniger bewusster Eindrücke Schlussfolgerungen darüber zu ziehen, um welchen Gegenstand es sich handelt. Bei Bekanntem ist diese Leistung des Verstandes unschlagbar treffsicher. Er ist in der Lage, seine Aufgabe ohne bewusste Wahrnehmung von Farben und/oder Formen einzelner Details zu erfüllen. Wie bereits in einem vorherigen Kapitel dargelegt, sichert die Ratio das physische Überleben und trägt dazu bei, auf Gefahren zu reagieren, noch bevor sich die Zeit genommen wurde, den Säbelzahntiger in allen Farbnuancen bewusst wahrgenommen zu haben. Der Verstand erfüllt seine Funktion im Alltag mit Zuverlässigkeit. Er irrt, trotz der schnellen Entscheidungen, nur selten.

Diese Tatsache wird in Remote Viewing Sessions wiederum zum Problem. Hier schreibt der Viewer die extrasensorischen Eindrücke einzeln und nacheinander auf. Die Fernwahrnehmung erfolgt demnach deutlich langsamer als die Sinneswahrnehmung mit dem Körper. Was, wie im Gedankenexperiment verdeutlicht, in Sekundenbruchteilen wahrgenommen wird, braucht im Remote Viewing deutlich länger. Dieses verlangsamte Tempo bringt den Verstand des Viewers in die Bredouille. Er ist bestrebt, die eintreffenden Informationen zu antizipieren, wobei er sich jedoch auf eine begrenzte Anzahl von Eindrücken stützen muss. Der Verstand erfüllt zwar seine Aufgabe, allerdings sind seine logischen Folgerungen während des Remote Viewing-Prozesses zu schnell. Innerhalb einer Sitzung kann er seinen Auftrag daher nicht zuverlässig ausführen, sodass seine Rückschlüsse größtenteils falsch sind. Das Problem hierbei ist, dass sich mit einer Schlussfolgerung während der Session dennoch die Gewissheit einstellt, richtig zu liegen. An dieser Stelle übernimmt der Verstand die Kontrolle.

Zur Veranschaulichung wird ein Beispiel angeführt, das aus der Praxis stammt und tatsächlich so aufgetreten ist: Ein Viewer bearbeitete sein Target. Dieses war ein Wettbewerb, bei dem die Teilnehmer möglichst viele feurig-scharfe Peperonis essen sollten. Im Verlauf der Session wurde ersichtlich, dass der Viewer die letzte Peperoni, welche der Sieger nicht mehr konsumieren konnte und welche laut Foto zurück auf den Teller fiel, beschrieb. In diesem Zusammenhang fertigte er eine Skizze an, die wie folgt aussieht:

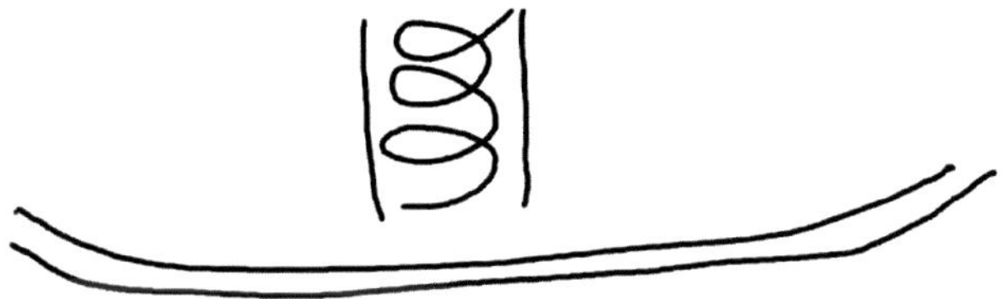

Abbildung 19: Die Peperoni zeichnete der Viewer als zylindrisches Objekt, der Teller darunter war nach unten gewölbt.

Nun geschah Folgendes: Die visuelle Wahrnehmung des Viewers wurde durch das dunkle Grün der Peperoni in eine bestimmte Richtung gelenkt, nämlich in Richtung einer militärischen Assoziation. Die Form des zylindrischen Objekts sowie die breite, gewölbte Fläche im unteren Bereich in Kombination mit der Annahme, dass es etwas mit Militär zu tun haben muss, führten den Viewer zu der Schlussfolgerung, dass es sich um ein U-Boot handeln müsste. So abwegig das im ersten Moment bei Kenntnis über das Target auch klingen mag, ist die Schlussfolgerung jedoch durchaus nachvollziehbar, wenn auch völlig inkorrekt. Die Tatsache, dass U-Boote nicht oliv- oder peperonigrün sind und der Bootsrumpf auch nicht gewölbt ist, konnte diese Schlussfolgerung nicht verhindern. Erst im weiteren Verlauf der Session wurde ersichtlich, dass das zylindrische Objekt nach unten auf die gewölbte Fläche fällt und eine Person zugehörig ist, die gequält wegschaut. Die neuen Daten führten letztlich zu einer Abkehr von dieser Schlussfolgerung.

Im Kontext einer solchen Schlussfolgerung des Verstandes während einer Session wird der Begriff *Analytic Overlays*, kurz AOL, verwendet. Der Begriff *Overlay* verweist dabei auf das mentale Rauschen, welches das Signal, also die Informationen aus dem Unterbewusstsein, überlagert. Es kommt aus dem Verstand und entsteht aus den Rückschlüssen auf die Eindrücke im Target. Der Begriff *Analytic* bedeutet, dass das Overlay eine konkrete, analytisch bzw. logisch abgeleitete Schlussfolgerung ist. Kurz und knapp: Zuerst kommen die Informationen, darauf aufbauend kann sich ein Analytic Overlay entwickeln.

Bei einer Nicht-Loslösung der Vorstellung, dass es sich um ein U-Boot handle, hätte der Verstand des Viewers in der Folge den weiteren Sessionverlauf dominiert und Wasser, Besatzung und Fische hinzugedichtet. Der Viewer wäre abgeglitten und die Beschreibung des Targets fehlgeschlagen. Dieses Beispiel zeigt, wie tückisch Overlays sein können und die Session ruinieren können.

Ein weiteres, klassisches AOL ist die Schlussfolgerung, dass das Target direkt am Meer liegen muss, nachdem die Eindrücke *warm, blau, wellig* und *spiegelnd* empfangen wurden. Es gibt fast keinen Viewer, der hier nicht versucht wäre, dem Target mindestens einen See, besser noch einen Ozean anzudichten. Dabei könnte das Ziel genauso gut ein Haus mit blauem, glänzendem Ziegeldach sein, das an einem Sommertag von der Sonne angestrahlt wird. Wann immer sich der Viewer eines AOLs bewusst wird, muss er sich von diesem lösen und es beiseiteschieben. Andernfalls wird es zwangsläufig Einfluss auf seine Session nehmen. Das Lösen von einem AOL beginnt damit, dass er es als solches notiert. Der Sortierprozess, der zuvor thematisiert wurde, setzt an dieser Stelle ein und veranlasst den Viewer dazu, Informationen aus dem Unterbewusstsein vom mentalen Rauschen zu trennen. Sodann hat er sich darüber klar zu werden, dass sein Verstand dieses AOL produziert hat und dies zwar richtig sein kann, sehr wahrscheinlich aber falsch[16] ist. Folglich ist ein neutraler Standpunkt einzunehmen, bei dem das AOL keine Rolle spielt und somit keine Beachtung findet.

Es stellt sich die Frage, wie der Viewer ein AOL erkennt. In den meisten Fällen manifestiert sich dies dadurch, dass das Bild im Kopf des Viewers eine klare und detailgetreue Vorstellung widerspiegelt, die der Unschärfe der Fernwahrnehmung widerspricht.

Ein weiteres Indiz ist, dass er das Target in Form von Nomen benennen kann. Es kann mit an Sicherheit grenzender Wahrscheinlichkeit davon ausgegangen werden, dass es sich hierbei um AOLs handelt. Allerdings sind diese nicht immer offensichtlich. Es gibt im Viewing-Prozess unzählige Momente, in denen auch kleine, versteckte und sehr subtile AOLs auftreten können. Die Fähigkeit, diese zu erkennen, entwickelt sich erst nach jahrelangem Training. Häufig stellt der Viewer erst nach seiner Session fest, dass er einem AOL aufgesessen ist. Es ist Teil des Trainingsfortschritts, dies weitestgehend unter Kontrolle zu bringen. Allerdings kann auch das umfangreichste Training nicht verhindern, dass der menschliche Verstand seine Aufgabe erfüllen möchte. Ein Viewer erwirbt durch Übung die Fähigkeit, mit AOLs umzugehen[17], kann sie jedoch nicht verhindern.

---

[16] Im Zusammenhang mit AOLs tritt bei Anfängern ein beliebter Fehler auf: Sobald sie ein AOL haben, reden sie sich ein, dass es ganz bestimmt nicht dem Target entspricht. Die Vorgehensweise hilft ihnen, sich von ihm zu lösen und in den (vermeintlichen) Zustand der Neutralität zurückzukommen. Dies ist jedoch ein weiteres AOL! In der Tat kann es in gelegentlichen Fällen dazu kommen, dass der Viewer in der Session korrekt schlussfolgert, was das Target ist. In der Fachsprache wird dies als „AOL-Treffer" bezeichnet. Die reflexartige Annahme, dass ein AOL grundsätzlich falsch ist, ist jedoch wiederum ein AOL bzw. eine Schlussfolgerung des Verstandes und kann zu falschen Sessionergebnissen führen, da in der Folge alle weiteren Eindrücke, die auf dieses zutreffen könnten, nicht mehr zugelassen werden. Der richtige Umgang mit AOLs ist der, sich bewusst zu machen, dass es korrekt sein kann, aber nicht muss.

[17] Controlled Remote Viewings hält mit Stufe 5 Werkzeuge bereit, um mit AOLs besser umgehen und diese beiseite legen zu können. Andere Methoden haben ähnliche Mechanismen.

Analytic Overlay / signal line

Ein AOL ist ein konkretes Bild oder ein klarer Begriff, den der Viewer als Folge seiner Eindrücke aus dem Zielgebiet im Kopf hat. Eine andere Art des Overlays, das sogenannte *Analytic Overlay/signal line*, abgekürzt AOL/s, unterscheidet sich vom klassischen AOL dadurch, dass es Bezug auf die eigenen Ängste, Wünsche und Erinnerungen aufweist und nicht als Schlussfolgerungen aus Eindrücken heraus entsteht. Was bedeutet das im Detail?

Zunächst ist festzuhalten, dass ein AOL/s – ebenso wie ein AOL – aus konkreten Bildern oder Begriffen besteht, die dem Viewer in den Sinn kommen. Diese sind im Falle des AOL/s allerdings mit seinen persönlichen Erlebnissen verknüpft. Ein AOL/s tritt in Form von Ängsten und Wünschen, jedoch zumeist in Form von Erinnerungen auf. Hierzu zählen häufig auch Bücher, Filme und Musikstücke, die in der Vergangenheit des Viewers eine Rolle gespielt haben bzw. die dieser einmal gelesen, gesehen oder gehört hat. Zeigt sich ein AOL/s in der Gestalt von Ängsten oder Wünschen, so sind diese ebenso höchst individuell. Es ist wichtig zu verstehen, dass auch ein AOL die Ängste, Wünsche und Erinnerungen des Viewers enthalten kann. Der entscheidende Unterschied zwischen AOL und AOL/s besteht darin, dass Erstgenanntes als Schlussfolgerung aus Eindrücken entsteht, während ein AOL/s unvermittelt auftritt und keinen Bezug zum Target aufweist.

Die Quelle eines AOL/s ist nicht der Verstand, sondern das Unterbewusstsein, was durch den Zusatz *signal line* angezeigt wird. Die Aufgabe dieser Bewusstseinsebene besteht in der Übermittlung von Informationen über das Target an den Viewer. Dabei kommt es vor, dass sich das Unterbewusstsein der eigenen Erinnerungen, Ängste oder Wünsche bedient und diese dem Viewer unvermittelt präsentiert. Es kommuniziert auf diese Weise mit dem Viewer, um ihm Informationen über das Target mitzuteilen. Anhand eines Beispiels, in dem das AOL/s eine Erinnerung enthält, lässt sich behaupten, dass es Folgendes zum

Ausdruck bringen möchte: *„Erinnerst du dich noch damals, als du das hier erlebt hast? Genau so ist das Target!“*

In AOL/s ist erneut die volle Intelligenz des Unterbewusstseins erkennbar. Für den Viewer treten diese Erinnerungen, wie bereits erwähnt, unvermittelt und ohne Bezug zur Targetbeschreibung bzw. zu den Eindrücken auf. Oftmals zeigt er sich überrascht, warum er gerade jetzt diese Erinnerung im Kopf hat bzw. weshalb diese spezifische Angst oder der Wunsch aufkommt.

Als Beispiel sei hier ein reales Beispiel genannt:

In einer RV-Session auf die *Ski Dubai Skihalle* in den Vereinigten Arabischen Emiraten beschrieb der Viewer völlig korrekt den Schnee, die hinabführende Fläche (Piste) sowie die Personen, die sich freudig hinabbewegen (Skifahrer). Plötzlich, und ohne dass dies einen Bezug zum Target gehabt hätte, erinnerte er sich an seinen Urlaub in Ägypten, den er vor über zehn Jahren erlebt hatte. Der Viewer war sich nicht bewusst, weshalb er sich ausgerechnet jetzt daran erinnern musste. Die Erinnerung war ein schönes Beispiel für ein AOL/s, bei dem das Unterbewusstsein des Viewers diesem mitteilen wollte, dass das Target starke Ähnlichkeiten zu dem aufweist, was er im Urlaub erlebt hatte: die Wüstenregion.

Ein weiteres, ebenso reales Beispiel: In einer Session auf eine kleine, etwa 30 cm große tönerne Statue, die einen wohlgenährten Buddha an einem Teich sitzend darstellte, erinnerte sich der Viewer unvermittelt an *Jabba the Hutt*, eine Figur aus den Star-Wars-Filmen. Im Film wird sie als große, speckige Kreatur dargestellt, die in ihrer Erscheinung Ähnlichkeiten mit einem überdimensionalen Wurm aufweist. In den Streifen wird Jabba the Hutt typischerweise halb liegend, halb sitzend dargestellt, der sich auf dekadente Art und Weise bedienen lässt. Auch hier war dem Viewer nicht ersichtlich, weshalb genau diese Erinnerung aufkam. Die Targetbeschreibung ließ diese Schlussfolgerung nicht ansatzweise zu. Mit etwas Fantasie konnten die Ähnlichkeiten zwischen dem wohlgenährten, bequem sitzenden Buddha und Jabba the Hutt durchaus erkannt werden. Die Erinnerung an die Filmfigur war auch hier die Art des Unterbewusstseins, dem Viewer etwas über das Target mitzuteilen.

Es passiert gelegentlich, dass Viewer während der Session eine Melodie im Kopf haben oder spontan vor sich hin summen oder pfeifen. Auch eine Zeile aus einem Liedtext oder einem Gedicht können ihnen in den Sinn kommen. Auch dies kann als AOL/s gewertet werden. Wie auch immer es sich zeigt: Wie bei einem AOL muss sich der Viewer von einem AOL/s lösen. Andernfalls wird es seine Session beeinflussen. Dennoch ist es als Remote Viewer immer wieder faszinierend zu beobachten, auf welche vielfältige Art und Weise das Unterbewusstsein zu kommunizieren vermag.

Gegenüberstellung

Obgleich die Bezeichnungen darauf hindeuten, dass AOL und AOL/s eine hohe Ähnlichkeit aufweisen, zeigen sich bei näherer Betrachtung grundlegende Unterschiede, die es als Remote Viewer zu verstehen gilt. Die folgende Tabelle stellt die Unterschiede zwischen AOL und AOL/s auf übersichtliche und nachvollziehbare Weise dar.

	AOL	*AOL/s*
Quelle	*Verstand*	*Unterbewusstsein*
Beliebige Bilder und Begriffe	*ja*	*nein*
Ängste, Wünsche, Erinnerungen	*möglich*	*immer*
Bezug zu vorherigen Eindrücken	*ja*	*nein*
Ursache	*Schlussfolgerung*	*Aussage über das Target*
Viewer muss sich lösen	*ja*	*ja*

Tabelle 2: Gegenüberstellung von AOL und AOL/s.

Castle Building

Was passiert, wenn sich der Viewer von einem AOL oder AOL/s nicht lösen kann, bzw. dieses unentdeckt bleibt? In diesem Fall kann es zum sogenannten *Castle Building* kommen. Der Begriff geht auf die folgende Analogie zurück:

Ein Baumeister beabsichtigt, eine Burgmauer zu errichten. Für die Umsetzung seines Vorhabens kann er auf einen Steinbruch zurückgreifen. Um seine Aufgabe zu erfüllen, markiert er auf der freien Wiese, auf der die Mauer entstehen soll, den Grundriss. Der Bau kann nun beginnen. Der Baumeister ordnet entlang des abgesteckten Bereichs als unterste Reihe die größten Steine an, die er finden kann. Die erste Schicht ist somit errichtet. In der Folge ist auf der zweiten Ebene eine Auslegung kleinerer Steine erforderlich, um die Unebenheiten und Spalten der unteren Reihe zu schließen und das Entstehen von Löchern zu verhindern. Für die dritte Lage erfolgt eine weitere Angleichung mithilfe noch kleinerer Gesteinsbrocken. Schicht für Schicht errichtet er so die Burgmauer. Mit jeder Reihe werden die verwendeten Steine zunehmend kleiner. In anderen Worten: Mit zunehmender Höhe der Mauer müssen immer mehr Steine aussortiert werden, da sie schlicht zu groß sind.

Die in diesem Kapitel vorgestellten Overlays führen zu einem ähnlichen Effekt, sofern sie unerkannt bleiben oder der Viewer sich nicht von ihnen lösen kann. In der Folge werden zunehmend Eindrücke *aussortiert bzw. unterdrückt*, die nicht mit dem unentdeckten Overlay vereinbar sind. Dies erfolgt in ähnlicher Weise wie beim Aussortieren nicht kompatibler Steine durch den Baumeister. In der Konsequenz beginnt der Viewer, sich anhand der Targetbeschreibung eine konsistente Geschichte zu erzählen, die im Rahmen des Overlays Sinn ergibt. In Hinblick auf den Verstand kann anerkannt werden, dass die Tendenz hierzu durchaus Sinn ergibt. Die Aufgabe dessen besteht darin, die Dinge zu durchdringen und Ursache und Wirkung zu erkennen. In diesem Zusammenhang tun sich viele Schüler des Remote Viewings schwer, da sie dies auf die Session übertragen wollen. Es muss erlernt werden, dass die Qualität einer Session sehr oft daran zu erkennen ist, dass das, was der Viewer zu Papier bringt, für diesen keinen Sinn ergibt. Dies impliziert, dass der Verstand in seiner Funktion als Ideengeber und Problemlöser nahezu inaktiv ist. Ist die Targetbeschreibung für den Viewer hingegen sinnbehaftet und fügt sich alles zu einem konsistenten Gesamtbild, so besteht die große Gefahr, dass er ins Castle Building abgeglitten ist. Diese Verkehrung der Präferenzen, dass das Fehlen einer erkennbaren Konsistenz erstrebenswert sei, steht im Widerspruch zu unseren Alltagserfahrungen. Damit umzugehen erfordert einmal mehr der Übung.

11. Viewingstrategien

Wie bereits in den bisherigen Kapiteln dieses Buches dargelegt wurde, entspricht eine Remote Viewing Session weitestgehend einem Erkundungsvorgang. Als treffender Vergleich wurde das Gedankenexperiment herangezogen, bei dem man mit einem voll funktionstüchtigen Körper eine Welt erkundet, die man nicht kennt. Im Kapitel *Was ist Remote Viewing?* wurden die Möglichkeiten dieses Erkundungsprozesses aufgezeigt und ihnen die Fachterminologie des Remote Viewing gegenübergestellt. An dieser Stelle des Buches ist das Fundament gelegt, um ein tieferes Verständnis dieser Erkundungsmöglichkeiten zu erreichen. Nachfolgend werden sie einer detaillierteren Betrachtung unterzogen:

- *Sich einen Überblick verschaffen.* Im Sinne des Gedankenexperiments versteht man hierunter das grobe Umherschauen, mit dem Ziel, grundlegende Aspekte um sich herum zu erkennen. So werden beispielsweise Lebewesen, Strukturen, Flächen und Bewegungen in einem Überblick blitzschnell erfasst. Im Remote Viewing erfolgt dies mittels der Ideogramme, welche es dem Viewer ermöglichen, grundlegende und archetypische Gestaltwahrnehmungen im Zielgebiet zu identifizieren. In der Regel erfolgt dieser Schritt zu Beginn des Prozesses (wenn noch keine Kenntnis darüber besteht, welche Elemente sich in der Umgebung bzw. im Zielgebiet befinden) ebenso wie nach jedem Move Command, der Viewer sich also im Target umherbewegt.

- *Sensorische Informationen ermitteln.* Dies beschreibt die Erfassung von Farben, Temperaturen, Gerüchen, Geschmäckern, Geräuschen und Oberflächen. Dabei handelt es sich um Informationen, deren Wahrnehmung mittels der Körpersensorik möglich ist. Im Remote Viewing stehen Möglichkeiten zur Verfügung, um derartige Daten gezielt abzufragen.

- *Dimensionale Daten ermitteln.* Dies beschreibt den dreidimensionalen Aufbau der Umgebung des Gedankenexperiments. Im Remote

Viewing besteht die Möglichkeit, zielgerichtet dimensionale Informationen abzufragen.

- *Interaktionen.* Die Interaktion mit der Welt kann auf vielfältige Weise erfolgen, beispielsweise durch Berührung und Abtastung, Anheben, Riechen, Ablecken oder Treten. Diese Aktionen lassen sich auch im Remote Viewing abbilden und durchführen. Der Viewer beschreibt, wie sich der Aspekt, mit dem er interagiert, reagieren würde, beispielsweise wenn er dagegentritt.
- *Andere Menschen beobachten.* Das Erfassen von Menschen und anders gearteten Lebensformen ist auch im Remote Viewing möglich, jedoch mit gewissen Herausforderungen verbunden. Diese werden im Kapitel *Gefahren für den Viewer* näher beleuchtet.
- *Eigenwahrnehmung.* Die Wahrnehmung der eigenen Position, sowie der individuellen Befindlichkeit wäre im Gedankenexperiment wohl von entscheidender Bedeutung. Im Remote Viewing Prozess entspricht dies dem Aesthetic Impact.
- *Bestandteile identifizieren.* Dinge zu zerlegen und ihre Bestandteile zu begutachten, stellt einen grundlegenden Baustein zum Verständnis der Welt dar. Dies ist auch im Remote Viewing möglich, kommt allerdings erst im fortgeschrittenen Verlauf der Session wirklich zur Geltung.
- *Funktionen beobachten.* Was tut etwas? Was sind die Kausalitätsketten? Was ist der Sinn und der Zweck von beobachteten Dingen? Diese wichtigen Fragen werden genauso im RV beantwortet. Wie auch bei der Identifikation von Bestandteilen, kann der Viewer sie erst bei gutem Targetkontakt beantworten.
- *Sich umherbewegen.* Wurde gemäß Gedankenexperiment die direkte Umgebung erkundet, kann sich an jede beliebige Position bewegt und ein neuer Erkundungsgang von vorn beginnen. Im Remote Viewing spricht man hier von *Move Commands*. Sie erweitern Stück für Stück die Wahrnehmungssphäre des Viewers. Im Gegensatz zum Experiment ist es dem Viewer auch möglich, zeitliche Be-

wegungen sowie Bewegungen auf Sinnebene auszuführen. Dies kann beispielsweise die Beschreibung der *Beziehung* zwischen zwei Personen im Zielgebiet umfassen. Eine Bewegung (sowohl im Gedankenexperiment als auch per Move Command im RV) führt dazu, dass sich an der neuen Position zunächst ein Überblick verschafft wird (im RV durch Ideogramme), um den Standpunkt in der Folge mit allen oben genannten Punkten erneut zu erkunden. Der Erkundungsprozess wird somit zu einem sich wiederholenden Ablauf, bei dem zunächst eine Übersicht am neuen Standort verschafft und eine Erkundung hinsichtlich der dort vorhandenen Aspekte durchgeführt wird. Daraufhin erfolgt ein erneuter Positionswechsel, sodass das Spiel von vorne beginnt.

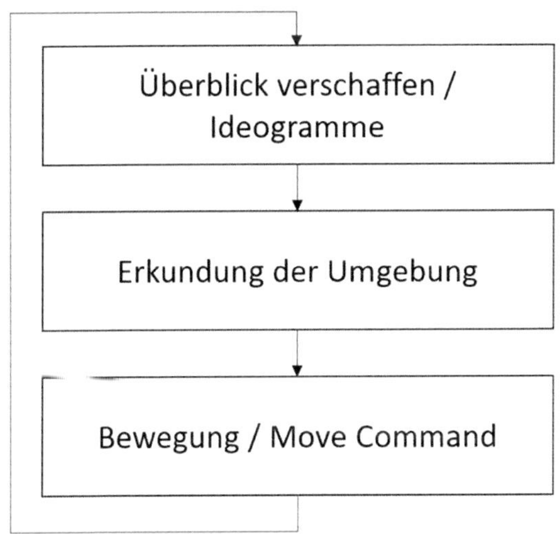

Abbildung 20: Der Ablauf des Erkundungsprozesses.

Es wird ersichtlich, dass ein derartiger Erkundungsprozess ein außerordentlich umfangreiches Spektrum an Möglichkeiten umfasst. Tatsächlich zeigt sich bei unerfahrenen Remote Viewern eine gewisse Unsicherheit im Umgang mit dieser Form der völligen Freiheit. Diese Erkenntnis führt zu der Einsicht, dass eine umfassende Beschreibung aller im Target wahrgenommenen Aspekte aufgrund der Fülle der Möglichkeiten nicht möglich ist. Oftmals verstricken sie sich in Belanglosigkeiten und verlieren in der Session buchstäblich den roten Faden. Die Beherrschung dieser Freiheit erfordert eine gewisse Übung. Die diversen Remote Viewing Methoden selbst bieten lediglich die formalen Leitplanken für den Erkundungsprozess. Sie geben darüber hinaus jedoch hinsichtlich der Frage, wie ein Target zielgerichtet erkundet und beschrieben werden kann, ohne dabei die Orientierung zu verlieren, wenig bis gar keine Hilfestellung. In der Praxis haben sich in diesem Zusammenhang einige Strategien bewährt, die Abhilfe schaffen und Viewer wie Monitor unterstützen können. Erkundungsstrategien definieren feste Vorgehensweisen des Erkundungsprozesses selbst. Sie sind folglich als Leitfaden für Viewer und Monitore zu verstehen und dienen dazu, die Orientierung nicht zu verlieren. Grundsätzlich kann eine Unterscheidung zwischen einfachen und komplexen Strategien erfolgen.

Einfache Erkundungsstrategien

Diese Strategien definieren einfache, grundlegende Handlungsanweisungen zur Targeterkundung. Sie sind auf alle Arten von Targets anwendbar und berücksichtigen den Umstand, dass der Viewer unmöglich alles im Target bis ins Detail untersuchen kann. Die einfachen Erkundungsstrategien können demnach als eine Art Filter verstanden werden, der anzeigt, auf welche Aspekte sich der Viewer fokussieren und welche er außen vor lassen soll. Zu den genannten Strategien zählen der *Tiefen- und der Breitenansatz* sowie die *Fährtensuche*. Die genaue Wahl der Strategie ist abhängig davon, ob Frontloading verfügbar ist oder nicht.

Breitenansatz

Die Strategie des Breitenansatzes zielt darauf ab, ein möglichst breites Spektrum an Aspekten des Ziels abzudecken, ohne dabei zu tief in die

Details zu gehen. Diese Strategie eignet sich insbesondere für komplexe Targets, Sessions ohne Frontloading sowie für Fälle, in denen Folgesessions auf die interessant erscheinenden Aspekte geplant sind. Der Breitenansatz liefert einen umfassenden Überblick über das Zielgebiet. Bei der Verwendung von Frontloading eignet sich dieser Ansatz insbesondere für Ortsbeschreibungen, bei denen der Viewer den gesamten Ort, jedoch ohne allzu großen Detailreichtum, beschreibt.

Tiefenansatz

Im Gegensatz zum Breitenansatz fokussiert sich der Viewer im Tiefenansatz von Beginn an auf die Details eines spezifischen Aspekts. Alles andere ist für ihn von untergeordneter Relevanz. Der Ansatz eignet sich beispielsweise dann, wenn das Frontloading besagt, dass das Target eine bestimmte Person ist. Hier interessiert die Umgebung, die Handlung etc. in der Regel nicht (so etwa in gesundheitlich-diagnostischen Sessions). Der Viewer kann sich zu Beginn voll und ganz dem Gesuchten widmen.

Fährtensuche

Die Fährtensuche lässt sich letztlich als ein Mix aus Breiten- und Tiefenansatz beschreiben. Der Viewer startet damit, möglichst viele Aspekte des Targets zu erfassen. Sobald er etwas findet, das ihn (oder den Monitor) interessiert, erkundet er diesen Teil des Zielgebiets bis ins Detail. Diese Strategie eignet sich hervorragend für die Arbeit ohne Frontloading.

Komplexe Erkundungsstrategien

Diese Art von Vorgehensweisen umfassen konkrete Handlungsschritte, die Viewer abarbeiten können, um das Target geordnet und organisiert erkunden zu können. Sie sind kein Bestandteil der Methode selbst, sondern vielmehr in der Praxis bewährte Prozeduren. Die Anwendung durch den Viewer setzt voraus, dass dieser mit einem neutralen Frontloading arbeitet, da je nach Target (Ereignis, Aktivität, Ort, Person/Lebewesen etc.) unterschiedliche Strategien existieren.

Im Folgenden wird am Beispiel einer Ortserkundung die hierfür geeignete Erkundungsstrategie erörtert. Das Beispiel setzt voraus, dass der Viewer erkennt, dass das Target außen ist. Für die Kartografierung von Innenbereichen sowie die Darstellung der Anordnung der Räume existieren separate Strategien. Die in diesem Fall anwendbare komplexe Erkundungsstrategie sieht wie folgt aus:

1. Der Viewer beginnt die Session mit neutralem Frontloading, das ihm Auskunft darüber gibt, dass es sich beim Target um einen Ort handelt.
2. Das Ziel der frühen Phase der Session ist der Aesthetic Impact, sodass der Viewer das Target aus einer festen Position heraus wahrnimmt.
3. Sobald er seinen AI hat, fertigt der Viewer eine erste Skizze des Ortes an, wie er von seiner Position im Target aus wahrnehmbar ist.
4. Im weiteren Prozess können die Details herausgearbeitet werden. Der Viewer startet von der aktuellen Position aus einen selbstständigen Erkundungsprozess. Ein Breitenansatz mit variablem Detailgrad kann durchgeführt werden (abhängig von der für die Session verfügbaren Zeit).
5. Es können lokale und kleinere Move Commands durchgeführt werden, um den Ort aus nah beieinanderliegenden Perspektiven heraus zu beschreiben.
6. Nach Abschluss besteht die Möglichkeit, mittels Move Command in die Höhe über das Target zu gehen (*Bewege dich 100m über das Target und beschreibe den Ort*). Auf einer leeren Karte (in Form eines großen Rechtecks auf einem Blatt Papier, welches den von oben sichtbaren Ausschnitt des Targets symbolisiert) identifiziert

und markiert der Viewer nun wichtige Aspekte, die aus seiner Vogelperspektive heraus wahrnehmbar sind. So findet er Strukturen, Landschaftsbegebenheiten wie Wasser, freie Flächen und Berge und ebenso Straßen und Stadtgrenzen.

7. Ist die Karte erstellt, ist es dem Viewer möglich, sich per Move Command zu jedem beliebigen markierten Punkt auf dieser zu begeben. Dazu werden (nachdem der Move Command notiert ist) neue Ideogramme angefertigt und es erfolgt eine separate und eigenständige Erkundung des besuchten Punkts.

Die Ortsbeschreibung fokussiert sich demnach nicht nur auf den Ort, an dem der Viewer mit Sessionbeginn landet, sondern umfasst auch alle weiteren relevanten Punkte in der Umgebung, die ausgekundschaftet werden.

Komplexe Erkundungsstrategien stellen ein wichtiges Element im Remote Viewing dar. Sie führen je nach Art des Targets zu einer zielgerichteten Beschreibung dessen und stellen dem Viewer eine Leitplanke auf seiner Erkundungstour zur Verfügung. Wie angedeutet existieren neben einer Erkundungsstrategie für Ortsbeschreibungen im Außen ebenso Strategien für Ortsbeschreibungen im Inneren (inkl. Kartografierung von Räumen, Korridoren, Ein- und Ausgängen etc.) und Beschreibungen von Personen, Ereignissen und Aktivitäten.

12. Gefahren für den Viewer

Ein grundlegendes Prinzip des Remote Viewing besagt, dass Viewer lediglich stumme und unsichtbare Beobachter im Zielgebiet sind. Dies unterscheidet RV von anderen Methoden wie beispielsweise der systemischen Aufstellung, bei der bewusst in die Rolle einer Zielperson geschlüpft und deren Perspektive eingenommen wird. Im Remote Viewing wird eine solche Vorgehensweise strikt vermieden. Aufgrund dieses Verständnisses des Viewers als versteckter Beobachter gilt die Methode als relativ sicher. Dennoch können Situationen eintreten, in denen der Viewer mit unangenehmen oder gar gefährlichen Umständen konfrontiert wird.

Eine der Hauptgefahren für das Wohlbefinden eines Remote Viewers stellt die emotionale Belastung dar. Während des Remote Viewing-Prozesses können starke Emotionen und Eindrücke entstehen, die ihn folglich psychisch belasten. Vor allem bei der Wahrnehmung von traumatischen Ereignissen oder gefährlichen Situationen kann dies zu Stress, Angst oder Trauer führen. Daher ist es von essenzieller Bedeutung, dass Remote Viewer über geeignete mentale und emotionale Bewältigungsstrategien verfügen, um mit solchen Herausforderungen umzugehen.

Bei Bilokationen dagegen gleiten die Viewer mental vollständig ins Target ab und nehmen die physische Umgebung nicht mehr wahr. In solchen Situationen verlieren sie die Kontrolle über ihr Viewing und sind unangenehmen Gegebenheiten mehr oder weniger schutzlos ausgeliefert.

Schließlich besteht die Gefahr weiter darin, dass die Remote Viewer sich zu stark mit dem Target bzw. mit den dort anwesenden Personen und anderen Lebewesen identifizieren. In diesem Fall fühlen sie sich mit den im Target Anwesenden verbunden und laufen Gefahr, emotionaler Belastung ausgesetzt zu sein und Fremdeinflüsse in ihre Psyche zu integrieren. Daher ist es für Viewer von entscheidender Bedeutung, während des Prozesses eine angemessene Distanz zu wahren und sich der Tatsache bewusst zu sein, dass sie lediglich eine Beobachterrolle einnehmen und keinerlei direkte Beteiligung haben.

Obschon diese Gefahren mitunter sehr selten auftreten, sind sie dennoch Grund genug, Remote Viewing mit einem gesunden Maß an Respekt zu begegnen. Die Methode ist kein Spielzeug und der sichere Umgang mit ihr erfordert Übung und Wachsamkeit.

Emotionale Belastung im Target

Remote Viewer können während des Viewings auf eine gefühlsbestimmte Beeinträchtigung im Target stoßen. Dies bedeutet, dass während der Session Informationen wahrgenommen werden, die zu emotionalen Belastungen wie Stress, Angst, Mitgefühl, Trauer und Melancholie führen können. Solche Situationen stellen eine Herausforderung dar. Häufig reagiert der Körper hierauf mit Stresssymptomen wie Muskelanspannung, Kopfschmerzen, erhöhtem Blutdruck, wie auch Schweiß- und Tränenbildung. Des Weiteren lässt in solchen Momenten die Objektivität des Viewers nach, sodass die erhaltenen Informationen eine emotionale Färbung erhalten. Die Gefahr einer emotionalen Belastung ist maßgeblich vom Target abhängig. Sessions zu Gewaltverbrechen, Mord und Totschlag, Misshandlungen etc. sollten nur von erfahrenen Viewern durchgeführt werden, die sich eine gewisse Gewöhnung an emotional belastende Ziele angeeignet haben und wissen, wie mit schwierigen Targets umzugehen ist. Dies ist einer der Gründe, weshalb Anfänger mit unverdächtigen Trainingstargets beginnen. Es darf jedoch nicht vergessen werden, dass auch in den einfachsten Übungstargets Aspekte stecken, die unvorhersehbar sind und den Viewer belasten können. Ein Beispiel verdeutlicht diesen Fall: In einer Session auf ein galoppierendes Pferd auf der Wiese ist der Viewer voll und ganz in die wenig artgerechte Behandlung des Tieres geraten. Er beschrieb die Enge des Stalls, zugefügte emotionale und körperliche Schmerzen und die Angst des Pferdes. Diese Umstände waren jedoch im Feedback, welches aus mehreren Fotos des frei laufenden Tieres auf der Weide bestand, nicht erkennbar oder zu erahnen. Fälle, in denen der Viewer auf Grund von sorgfältig und gewissenhaft ausgewählten Trainingstargets in emotionale Belastung gerät, sind glücklicherweise sehr selten, können jedoch nicht gänzlich ausgeschlossen werden. Daher ist es wichtig, dass Remote Viewer bereits von Beginn an in Schutzmaßnahmen geschult werden, die es ihnen erlauben, mit derlei Situationen umgehen zu können. Die einfachste Sicherheitsvorkehrung besteht in einer Bewegung im Target, beispielsweise an eine andere Position im Raum oder in der Zeit, um den belastenden Einflüssen zu entgehen. Eine weitere Präventionsmaßnahme stellt das sogenannte *Detoxing* dar, welches im weiteren Verlauf dieses Kapitels näher erörtert wird.

Bei Targets, bei denen die Belastung für den Viewer abzusehen ist, sollte ausschließlich mit erfahrenem Monitor gearbeitet werden. Zudem sollten Sessions auf Gewaltverbrechen niemals allein durchgeführt werden, egal wie erfahren der Viewer ist. Ein anwesender Monitor ist in der Lage, die Körpersprache, den Tonfall und die emotionalen Äußerungen des Viewers exakt zu beobachten und bei Bedarf einzugreifen, um ihm aus unangenehmen Situationen herauszuhelfen. Oftmals manifestiert sich die emotionale Belastung erst nach dem Feedback, wenn die Erkenntnis darüber einsetzt, welche Inhalte überhaupt geviewt wurden. In solchen Momenten ist das Beistehen seitens des Monitors wichtig, um den Viewer bei seiner Bewältigungsstrategie zu unterstützen. Unter keinen Umständen sollte der Raum verlassen und der Viewer sich selbst überlassen werden, da die Arbeit abgeschlossen ist. Die emotionale Betreuung steht an erster Stelle. Da auch Tränen fließen können, ist das Verhältnis zwischen Viewer und Monitor unbedingt von Vertrauen geprägt.

Bilokation

Der Begriff Bilokation, zusammengesetzt aus den Wörtern *bi* (zwei) und *lokal* (örtlich), bezeichnet das gleichzeitige Vorhandensein an zwei Orten. Es gibt im Remote Viewing zwei verschiedene Auffassungen darüber, was Bilokation in dieser Domäne bedeutet:

1. Der Viewer ist per Definition bilokal, nimmt die physische Umgebung seiner Session ebenso wie das Target zeitgleich wahr. Er ist also mental an beiden Orten gleichzeitig.

2. Der Viewer ist bilokal, wenn er mental vollständig ins Target abgleitet, so dass er ausschließlich dieses wahrnimmt und den Bezug zur physischen Realität verliert. Sein physischer Körper befindet sich nach wie vor im Raum der Session, mental ist er jedoch vollumfänglich an einem anderen Ort. Er hat in der Regel sehr intensive Eindrücke. Auch visuell erkennt er deutlich mehr Details.

Beide Auffassungen sind in sich schlüssig, allerdings verwendet erstere keine Begrifflichkeiten für das Phänomen, das die zweite beschreibt. Verfolgt wird daher die Auffassung Nummer 2 die besagt, dass die Bilokation dann eintritt, wenn der Viewer mental vollständig abgeglitten ist.

Diese Art der Bilokation tritt nur sehr selten auf und nur wenige Remote Viewer kommen je in die Situation, diese zu haben (wobei es Wege gibt, diese zu forcieren). Der Prozess des Remote Viewing kann als Gratwanderung bezeichnet werden. Der Viewer ist mental so sehr im Target, dass er dieses wahrnehmen kann. Gleichzeitig und allein durch den körperlichen Akt des Schreibens ist er in der Physis verankert, sodass er seine Wahrnehmungen aufschreiben und skizzieren kann. Dies gewährleistet die Kontrolle des Viewers über die Session. Bei der Bilokation gerät dieses Gleichgewicht aus der Balance. Der Viewer *kippt* sozusagen mental ins Target ab und es dauert einige Momente, bis er von selbst wieder in das Hier und Jetzt der physischen Realität zurückkehrt.

Das hat wiederum zwei Probleme zur Folge:

1. Da der Viewer den Bezug zur Physis verliert, schreibt er weder seine Wahrnehmungen auf, noch spricht er mit dem Monitor. Da das Wahrnehmen bei der Bilokation entsprechend intensiv und umfangreich ist, gehen fast alle Informationen mit dem Ende der Bilokation verloren. Auch wenn der Viewer bemüht ist, das Wahrgenommene nach seiner Rückkehr in die physische Welt aufzuschreiben, so erfasst er doch lediglich einen geringen Bruchteil dessen, was er wahrgenommen hat. Dieser Umstand hatte für die militärischen Anwender seinerzeit eine deutlich größere Bedeutung als für zivile Viewer heute.

2. Der Viewer verliert die Kontrolle über seinen Viewing-Prozess und ist dem Target mehr oder weniger ausgeliefert. Infolgedessen birgt eine Bilokation das Risiko einer Entwicklung hin zu einer unangenehmen Situation, die den Viewer in eine starke emotionale Belastung führt und sich unter Umständen auch körperlich äußern kann.

Wie erwähnt, tritt eine echte Bilokation nur sehr selten auf und das Risiko sollte nicht überschätzt werden. Stellt sie sich jedoch ein, geschieht dies in der Regel sehr schnell.

Dies ist der Grund, weshalb ein anwesender Monitor grundsätzlich aufmerksam sein sollte, um sie rechtzeitig zu erkennen. Die Ankündigung der Bilokation erfolgt dabei ein paar Sekunden vor dem Eintreten, erkennbar an einer Verlangsamung der Schreib- und Sprechgeschwindigkeit des Viewers. Sein Blick verändert sich dahingehend, dass er zunehmend ins Leere zu schauen scheint. Eventuell verändert sich auch die Atemfrequenz, die sich deutlich verlangsamt und tiefer wird. In diesem Moment der Vorzeichen besteht für einen anwesenden Monitor noch die Möglichkeit, die Bilokation abzuwenden. Lautes, plötzliches Ansprechen oder eine deutliche Berührung an der Schulter erweisen sich in dieser Situation als hilfreich, um das Abgleiten zu verhindern. Ist der Viewer in die Bilokation gerutscht, ist eine genaue Beobachtung des Geschehens sinnvoll. Sofern körperliche Anzeichen für Unwohlsein erkennbar sind, sollte der Viewer durch Körperkontakt zurückgeholt werden. Das Zurückrufen durch Anfassen wird vom Viewer jedoch in der Regel als unangenehm empfunden. Aus diesem Grund kann es durchaus auch angebracht sein, die Bilokation zuzulassen, sofern sie augenscheinlich nicht unangenehm ist. Ein solcher Moment stellt für den anwesenden Monitor in der Regel einen Stressfaktor dar. Es ist jedoch wichtig, einen kühlen Kopf zu bewahren. Panik wirkt sich kontraproduktiv aus. Eine gänzlich schwierige Situation entsteht, wenn die Session online über Kamera und Mikrofon abgehalten wird. Hier wird der Monitor fast vollständig seiner Handlungsfreiheit beraubt und kann der Bilokation seines Viewers nur hilflos zusehen. Die Telefonnummer einer anderen, sich im Haushalt befindlichen Person, welche vorab weitergegeben wird, kann hier Abhilfe schaffen, sodass bei einer Bilokation die Kontaktperson eingeschaltet werden kann.

Nach Abschluss der Bilokation und Rückkehr des Viewers in die physische Realität sollte eine möglichst detaillierte Dokumentation der wahrgenommenen Informationen erfolgen. Wie bereits erwähnt, wird dies lediglich ein Bruchteil der tatsächlich aufgenommenen Daten sein. Im Anschluss ist die Session zu beenden, damit der Viewer sich von seiner mentalen Reise erholen kann.

Identifikation mit Personen im Target

In ihrer Sitzung sind Remote Viewer in der Regel und im Idealfall reine Beobachter. Dies verhindert und verringert die emotionale Belastung in schwierigen Targets und gewährleistet, dass der Viewer seine Daten möglichst neutral und wertfrei zutage fördert. Es gibt jedoch Situationen, in denen er ungewollt die Beobachterposition aufgibt und sich in das Target *hineinziehen lässt*. Dies bedeutet insbesondere, dass der Viewer beginnt, sich mit Personen und Lebewesen im Target zu identifizieren und sich deren Emotionen und Sichtweisen zu eigen zu machen. Hier beginnt ein Strudel, in den er sich immer weiter hineinmanövriert. Starke Gefühle und kernige Aussagen können die Folge sein. Meist wird eine solche Situation als belastend empfunden. Der eigentliche Kern des Problems geht aber über die reine Session hinaus, denn der Viewer beginnt, diese fremden Emotionen und Sichtweisen in seine eigene Psyche zu integrieren. Eine solche Gegebenheit wirkt daher (wenn auch in geringem Maße) erst einmal persönlichkeitsverändernd und es muss nicht ausgeführt werden, dass dies dringlichst verhindert werden sollte.

Dabei verhält es sich wie mit der Bilokation. Der Viewer identifiziert sich mit Personen im Target und nimmt deren Perspektive ein. Eine solche Situation ist jedoch nur äußerst selten zu beobachten, sollte jedoch aus den bereits genannten Gründen unbedingt vermieden werden. Die folgenden Fallbeispiele veranschaulichen, wie ein solcher Fall ablaufen kann:

Fallbeispiel 1

In einer Session auf ein Gewaltverbrechen beginnt der Viewer, in den emotionalen Strudel des Opfers zu geraten. Im Laufe des Prozesses identifiziert er sich mehr und mehr mit diesem, spricht von *wir* und *uns*, und zeigt emotionale Reaktionen, die über die zu erwartenden Emotionen des Beobachters deutlich hinaus gehen. Des Weiteren werden abwertende und hasserfüllte Ansichten über den Täter geäußert. Es wird ersichtlich, dass der Viewer unter dem Geschehen im Target emotional leidet.

Fallbeispiel 2

In einer anderen Session, ebenfalls zum Thema Gewaltverbrechen, wird der Viewer in die Emotionen des Täters hineingezogen. In der Folge beginnt er, sich mit diesem zu identifizieren und dessen Sichtweisen anzunehmen. Im weiteren Verlauf wird ersichtlich, dass die emotionale Ablehnung in Bezug zum Opfer zunehmend an Intensität gewinnt. Schließlich äußert der Viewer, dass er die Motivation des Täters, das Opfer letztlich zu töten, nachvollziehen könne. Er selbst, so meint er, hätte wohl auch so gehandelt.

Fallbeispiel 3

Ein Viewer bearbeitet ein Target, wobei er eine Zielperson detailliert und auch auf emotionaler und psychischer Ebene wahrnimmt und beschreibt[18]. In der Session selbst konnten keine weiteren Anzeichen dafür festgestellt werden, dass der Viewer seine neutrale Beobachterposition verlassen hatte. Aufgrund des umfangreichen Auftrags wiederholt er seine Session auf die Zielperson mehrfach. Nach einigen Durchläufen manifestieren sich im Alltag und außerhalb jeglichen Targetkontakts merkwürdige Ansichten, die sich bei genauerer Betrachtung mit denen decken, die er über die Zielperson herausgefunden hat. Folglich hat er begonnen, deren Ansichten schleichend zu übernehmen.

Die dargestellten Fallbeispiele veranschaulichen, dass das Phänomen in unterschiedlichen Abstufungen auftreten kann. Es existieren einige Indikatoren und Sicherheitsmaßnahmen, die Viewer und Monitor berücksichtigen können. Zunächst ist sicherzustellen, dass der Viewer während einer Session in der Lage ist zu unterscheiden, ob eine gezeigte Emotion zu ihm selbst oder zu einer im Target befindlichen Person gehört. Diese Differenzierung ist von essenzieller Bedeutung. Sobald diese Unterscheidung nicht mehr möglich ist, beginnt er, Fremdeinflüsse in seine Psyche aufzunehmen. Eine gute Schutzmaßnahme ist es, die Wahrnehmung von Fremdemotionen häppchenweise vorzunehmen. Anstatt sich also vollends auf die Emotionen einer Person im Target zu stürzen und diese bis in die Details wahrzunehmen, sollte er das Sammeln der Eindrücke mit Unterbrechungen tun und zwischendurch immer wieder seinen Fokus auf andere, neutrale Aspekte im Tar-

---

[18] Die Frage der Ethik, die mit einem solchen Fall einhergeht, wird in diesem Buch noch zu erörtern sein. Es gibt jedoch auch Aufträge, in denen der Auftraggeber die Durchführung solcher Sessions auf sich selbst wünscht.

get lenken (wie etwa das Aussehen der Umgebung). Dies verhindert eine zu starke emotionale Beteiligung.

Sollte sich dennoch einmal die Situation ergeben, dass ein Remote Viewer befürchtet, sich zu stark auf das Target eingelassen zu haben, so verfügt dieser über die Möglichkeit des sogenannten *Detoxing*, um sich davon zu befreien.

Detoxing

Die Bezeichnung *Detoxing* (auf Deutsch: Entgiftung) bezeichnet einen Prozess, der üblicherweise nach dem Ende einer Session durchgeführt wird. In diesem Rahmen kann sich der Viewer vom Target lösen, emotionalen Abstand gewinnen und Fremdeinflüsse auf seine Psyche loswerden.

Dabei schaut er seine Aufzeichnungen bzw. sein Sessionprotokoll von Anfang bis Ende durch und notiert dabei jegliche Informationen, von denen er sich lösen möchte bzw. die ihm als belastend erscheinen. Diese werden sodann auf einem leeren Blatt Papier untereinander notiert. Es ist von wesentlicher Bedeutung, dass die Abarbeitungsreihenfolge beibehalten wird, d. h. die Session von Anfang bis Ende durchzuschauen und belastende Informationen untereinander aufzuschreiben. Ist der Viewer mit der Durcharbeitung des Sessionprotokolls fertig, so legt er dieses beiseite und widmet sich der angefertigten Liste. Anschließend wird diese von unten nach oben und mit der zuletzt notierten Information durchgegangen. Dabei macht sich der Viewer bewusst, dass jeder einzelne Eindruck Teil des Targets ist und nicht zu ihm selbst gehört. In Fällen von Gewaltverbrechen etwa könnte der Viewer das Leiden des Opfers in der Liste vermerkt haben. Er macht sich bewusst, dass das Leid, so tragisch es auch sein mag, Teil des Opfers ist. Dies ist nicht sein eigenes.

Sobald sich der Viewer dessen bewusst wird und den betrachteten Eindruck von sich löst, streicht er diesen auf dem Papier durch und wiederholt die Prozedur mit dem Eindruck, der in der Liste direkt darüber steht. Auf diese Weise erfolgt eine schrittweise Distanzierung von den belastenden Informationen, wobei die Liste von unten nach oben bearbeitet wird. Dabei erfolgt eine Annäherung an die Eindrücke vom Sessionende hin zum Beginn der Sitzung. Diese Reihenfolge wird vom Viewer als ein Prozess des *Herauskommens* wahrgenommen, der dem Ablauf einer Hypnoseausleitung mit Vorwärtszählen und gleichzeitigem *Heraufkommen* ähnelt.

Obgleich das Detoxing nach Beendigung einer Session (und in der Regel auch nur bei Bedarf) durchgeführt wird, kann es Situationen geben, in denen dies während des Viewens erforderlich wird (man spricht hier von einem *In-Session-Detoxing*). Dies gilt insbesondere, wenn der Viewer zwischen eigenen und fremden Emotionen im Target nicht mehr unterscheiden kann.

Weitere Maßnahmen zur Loslösung vom Target können beispielsweise darin bestehen, dass der Viewer sich in seinem Leben wieder erdet, sich Alltäglichem zuwendet, Musik hört, einen Spaziergang unternimmt etc.

Sollte er auch nach einigen Stunden bzw. Tagen nach der Session noch immer mit dem Target verhaftet scheinen und ihm die Beobachtungen keine Ruhe lassen, sollte er das Detoxing wiederholen.

13. Tasking

Der Begriff *Tasking* bezeichnet die Formulierung des Targets für eine Session. Im Tasking wird das Ziel der Session definiert, das mit Koordinaten versehen in einem Umschlag verpackt wird. Dies ist in der Regel eine Aufgabe des Taskers, der in der Theorie dafür zuständig ist, das Target an den Monitor zu übergeben. In der Praxis wird dies jedoch häufig vom Monitor übernommen.

Das Tasking enthält im Detail:

1. Die Targetformulierung bzw. die Formulierung dessen, was der Viewer beschreiben soll.
2. Front-, Mid- und/oder Backloading.
3. Sessionanweisungen für den Monitor, damit dieser weiß, welche Fragen er dem Viewer stellen sollte. Darauf basierend wählt der Monitor seine Viewingstrategien (siehe Kapitel *Viewingstrategien*).
4. Material zur Durchführung der Session (z.B. Kartenmaterial, Modelliermasse etc.).
5. Feedback. Dieses sollte immer mit angegeben werden und ist insbesondere für die Sessionanalyse erforderlich (siehe *Sessionanalyse*).
6. Zusatzformulierungen, wie etwa *Auf Basis der größten/optimalen Wahrscheinlichkeit* (siehe Kapitel *Viewen zukünftiger Ereignisse*).
7. Vergabe der Koordinaten.

Das Tasking wird nach Beendigung der Formulierung in ein Kuvert verpackt, damit der Viewer keinen Blick auf das festgelegte Target werfen kann. Die Koordinaten, Frontloading und Sessionanweisungen werden an den Monitor übergeben (weshalb diese auf die Vorderseite des Kuverts geschrieben werden können). Soll der Monitor das Target kennen, so darf dieser vor der Session einen Blick in das Kuvert werfen.

Bestandteile des Taskings

Targetformulierung

Die Targetformulierung stellt den Kern des Taskings dar und nimmt daher eine besondere Rolle ein. Diese definiert klar und deutlich, was der Viewer beschreiben soll. Hier gilt folgendes zu berücksichtigen:

- Die Targetformulierung ist möglichst einfach gehalten und enthält keine verschachtelten Sätze.
- Die Beachtung der Gedankenhygiene. Dies bedeutet, dass während der Formulierung des Targets durch den Tasker dessen Aufmerksamkeit ausschließlich auf dieses gerichtet werden sollte. Ein einmal formuliertes Target für die anstehende Session sollte nicht mehr geändert werden. Es ist wichtig, bei der Targetformulierung offen für das Ergebnis zu sein und keine Vorstellung auf die Targetformulierung zu projizieren, wie es der Meinung des Taskers nach zu sein hat, denn dies kann zu einer massiven Beeinflussung der Ergebnisse des Viewers führen.
- Meist lassen sich die Ziele einer Session durch verschiedene Targetformulierungen erreichen. Hier gilt es abzuwägen, was der erfolgversprechendste Weg ist. Dabei werden stets Targetformulierungen bevorzugt, zu denen möglichst viel Feedback verfügbar ist.
- Die Strategie *Vom Bekannten ins Unbekannte* sollte Anwendung finden, die Targetformulierung also so gewählt werden, dass der Viewer in einem bekannten Teil des Targets beginnt. Von diesem Punkt aus kann in der Folge das Unbekannte des Targets erkundet werden. Der Grund hierfür ist, dass erstens eine gewisse Sicherheit gewährleistet werden kann, wo der Viewer startet (siehe Kapitel *Gefahren für den Viewer*), und zweitens dies die Sessionanalyse erleichtert. Ist der bereits bekannte Teil des Targets gut beschrieben, so lassen sich auch die Eindrücke zu den unbekannten (nicht mehr verifizierbaren) Teilen des Targets in der Regel als treffsicher ein-

stufen. Umgekehrt lässt sich festhalten, dass eine unzureichende Beschreibung des bekannten Teils des Targets durch den Viewer die Glaubwürdigkeit der Session insgesamt beeinträchtigt.

Frontloading

Es besteht die Möglichkeit, einem Remote Viewer mit Beginn der Session eine Vorabinformation mitzugeben, welche eine Aussage darüber trifft, um was es sich beim Target handelt. Dies wird als *Frontloading* bezeichnet. Es ist einer der am häufigsten missverstandenen Begriffe der Remote Viewing Terminologie.

Frontloading wird maximal neutral formuliert. Beispiele sind:

- *Das Target ist ein Ort, beschreibe den Ort.*
- *Das Target ist ein Ereignis, beschreibe das Ereignis.*
- *Das Target ist eine Aktivität, an dem ein oder mehrere Lebewesen beteiligt sind. Beschreibe die Aktivität sowie das bzw. die beteiligten Lebewesen.*
- *Das Target ist unbekannt. Beschreibe das Target.*

Die Phrase folgt einer *wohl-formulierten Frage an einen Psychic.* Diese besteht aus zwei voneinander getrennten Anweisungen:

- Die erste Anweisung geht an das Unterbewusstsein. Beispielsweise:
  - *Das Target ist ein Ort.*
  - *Das Target ist ein Ereignis.*
- Die zweite Instruktion richtet sich an den Viewer selbst. In der Regel lautet diese einfach: *Beschreibe!*

In der Praxis hat sich gezeigt, dass Viewer mit dieser zweiteiligen Formulierung deutlich besser zurechtkommen als etwa mit der Anweisung „Beschreibe einen Ort". Letztere führt zu Fantasieprodukten (bzw. zur Bildung von AOLs), die mit dem Target wenig gemein haben. Wohl formulierte Fragen an einen Psychic werden im Remote Viewing auch in anderen Kontexten eingesetzt. Auch Bewegungsanweisungen, sogenannte *Move Commands*, folgen dieser Formulierung. Ein Beispiel: *Bewege dich 50m in die Höhe und beschreibe das Target.*

Gut formuliertes Frontloading hilft dem Viewer dabei, sich auf die wesentlichen Dinge im Target zu fokussieren. Dies hat unmittelbaren Einfluss darauf, wie das Unterbewusstsein das Target wahrnimmt. So wertvoll gutes Frontloading sein kann, so fatal ist schlecht gewähltes der Art: *Das Target ist der Eiffelturm, beschreibe den Eiffelturm.*

Es gilt zu beachten:

- Die Entscheidung, ob der Viewer Frontloading erhält oder nicht, obliegt dem Viewer selbst. Diesem Wunsch sollte entsprochen werden.
- Das Frontloading gibt keinen Aufschluss über das Target. Daher ist eine absolut neutrale Formulierung erforderlich. Ist das Target beispielsweise ein Gewaltverbrechen und der Viewer soll den Täter beschreiben, so lautet gutes und neutrales Frontloading *Das Target ist eine Person, beschreibe die Person.* Schlecht wäre hingegen die Formulierung *Das Target ist der Täter eines Verbrechens. Beschreibe den Täter.*
- Das Frontloading nimmt die Antwort nicht vorweg. *Das Target ist ein Gewaltverbrecher. Beschreibe den Gewaltverbrecher* impliziert, dass der Täter männlich ist (selbst wenn das generische Maskulinum verwendet wurde).
- Frontloading sagt dem Viewer lediglich, auf was er sich fokussieren soll.
- Sofern kein Frontloading möglich ist, ohne den Viewer zu beeinflussen, sollte die Formulierung *Das Target ist unbekannt. Beschreibe das Target* verwendet werden. Dies suggeriert ihm, dass auch der Monitor keine Kenntnis über das Target bzw. über die

dortigen Gegebenheiten besitzt. Die Vorgehensweise gibt einem verunsicherten Viewer die nötige Sicherheit.

- Wird Frontloading nicht zu Beginn der Session eingesetzt, sondern während oder erst am Ende der Session, so spricht man von Mid- bzw. Backloading.

Sessionanweisungen

Sessionanweisungen sind primär für die Monitore bestimmt, sodass diese über die zu erledigenden Aufgaben informiert sind (die Anweisungen können jedoch auch an Solo-Viewer weitergegeben werden). Als Beispiele können genannt werden:

- Die Anfertigung von Karten
- Die räumliche oder zeitliche Lokalisierung
- Anfertigen eines 3D-Modells
- Bewegungsanweisungen bzw. Move Commands
- Hinweise, auf was der Fokus gelegt werden soll
- Midloading. Dieses wird analog zum Frontloading formuliert, dem Viewer allerdings erst im Laufe der Session (und nicht zu deren Beginn) übergeben. Midloading kann sich vom Frontloading unterscheiden, sodass hierüber grobe Änderungen in der Ausrichtung der Session vorgenommen werden können.

Ggf. ist weiteres Material erforderlich. Dieses zu erstellen ist Teil des Taskings und betrifft in der Regel Kartenmaterial. Aber auch die Verfügbarkeit von Stift, Papier und Modelliermasse gehören hierzu.

Feedback

Viewer leben von Feedback so wie Künstler vom Applaus.

Es ermöglicht, die Session zu evaluieren und Fehler zu identifizieren, um diese zukünftig zu vermeiden. Daher sollte während des Taskings verfügbares Feedback recherchiert und gesammelt werden. Es ist nicht erforderlich, sämtliche verfügbaren Texte zu sammeln. Oft genügen auch Fotos gefolgt von Links zu Internetseiten, auf denen der Viewer mehr über das Target findet. Handelt es sich um ein operationales Target, so sollten die Hintergründe dafür erläutert werden.

Koordinaten

Im Anschluss sind die Koordinaten zu vergeben. Es hat sich bewährt, eine Länge von zwei bis drei Zeilen à 6 Ziffern zu verwenden. Die erste Zeile kann sinnvollerweise aus dem Datum der Session bzw. des Taskings bestehen, beispielsweise 050724 für den 05. Juli 2024.

Bei einer Verwendung von drei Zeilen wäre es möglich, dass die zweite Zeile eine vierstellige Viewernummer sowie die Session des Tages (z.B. 01 für die erste Session des Tages) enthält. Die letzte Zeile der Koordinaten hingegen besteht aus Zufallszahlen. Da der Viewer vor jeder I/A/B Sequenz (während der er Ideogramme zu Papier bringt) die Koordinaten aufschreibt, verhindert diese Sequenz von Zufallszahlen, dass er währenddessen das Ideogramm antizipieren kann, da er sich auf die zufälligen Zahlen konzentrieren muss, um sie korrekt aufzuschreiben. Wäre die letzte Zeile beispielsweise das Datum, so könnte der Viewer dieses aufschreiben und beiläufig überlegen, wie das Ideogramm auszusehen hat. Eine willkürliche Zahlenreihe beansprucht folglich die Verstandesressourcen und unterdrückt AOLs beim Zeichnen des Ideogramms. Hier ein Beispiel: Findet die Session am 05. Juli 2024 statt, ist dies die zweite Session des Tages für den Viewer, der die Viewernummer 0422 hat, so können 3-zeilige Koordinaten lauten:

050724 042202 582441

Vollständiges Tasking

Nachfolgend ein Beispiel für ein vollständiges Tasking. Es beginnt mit der Targetformulierung:

Beschreibe den Ort, an dem Person X seine Brieftasche verloren hat.
Diese wird notiert und mit folgenden Koordinaten versehen:

101223 042202 582441
Unter die Koordinaten wird das Frontloading formuliert:

Das Target ist ein Ort. Beschreibe den Ort.

Weiter wird eine Karte zur Lokalisierung des Ortes vorbereitet (Teil der Stufe 6) und folgende Sessionanweisung wird unterhalb des Frontloadings notiert:

Lokalisiere den Ort auf der beiliegenden Karte.

Letztlich wird das bekannte und gesammelte Feedback über das Target beigefügt (hier etwa wer Person X ist, dass ihre Brieftasche verloren gegangen ist, welche Vermutungen es seitens Person X gibt etc.).

Alle Unterlagen werden nun in einen Briefumschlag gepackt, die Koordinaten, Frontloading und Sessionanweisung noch einmal auf dem Umschlag notiert und dieser anschließend zusammen mit der Karte an den Monitor übergeben.

Kaskadierendes Tasking

Die Strategie *Vom Bekannten ins Unbekannte* kann in Kombination mit Midloading und Bewegungsanweisungen / Move Commands dazu verwendet werden, schwierig zu formulierende Targets schrittweise aufzubauen. Daher ist bei diesen Zielen die Anwesenheit eines Monitors erforderlich, der zur rechten Zeit Midloading geben kann. Da eine Kaskade auf der vorherigen aufbaut, braucht es hierfür eines zuverlässigen Viewers, da die Session andernfalls recht früh ins Stocken gerät und ggf. auf Grund falscher Ergebnisse abgebrochen werden muss. Ist diese Hürde jedoch überwunden, erlaubt kaskadierendes Tasking das zuverlässige Viewen auch von komplexen Zielen.

Folgendes Beispiel verdeutlicht das Prinzip:

Im Rahmen einer Auftragsarbeit möchte der Auftraggeber in Erfahrung bringen, welche Handlung er ausführen muss, um seine Geliebte wieder für sich zu gewinnen. Solche Fragen sind in der Auftragsarbeit durchaus üblich. Im Rahmen des klassischen Taskings (ohne Kaskaden) wäre es möglich, direkt nach der Handlung zu fragen. Dies führt mit sehr großer Wahrscheinlichkeit zu einer Targetbeschreibung, deren Interpretation Schwierigkeiten bereitet. Sollte der Unglücksrabe seine Liebe anrufen oder ihr einen Brief schreiben, so kann sich der Viewer an diesen Handlungen ausgiebig auslassen und etwa umfassend beschreiben, wie ein Brief in den Briefkasten geworfen wird oder wie ein Finger eine Telefonnummer ins Telefon tippt. Die korrekte Interpretation derartiger Sessions gestaltet sich als außerordentlich herausfordernd. In den meisten Fällen ist die Beschreibung unzureichend. Im vorliegenden Beispiel kann kaskadierendes Tasking wie folgt eingesetzt werden:

- Die Targetformulierung zielt auf den Ist-Zustand ab und könnte lauten: *Das Target ist die Verbindung zwischen X und Y. Beschreibe X zum Zeitpunkt der Session.* Der Verlassene wird in diesem Beispiel mit X, die Verflossene mit Y bezeichnet. Das Target ist also die zerbrochene Beziehung, wobei der Viewer zunächst den männlichen Part beschreiben soll.
- Das Frontloading lautet dementsprechend: *Das Target ist eine Person. Beschreibe die Person.*
- Sobald der Viewer mit X in Kontakt tritt, wird ihm seitens des Monitors Midloading der Art *Am Target beteiligt ist eine zweite Person. Beschreibe die zweite Person* gegeben. Im Anschluss ist der Viewer dazu angehalten, die zweite Person, Y, zu beschreiben.

- In einem weiteren Schritt führt der Viewer eine Bewegungsanweisung bzw. Move Command durch, um die Verbindung der beiden Personen zum Zeitpunkt des Targets herauszuarbeiten. *Bewege dich zur Verbindung der beiden Personen und beschreibe die Verbindung.* Nun sollte der Viewer die Verwerfungen und Distanz der beiden beschreiben.
- Im finalen Schritt ist es die Aufgabe des Viewers, herauszuarbeiten, welche Maßnahmen die erste Person (X) ergreifen muss, um die Verbindung zur zweiten Person (Y) zu verbessern. Dies kann mittels eines Move Commands erfolgen (*Bewege dich zur Handlung, die die erste Person tun muss, um die Verbindung zur zweiten Person zu verbessern, und beschreibe die Handlung*), oder der Viewer kann sich erweiterter Werkzeuge bedienen, um Handlungsoptionen zu erfassen und auf ihre Konsequenzen hin abzuklopfen.

Das Beispiel verdeutlicht, wie sich der Viewer dem komplexen Ziel schrittweise und von jeweils sicherer Position aus nähert. Ein gut definiertes, kaskadierendes Tasking führt ihn automatisch in die für die Beantwortung der Frage relevante Perspektive, sodass er nicht in die Situation kommt, einen tippenden Finger auf einer glatten Oberfläche zu beschreiben, beispielsweise das Eintippen einer Telefonnummer.

14. Monitoring

Die Funktion des Monitors besteht grundlegend darin, einen beobachteten Prozess zu begleiten und sicherzustellen, dass dieser den gewünschten Verlauf nimmt, bestimmte Parameter eingehalten werden und gegebenenfalls in den Ablauf eingegriffen wird, wenn es sinnvoll erscheint, um ein vorgegebenes Ziel zu erreichen. Im Rahmen des Remote Viewing nimmt der Monitor eine wesentliche Funktion ein. Eine Session kann prinzipiell auch solo abgearbeitet werden. Die Einbeziehung eines Monitors birgt jedoch eine Vielzahl von Vorteilen, wie im weiteren Verlauf ersichtlich wird.

Eigenschaften eines guten Monitors

Die Aufgaben des Monitors im Remote Viewing sind vielfältig und es sei an dieser Stelle darauf verwiesen, dass diese Rolle nicht jedem von Beginn an liegt. Neben der Begleitung des Viewers während der Session, obliegt es dem Monitor, diese erfolgreich zum Ziel zu bringen. In erster Linie übernimmt er den analytischen Part. Die wichtigste Voraussetzung ist hierbei, dass er die eingesetzte Remote Viewing Methode sehr gut kennt und durch persönliche Erfahrung bereits als Viewer selbst gut geschult ist. Nur so hat er genügend Kenntnisse darüber, wie er mit dem Viewer und der Session umzugehen hat. Innerhalb eines Remote Viewing Prozesses übernimmt der Monitor prinzipiell die leitende Rolle. Er hat die Aufgabe, die Einhaltung der Methode zu überwachen, passende Fragen (sog. Cues) vorzuschlagen und Hilfestellung zu leisten. Während der Viewer damit beschäftigt ist, die Informationen aus dem Zielgebiet zu beschaffen, ist der Monitor in dieser Zeit im wahrsten Sinne die Eier legende Wollmilchsau. Er ist:

- Begleiter
- Führungsperson
- Beistand
- Seelsorger

- Beschützer
- Sekretär
- Analytiker
- Verantwortlicher
- Prüfer
- Fachkundiger
- Diener

Es ist nicht jedermanns Sache, die Rolle des Monitors zu übernehmen. Die Erfahrung hat gezeigt, dass bestimmte Voraussetzungen für die Ausübung dieser Tätigkeit von Vorteil sind. Im Folgenden werden die wesentlichen Eigenschaften dargelegt, die eine Remote Viewing-Sitzung unter der Leitung eines Monitors zu einem erfolgreichen Abschluss bringen können.

Neutralität

Einer der wichtigsten Wesenszüge die ein Monitor mitbringt, ist die Neutralität. In der Regel erfolgt eine Remote-Viewing-Sitzung blind. Dies bedeutet, dass der Monitor über die relevanten Informationen verfügt. Bei doppelblinden Sessions ist eine objektive Vorgehensweise jedoch genauso wichtig. Zu einer neutralen Position gehören neben der zu Beginn an eingenommenen unbefangenen Ausrichtung in Bezug zum Target, zu denen Vermutungen und Vorahnungen, genauso wie bewusste und unbewusste Ängste, Sorgen und Wünsche gehören, auch die Beherrschung des eigenen Körpers. Es kann die Frage aufgeworfen werden, inwiefern dies mit der erfolgreichen Durchführung einer Session in Zusammenhang steht, da der Viewer lediglich Informationen abgreifen soll, die im Target vorhanden sind. In der Tat spielt das Verhalten des Monitors eine entscheidende Rolle. Während einer Session ist der Viewer selbstverständlich auf das Target fokussiert und konzentriert sich auf die einzelnen Aspekte. Allerdings ist sein Wahrnehmungsvermögen geschärft, sodass er sowohl bewusst als auch unbewusst alles um sich herum bemerkt, was sich auf die Session auswirken könnte. Infolgedessen werden sowohl der Tonfall als auch die Körperreaktionen des Monitors in verstärktem Maße wahrgenommen.

Eine Reaktion des Monitors, die beispielsweise durch einen richtigen Eindruck hervorgerufen wird und in Form von Freude und Zustimmung erfolgt, kann eine Beeinflussung des Viewers nach sich ziehen. Auch tiefes Einatmen oder nervöses Hin- und Herbewegen können bereits dazu animieren, sich auf die Reaktionen des Monitors zu konzentrieren, um abzuschätzen, ob man *on Target* ist. Daher ist es von grundlegender Bedeutung, dass eine wertneutrale Haltung von Anfang an antrainiert wird und jeder Eindruck, unabhängig davon, ob er richtig oder falsch ist, gleich behandelt wird. Zudem ist es von Vorteil, wenn die Körperhaltung über die komplette Dauer der Sitzung hinweg entspannt und passiv ist und in einer gleichbleibenden Tonlage gesprochen wird.

Es macht es dem Viewer deutlich einfacher, sich voll und ganz auf das Target und seine Eindrücke zu konzentrieren, wenn er sich keine Gedanken darüber machen braucht, ob ihm die Reaktionen des Monitors etwas über seine Leistung während der Session verraten. Es sei jedoch darauf verwiesen, dass nicht nur die äußerlich wahrnehmbaren Verhaltensweisen, sondern auch die non-verbalen Reaktionen zu einer Beeinträchtigung führen können. Hat der Monitor beispielsweise eine Ahnung, was das Ergebnis der Session sein könnte, wird er diese mit *ins Feld* setzen. Folglich besteht die Gefahr, dass der Viewer seine Gedanken abgreift, anstatt sich auf die Fakten zu konzentrieren. Eine gute Gedanken-Hygiene seitens des Monitors ist daher das A und O. Die Selbstbeobachtung während der Session kann dazu beitragen, die neutrale Position aufrechtzuerhalten. Ein weiterer Aspekt, der an dieser Stelle nicht außer Acht gelassen werden sollte, ist die Passivität des Monitors in Bezug auf die Eindrücke des Viewers, die während der Session zutage befördert werden. Auch hier besteht das Risiko einer nonverbalen Beeinflussung, wenn der Monitor innerlich auf diese reagiert. Eine zu starke Fokussierung auf die Informationen kann zu einer körperlichen Reaktion und der Ausschüttung von Endorphinen führen.

Diese Tatsache kann vom Viewer unbewusst wahrgenommen werden. Es steht hierbei außer Frage, dass diese Tatsachen nicht vollständig eliminiert werden können (außer die Session findet online statt, so dass der Monitor nicht direkt vor Ort ist). Eine Selbstdisziplinierung des Monitors unterstützt dabei, die Folgen in einem Rahmen zu halten, welcher die Qualität der Session nicht negativ beeinflusst.

Führungseigenschaften

Einem Monitor obliegt die Führungsrolle, indem er den Viewer durch die Session leitet. Da er ihm dabei hilft, den Fokus auf die relevanten Aspekte im Target zu richten und gleichzeitig dafür zuständig ist, sicherzustellen, dass der Viewer die methodische Struktur einhält, sollte er in der Lage sein, an geeigneten Stellen gezielt zu lenken. Eine Führungspersönlichkeit zeichnet sich in der Regel durch Kompetenz und Selbstsicherheit aus. Auch in einer Remote-Viewing-Sitzung ist dies angebracht. Es wäre kontraproduktiv, wenn der Monitor schüchtern und unsicher auftreten würde. Im schlimmsten Fall würde der Viewer dadurch selbst verunsichert und in der Luft hängen. Ist der Monitor jedoch in der Lage, die an ihn gestellten Anforderungen zu erfüllen, fühlt sich auch der Viewer optimal begleitet und hat das Gefühl, einen starken Beistand an seiner Seite zu wissen. Führen bedeutet jedoch keineswegs bestimmen, weshalb der Monitor ein gesundes Maß an Führung übernehmen und zielsicher, klar und direkt auftreten sollte.

Konzentration

Die erfolgreiche Abarbeitung einer Session erfordert die Fokussierung der Aufmerksamkeit. Nicht nur der Viewer hat die Aufgabe, sich auf seine Arbeit zu konzentrieren. Auch der Monitor sollte dies tun. Dies gewährleistet, dass keine Information an ihm vorbeigeht und er zur richtigen Zeit angemessen reagieren kann. Die unterschiedlichen Aufgaben des Monitorings bedingen eine hohe Konzentration. Eine Ablenkung des Monitors kann dazu führen, dass sich anbahnende Hintergrund-AOLs, das Kippen der Stimmung beim Viewer oder ein wichtiger Aspekt, auf den eingegangen werden könnte, um die Sitzung ans Ziel zu bringen, nicht erkannt werden. Zu Beginn einer Session herrscht häufig die Meinung vor, sich noch mit anderen Dingen beschäftigen zu können. Da der Einstieg in die Session sowie die erste Abarbeitung der Ideogramme in der Regel durch den Viewer selbstständig durchgeführt werden, besteht möglicherweise die Annahme, dass der Monitor hier noch nichts verpasst und sich erst mit den nachfolgenden Stufen einklinken könne. Dies ist ein Irrtum. Das Auftreten des Aesthetic Impact sowie Analytic Overlays ist bereits relativ früh möglich. In diesem Zusammenhang kann es erforderlich sein, dass der Viewer Unterstützung bekommt, um die Sitzung am Laufen zu halten. Des Weiteren ist das Auftreten einer Bilokation bereits im frühen Stadium der Session denkbar, sodass Gegenmaßnahmen erforderlich sein könnten, bei denen der Monitor dem Viewer Hilfestellung leisten muss. Aus diesen Gründen ist die Konzentration seitens des Monitors bereits mit Beginn der Session von Nöten. Es sind Fälle dokumentiert, in denen der Monitor während der Durchführung mit seinem Mobiltelefon beschäftigt war, Süßigkeiten aß, mit seinen Gedanken abschweifte und sogar einschlief. Dies erschwert dem Viewer die Fokussierung auf seine Arbeit und kann zu einer Ablenkung oder gar zu Zweifeln an der eigenen Leistung führen, was wiederum zu einer demotivierten Haltung gegenüber der Arbeit führt.

Eine Remote Viewing Session im Viewer-Monitor-Gespann ist stets als eine gemeinsame Reise zu betrachten, bei der sich beide Seiten auf diese konzentrieren sollten. Die Aufmerksamkeit sollte zu 100% darauf gerichtet sein und jegliche Ablenkung vermieden werden.

Multi-Tasking-Fähigkeit

Es ist nicht jedermanns Sache, mehrere Dinge gleichzeitig tun zu können. In manchen Fällen kann dies auch kontraproduktiv sein, da eine Fokussierung auf eine bestimmte Sache erforderlich ist, um erfolgreich zu sein. In der Rolle des Viewers ist dies von Vorteil, da er sich ausschließlich auf das Target konzentrieren muss und alle weiteren Faktoren ausblenden kann. Nicht jedoch der Monitor. Zu Beginn einer Ausbildung mag der Eindruck entstehen, dass die Rolle des Viewers anspruchsvoller ist als die des Monitors, der lediglich die Aufgabe hat, gelegentlich einen passenden Cue vorzuschlagen. Jedoch wird den meisten Trainees spätestens in der Praxis deutlich, welche Verantwortung mit der Übernahme der leitenden Rolle einhergeht. Diese Aufgabe ist äußerst anspruchsvoll. Es ist korrekt, dass der Monitor primär die Funktion innehat, der Session beizuwohnen und durch das Vorschlagen passender Cues oder Tools dafür zuständig ist, die Session am Laufen zu halten und eine zielgerichtete Beschreibung des Targets zu erhalten. Dazu ist es erforderlich, dass er zwei bis drei Schritte im Voraus denkt und bereits einen Plan hat, welche Vorschläge er als nächstes und übernächstes machen möchte. Gleichzeitig zu diesen Vorgängen obliegt dem Monitor die Verantwortung, dass die Struktur der Methode eingehalten wird. Dies bedeutet, dass die generierten Eindrücke in die entsprechenden Spalten eingetragen werden müssen. Des Weiteren ist das Augenmerk des Monitors auf den Viewer gerichtet. Der Fokus liegt hierbei auf der Analyse der Körpersprache sowie des allgemeinen Verhaltens. Er muss zu jeder Zeit in der Lage sein, die Lage richtig einzuschätzen, das Gebaren gegebenenfalls zu analysieren und angemessen zu handeln. Somit obliegt ihm die Fürsorge und Verantwortung dafür, sowohl die erfolgreiche Führung der Sitzung als auch die adäquate Betreuung des Viewers sicherzustellen. Zugegebenermaßen können diese Aufgaben gerade am Anfang etwas abschreckend wirken und Unsicherheit beim angehenden Monitor auslösen. Es sei jedoch darauf verwiesen, dass noch kein Meister vom Himmel gefallen ist und man an seinen Aufgaben wächst. Das A und O ist die Übung. Die Sicherheit im Monitoren entwickelt sich mit der Zeit und es ist empfehlenswert, diesen Part regelmäßig zu üben. Sobald sich die Routine eingestellt hat, entwickelt sich automatisch ein neues Multitaskingtalent, sodass erfolgreiches Monitoren keine Herausforderung mehr darstellt.

Empathie und Einfühlungsvermögen

Die Teilnahme an einer Session als Monitor stellt eine außerordentlich wertvolle Erfahrung dar, die es ermöglicht, die eigenen Fähigkeiten in vielfältiger Weise zu erweitern. Empathische Menschen sind hierbei tatsächlich im Vorteil, denn diese Eigenschaft steigert die Qualität der Session erheblich. Remote Viewing ist bei Weitem nicht nur einfach die Abarbeitung einer Methode, bei der die Informationen mechanisch generiert werden. Es hat viel mit Gefühl zu tun. Der Monitor erhält des Öfteren Einblicke in das Gefühlsleben des Viewers. Er lernt, was diesem Angst macht, welche Einstellungen er zu bestimmten Aspekten im Target hat und wie er mit den Eindrücken umgeht. Wertvoll ist hierbei die Fähigkeit des Monitors, sich in seinen Schützling hineinzuversetzen und ihm gleichzeitig einfühlsam zur Seite zu stehen. Ist der Viewer beispielsweise ängstlich gegenüber tiefen Gewässern, fühlt er sich während der Session unwohl und äußert dies, wäre eine verständnislose oder belächelnde Reaktion seitens des Monitors mit Sicherheit kontraproduktiv. Eine derartige Verhaltensweise könnte beim Viewer zu einer Wahrnehmung des Nicht-ernst-genommen-Werdens führen, was im schlimmsten Fall dazu führen könnte, dass er aufhört, Gefühlsregungen aus seinem Inneren weiter zu Papier zu befördern. In der Konsequenz stellt dies jedoch ein Problem dar, da es in der Session von essenzieller Bedeutung ist, alle emotionalen Regungen des Viewers vollständig und präzise zu erfassen. Empathische Monitore hingegen sind in der Lage, eine emotionale Ergriffenheit des Viewers bereits in einem frühen Stadium zu erkennen. Ist der Viewer beispielsweise zu sehr mit den psychischen Prozessen eines im Target anwesenden Lebewesens konfrontiert und kann dessen Emotionen nicht von seiner eigenen emotionalen Lage unterscheiden, kann die Einschätzung des Monitors von Nutzen sein, die auf dessen empathischen Fähigkeiten beruht. In manchen Fällen ist es erforderlich, den Viewer zu ermutigen und Einfühlungsvermögen zu zeigen. Dies gewährleistet, dass er sich gut aufgehoben fühlt und die Sicherheit gewinnt, dass alles in Ordnung ist und er sich in guten Händen befindet, um die Sitzung weiterzuführen und abzuschließen.

Ausgeglichenheit

Die Abarbeitung unter Anspannung stellt das größte Hindernis für den Erfolg einer Session dar. Der Viewer ist in der Regel einem gewissen Druck ausgesetzt, da er verständlicherweise ein gutes Ergebnis abliefern möchte. Um dem Viewer diese Last zu nehmen, ist es daher durchaus sinnvoll, ihn ausgeglichen durch die Session zu führen. Angespanntes oder gar gestresstes Verhalten wirkt sich automatisch auf dessen Verfassung und in der Folge auf die Ergebnisse aus. Die Grundhaltung beider Parteien beeinflusst das Feld, welches sich während einer Remote-Viewing-Sitzung aufbaut. Ist der Monitor überdreht, hibbelig, nervös oder gar gereizt, wird die Stimmung getrübt werden, was sich auf die Session niederschlagen wird. Daher ist eine grundlegende Ausgeglichenheit und Entspannung erforderlich.

Dies ist nicht nur für den Viewer von Vorteil, sondern auch für den Monitor selbst, sodass dieser ruhig und fokussiert seiner Aufgabe nachgehen kann. Infolgedessen obliegt ihm die Verantwortung für die Bereitstellung optimaler Rahmenbedingungen, zu denen eine ausgeglichene Grundhaltung zählt. Selbstverständlich kann es in Einzelfällen dazu kommen, dass die Ausgangslage suboptimal ist. Es ist empfehlenswert, sich im Vorfeld einige Minuten Zeit zu nehmen, um sich zu entspannen und zu sich selbst zu finden. Die Art und Weise, wie der Monitor dies bewerkstelligt, bleibt ihm überlassen.

Kritikfähigkeit

Der Satz *Der Kunde ist König* ist allgemein bekannt und lässt sich auf den Viewer übertragen, der während des Viewings diesen Status innehat. Innerhalb der Session genießt er Narrenfreiheit, die jedoch gewisse Grenzen nicht überschreiten sollte. Es ist demnach nicht die Aufgabe des Monitors, dem Viewer das Parfait auf einem Silbertablett zu servieren. Dies bedeutet vielmehr, dass der Monitor die Funktion hat, dem Viewer dienlich zu sein und alle Maßnahmen zu ergreifen, die eine effektive Ausführung seiner Aufgaben gewährleisten. Es sei dem Viewer erlaubt, sich auslassen zu dürfen. Dies beinhaltet auch die Möglichkeit, Unzufriedenheit zu äußern. Es kann nicht ausgeschlossen werden, dass ein Target potenziell unangenehme oder aufwühlende Aspekte enthält. Das könnte dazu führen, dass empörte Äußerungen des Viewers verlautbart werden, oder Lebewesen bzw. Personen im Target als unangenehm und böse wahrgenommen werden. Diese Informationen sind von großem Wert[19].

Der Unmut muss jedoch nicht zwangsläufig im Target verbleiben. Es kann zudem zu einer Eskalation kommen, bei der der Monitor selbst zum Ziel wird. Dies kann beispielsweise dadurch geschehen, dass während der Sitzung das Atmen des Monitors kritisiert wird oder die Art des Monitorings im Allgemeinen als schlecht empfunden wird. In diesem Kontext ist es von entscheidender Bedeutung, dass keine Diskussionen stattfinden. Dies kann zwar mitunter schwierig sein, ist jedoch unabdingbar. Die betreffende Session ist kein geeigneter Ort für die Austragung von Streiterein. Hier geht es darum, das Target zu beschreiben. Reibereien können zu einem späteren Zeitpunkt ausgetragen werden, sofern das Bedürfnis danach weiterhin bestehen sollte. Der Monitor hat die Kritik zunächst einmal wertneutral zur Kenntnis zu nehmen und gegebenenfalls einzulenken, indem er Besserung gelobt. Eine besondere Herausforderung stellt die Situation dar, wenn das Target der Monitor selbst ist und der Viewer während der Sitzung beginnt, sich in für den Monitor unangenehmer Art und Weise über das Lebewesen im Target auszulassen. Die Fähigkeit, in dieser Situa-

[19] Der Viewer tut gut daran, sich von solchen Emotionen zu lösen und in einen neutralen Beobachterstatus zurückzufinden, da andernfalls die weitere Targetbeschreibung emotional eingefärbt sein wird. Hierfür steht dem Viewer etwa mit der sogenannten *Put-Aside-Technik* ein Werkzeug zur Verfügung, die Neutralität wiederzuerlangen.

tion angemessen zu reagieren und eine objektive Haltung einzunehmen, erfordert ein hohes Maß an Training.

Arbeitsweise eines Monitors

Die Vorteile mit Monitor zu arbeiten

Eine Remote Viewing Session kann grundsätzlich auch ohne die Anwesenheit eines Monitors erfolgreich durchgeführt werden. Ist der Viewer geübt und verfügt über das erforderliche Wissen, generiert er eigenständig die Informationen über das Target und kann sich dabei entsprechender Erkundungsstrategien bedienen. Man spricht in diesem Zusammenhang häufig von einem *Solo-Viewer,* wenn dieser ohne Monitor arbeitet.

Im Rahmen des Übungsbetriebs arbeitet der Viewer sehr oft selbstständig und ohne Monitor die Aspekte im Target ab und kann im Anschluss eine Gegenüberstellung vornehmen, in der er seine Ergebnisse mit vorhandenem Feedback vergleicht. In den meisten Fällen ist zum Target so viel Feedback vorhanden, dass eine intensive Analyse der Session gewährleistet ist.

Im operationalen Sektor hingegen gestaltet sich die Situation anders. Hier stehen Targets im Vordergrund, bei denen kein oder nur teilweise Feedback vorhanden ist. In der Regel steht eine gezielte Frage im Raum, die im Rahmen der Session beantwortet werden soll. Da dem Solo-Viewer diese nicht bekannt ist, obliegt es ihm, sie eigenverantwortlich zu beantworten. Es kommt regelmäßig vor, dass die vorhandenen Eindrücke im Bezug zum Target durchaus treffend beschrieben werden, die eigentliche Fragestellung jedoch nicht beantwortet wird. Als Ursache kann eine Fokussierung des Viewers auf Aspekte des Zielgebiets genannt werden, die für die Fragestellung irrelevant sind. Er verfehlt somit das Ziel. Dies hat zur Konsequenz, dass die Session wiederholt werden muss, um die gesuchten Antworten zu erhalten. Infolgedessen ist es nicht unüblich, dass der Solo-Viewer mehrmals am gleichen Target sitzt. Hier zeichnen sich klar die Vorteile ab, mit einem Monitor zu arbeiten. In der Regel kennt dieser das Target und die dahinterstehende Fragestellung und ist folglich in der Lage den Viewer während der Session gezielt auf die damit verbundenen Aspekte im Zielgebiet aufmerksam zu machen, sodass die gesuchten Informationen herausgearbeitet werden können. Dies ermöglicht ein effektives Arbeiten. Auch bei doppelt-blinden Sessions, d. h. wenn selbst der Monitor nicht über die relevanten Informationen verfügt, hat dieser zumeist Anweisungen des Taskers erhalten und ist somit in der Lage, den Fokus auf die relevanten Aspekte zu legen. Ist die Orientierung auch dadurch nicht möglich, kann er dennoch sinnvoll eingesetzt werden, beispielsweise um bei Irritationen zu unterstützen, bei Bedarf seelischen Beistand zu leisten oder um Cues vorzuschlagen. Der Viewer bekommt hierdurch die Möglichkeit, sich ausschließlich auf das Viewing zu fokussieren. Er muss sich um nichts anderes kümmern und hat gleichzeitig das Gefühl, jemanden an seiner Seite zu wissen. Gerade zu Beginn, wenn die Unsicherheit des Viewers durch fehlende Übung noch relativ hoch ist, ist Remote Viewing im Beisein eines Monitors sinnvoll, damit dieser die analytischen Teile übernimmt.

Die größten Schwierigkeiten beim Monitoring

Monitoring ist anspruchsvoll und daher können, gerade zu Beginn der Tätigkeit, aber auch generell, Schwierigkeiten auftreten. Die größten sollen an dieser Stelle nicht unerwähnt bleiben:

- Unerfahrene Monitore geraten schnell in eine Situation, in denen ihnen die Ideen für weitere Cues ausgehen, sie also nicht mehr wissen, was sie noch fragen könnten. In der Folge kommt es zum Stocken der Session, der Viewer schaut fragend auf und verliert den Zielkontakt. Dies kann durch eine vorausschauende Planung verhindert werden.
- Nur allzu leicht bringt der Monitor seine eigenen Begriffe in die Session mit ein, wodurch der Viewer beeinflusst wird und im

schlimmsten, sowie wahrscheinlichsten Falle sogar AOLs produziert werden. Die Schwierigkeit besteht darin, die Session nur mit Zuhilfenahme der vom Viewer gebrachten Eindrücke zu lenken.

- Der Monitor muss frei von Vorannahmen, Wünschen und Ängsten sein. Andernfalls besteht die Gefahr, dass er die Session nicht nur durch seine Cues und seine Art, Fragen zu stellen, beeinflusst, sondern im äußersten Fall ein *Monitors CAT* generiert. Hierbei handelt es sich um eine telepathische Beeinflussung des Viewers durch den Monitor. Die Session vollkommen neutral zu leiten ist ein schwieriges Unterfangen. Um dies zu gewährleisten, bedarf es einer hohen Selbstdisziplin.
- Sollte der Viewer in Schwierigkeiten geraten, ist es erforderlich, dass der Monitor geistesgegenwärtig und entschlossen eingreift und ihm beisteht. Er hat also die schwierige Aufgabe, spontan zu agieren und gleichzeitig ruhig und mit kühlem Kopf zu handeln. Verglichen werden kann dies mit einer brenzligen Situation, aus der man sich selbst und andere am Besten heraus manövriert, indem den Beteiligten gut zugeredet wird und sie beruhigt werden, anstatt selbst in Panik zu geraten. Um diese Aufgabe gut zu meistern, bedarf es der Übung, weshalb sicherlich anzuraten ist, ungeübte Monitore nicht mit beispielsweise einem Gewaltverbrechen als Target zu beauftragen.

Ratschläge für den Monitor

Zusammengefasst können folgende Ratschläge für ein erfolgreiches Monitoring dienlich sein:

- Als Monitor ist ein Ziel zu fokussieren, welches mit der Session erreicht werden soll. Sollte dies nicht möglich sein, ist es ratsam, dieses vorausschauend während der laufenden Session selbst aufzubauen. Hier sind Spontanität von Vorteil. Die oberste Primitive der Session lautet stets *Finde die Wahrheit.*

Deshalb muss der Monitor frei von Vorannahmen, Ängsten und Wünschen in die Session gehen.

- Um einen reibungslosen Ablauf zu gewährleisten, ist es empfehlenswert, zu jeder Zeit während der Session die Koordinaten und das Front-, Mid- und Backloading griffbereit zu halten. Es besteht die Möglichkeit, dass diese spontan benötigt werden. Es wäre hinderlich, wenn der Monitor an dieser Stelle zunächst in seinen Unterlagen danach suchen müsste und dadurch die Session stagnierte.
- Ein Monitor sollte stets vorausschauend tätig sein, um die Session zu jedem Zeitpunkt in die richtige Richtung lenken zu können. Gleichzeitig ist ein Verständnis des Vokabulars des Viewers vonnöten, um sich darauf einlassen zu können. Folglich ist der Monitor bereits mit einer hinreichenden Menge an eigener Viewererfahrung ausgestattet, um die Prozesse während eines Viewings zu verstehen und mit den Verhaltensweisen und Äußerungen des Viewers umgehen zu können.
- Die Fähigkeit zur Neutralität spielt eine signifikante Rolle im Monitoring, weshalb ein entsprechendes Training in dieser Hinsicht angeraten ist. Eine ständige Kontrolle seiner Selbst ist wichtig, um auszuschließen, dass der Monitor durch sein Verhalten und/oder seine Äußerungen den Viewer dahingehen beeinflusst, die hierfür passenden Eindrücke zu produzieren. Es ist nicht seine Aufgabe, sicherzustellen, dass der Viewer korrekt viewt. Auch im Umgang mit den produzierten Eindrücken ist eine neutrale Haltung zu wahren. Es ist zu vermeiden, dass der Monitor heimlich mitviewt und in die Aspekte hineinfühlt. Dies könnte die Session signifikant beeinflussen und in eine falsche Richtung lenken.
- Im Verlauf der gesamten Session ist sicherzustellen, dass der Monitor sich bei allen Aussagen, die er währenddessen trifft, (einschließlich der Cues) ausnahmslos an das Vokabular des

Viewers hält und keine eigenen Worte verwendet. Dies gewährleistet, dass der Viewer nicht durch eine falsche Wortwahl beeinflusst wird.

- Für die Gewährleistung eines reibungslosen Ablaufs der Session ist es erforderlich, dass der Monitor die genaue Remote Viewing Methode kennt, welche der Viewer verwendet. Dies ist die Voraussetzung dafür, dass der er an den entsprechenden Stellen die richtigen Fragen stellen und zielführend Einfluss auf die Session nehmen kann. Sollte eine für den Monitor unbekannte Methode verwendet werden, ist eine vorherige Auseinandersetzung mit dieser erforderlich.
- Der Ton zwischen Monitor und Viewer kann während einer Remote Viewing Session schnell rau und direkt werden. Folglich besteht die Gefahr, dass die Stimmung kippt. Der Viewer zeigt sich häufig sensibel gegenüber geringfügigen Störungen und Unpässlichkeiten. Aus diesem Grund ist an dieser Stelle zu empfehlen, das Ego des Monitors zurückzunehmen. Das Ziel der Session besteht in der Beschreibung des Targets und nicht in einer Diskussion, falls der Viewer beispielsweise seinen Unmut über die Art des Monitorings äußert. Die Aufgabe des Monitors ist die Erfüllung einer dienenden Funktion während der Session. Es liegt in seiner Verantwortung, dass der Viewers seine Arbeit ohne Zwischenfälle ausführen kann. Eine Gegenwehr ist daher nicht angemessen.
- Die Aufmerksamkeit des Monitors gilt stets den Äußerungen und Körperreaktionen des Viewers. Dies ist die Voraussetzung dafür, dass er eine sich anbahnende Bilokation rechtzeitig bemerkt, welche sich sehr schnell und unerwartet einstellen kann. Dazu muss der Monitor konzentriert und wachsam sein.
- Auch das Monitoren muss erlernt werden, weshalb ausreichend Praxiserfahrung vonnöten ist, um diesen Part erfolg-

reich ausüben zu können. Dazu gehört regelmäßiges Üben und Begleiten von Sessions unterschiedlichster Targets.

Der Monitor als Leitplanke

Eine grundlegende Frage ist, in welchem Umfang der Monitor in die Session durch vorgeschlagene Cues eingreifen sollte. Dies lässt sich nicht grundsätzlich beantworten und ist auch abhängig vom Erfahrungsgrad des Viewers. Während Anfänger sich häufig auf die vorgeschlagenen Cues des Monitors verlassen und diese auch benötigen, arbeiten erfahrene Viewer die Session weitestgehend selbstständig ab. Der Monitor beschränkt sich auf Cues, die als relevant erscheinen, von den Viewern ggf. übersehen werden oder nicht ausschöpfend betrachtet werden, und die dafür sorgen, dass das Frontloading abgearbeitet wird.

Im Optimalfall sieht sich der Monitor als Leitplanke einer großen, breiten Straße. Während der Viewer selbstständig auf dieser navigieren und Spurwechsel vornehmen darf, gibt die Fahrbahnbegrenzung die grobe Fahrtrichtung vor. In der Praxis bedeutet dies, dass der Monitor in erster Linie die Move Commands vorgibt, während der Viewer das Target anschließend an der neuen Position selbstständig abarbeitet. Sollte der Viewer eine relevante Information übersehen, kann der Monitor durch einen weiteren vorgeschlagenen Cue nachhelfen, bevor er einen neuen Move Command gibt. Wichtig zu beachten: Der Viewer hat jederzeit die Möglichkeit, sowohl einen Cue als auch einen Move Command abzulehnen. In diesem Fall sollte der Monitor gewappnet sein und eine Alternative parat haben.

Die Analogie zur Leitplanke einer großen Straße gewährleistet einerseits eine große Zurückhaltung des Monitors und andererseits die Bearbeitung des Targets, so dass die Aufgabenstellung (ggf. in Form eines Frontloadings) gezielt bearbeitet werden kann. Dieses Vorgehen erfordert jedoch einen erfahrenen Viewer, der weiß, wie das Target nach einem Move Command zielsicher erkundet werden kann. Je nach Erfahrungsgrad des Viewers sind daher Abstufungen, ggf. mit mehr Eingriffen durch den Monitor, erforderlich.

Blinde vs. Doppelblinde Sessions aus Sicht des Monitors

Grundsätzlich kann der Monitor das Ziel der Session kennen. In diesem Fall spricht man von einer *blinden* Session. Wenn der Monitor nicht weiß, worum es geht, wird die Sitzung als *doppelblind* bezeichnet.

Die Frage, welches die bessere Variante ist, ist nicht pauschal zu beantworten. Grundsätzlich gilt:

- Doppelblind-Sitzungen sind für den Monitor oft einfacher durchzuführen, da er sich nicht so viele Gedanken über eine mögliche Beeinflussung machen muss. Diese kann aber trotzdem im Laufe der Sitzung auftreten, z.B. wenn er heimlich mitviewt oder auf Basis der Äußerungen des Viewers unbestätigte Annahmen trifft. Hier lohnt es sich, mit Frontloading zu arbeiten, damit auch der Monitor eine Orientierung hat und weiß, was gefragt ist, ohne Target oder Projektthema zu kennen. Der Nachteil von Doppelblind-Sessions ist, dass der Monitor dem Viewer in entscheidenden Momenten nicht die richtigen Cues vorschlägt, so dass wichtige Fragen zum Target nicht gestellt werden.
- Wenn der Monitor das Target kennt, ist die Gefahr einer unbewussten Beeinflussung des Viewers viel größer. Wenn er jedoch weiß, wie das Tasking genau aussieht, kann er die richtigen Cues zum richtigen Zeitpunkt geben. *Blinde* Sitzungen sind in der Regel ergiebiger als Doppelblind-Sessions.

Der Erkundungsprozess

Eine Sitzung mit einem Monitor ist immer eine gemeinsame Reise. Ähnlich wie bei einer Sightseeing-Tour, bei der der Monitor das Auto lenkt und den Viewer mal hierhin, mal dorthin führt, um möglichst viele Eindrücke zu sammeln und auf bestimmte Aspekte aufmerksam zu machen, erzählt der Viewer während der Fahrt, was er beim Blick aus dem Fenster wahrnimmt. So kann er die gesamte Landschaft überblicken und beschreiben, wie sie sich ihm darstellt, er kann aber auch an einer Stelle verweilen und schauen, was die Menschen dort gerade tun. Wenn der Monitor den Eindruck hat, dass die Information für die Fortsetzung der Reise wichtig sein könnte, kann er dem Viewer die richtigen Fragen stellen, die dafür relevant sein könnten. Ob dieser darauf eingeht oder sich lieber dem Bauwerk nebenan widmet, bleibt ihm überlassen. Es ist also immer ein gemeinsamer Erkundungsprozess, bei dem sich beide Seiten gegenseitig unterstützen, damit die Reise ein voller Erfolg wird und am Ende möglichst viele Eindrücke gesammelt wurden.

Wenn Monitor und Viewer offen sind für das, was kommt, neugierig und gleichzeitig objektiv bei der Sache sind, dann kann in einer Session ebenso wie bei einer Sightseeing-Tour viel Interessantes entdeckt werden. Der Monitor ist also Begleiter und Unterstützer bei diesem Erkundungsprozess. Er sollte daher immer einen Überblick darüber haben, was der Viewer über das Target herausgefunden hat. Dazu gehört auch zu wissen, wo er sich gerade befindet, welche Position er also eingenommen hat. Gleichzeitig muss er erkennen können, ob sich der Viewer in unwichtigen Details verliert oder ob er gerade Dinge entdeckt hat, die bis dahin noch unentdeckt waren. Dieser Überblick ermöglicht es dem Monitor, jederzeit zwei Schritte vorauszudenken und Ideen für das weitere Vorgehen zu entwickeln. Dies schließt auch die Fähigkeit ein, im Falle der Ablehnung eines Cues in diesem Zusammenhang durch den Viewer umzudenken bzw. umzulenken. Der Überblick über das Ziel, den der Monitor haben sollte, umfasst nicht nur die räumliche Konstellation, sondern auch die zeitlichen und nicht physischen Komponenten (wie z.B. Prozesse etc.). Er muss also sehr aufmerksam sein und ein gutes Gedächtnis haben. Ein Arbeitsblatt, auf dem Notizen gemacht werden können, kann hier wertvolle Dienste leisten.

Körpersprache und Mikrobewegungen

Die Körpersprache des Monitors sollte in erster Linie kontrolliert und neutral sein. Ebenso wie der Viewer kann auch der Monitor unterbewusst mit körpersprachlichen Äußerungen auf vermeintlich richtige oder falsche Eindrücke reagieren. Diese können vom Viewer in gleicher Weise registriert werden. Er beginnt, seine Sitzung nach den Reaktionen des Monitors auszurichten. Dabei ist er sich dieses Prozesses nicht bewusst!

In diesem Zusammenhang ist es wichtig, dass der Monitor Körperbeherrschung zeigt und sich bewusst ist, dass jede Bewegung vom Viewer wahrgenommen wird.

Er muss jedoch nicht nur seine eigene Körpersprache im Auge behalten und kontrollieren, sondern auch die des Viewers. Sie gibt ihm entscheidende Hinweise auf den mentalen Zustand dessen. Die Körperreaktionen sind sehr individuell und ein eingespieltes Monitor-Viewer-Gespann hat hier deutliche Vorteile, da der Monitor die Möglichkeit hat, die Körpersprache seines Viewers zu erlernen.

Mikrobewegungen sind minimale und unbewusste Körperbewegungen, die jeder Mensch vollzieht. Diese Bewegungen können Gefühle, Emotionen und Impressionen ausdrücken. Menschen sind in der Lage, über sie miteinander zu kommunizieren. So können auch die Mikrobewegungen des Monitors verraten, ob der Viewer einen (vermeintlich) richtigen oder falschen Eindruck hat. Die Art dieser unscheinbaren Körperreaktionen ist individuell und kann kulturell geprägt sein.

Der Monitor kann sich das Wissen über die Mikrobewegungen des Viewers zunutze machen. Er muss beobachten und lernen, was sie bedeuten. Dies erfordert jedoch viel Mühe und es ist hilfreich, sich Notizen zu machen und die Bedeutung der Bewegung dahinter zu vermerken. Schaut der Viewer z.B. mit den Augen (ohne den Kopf zu bewegen) in die rechte obere Ecke, könnte dies anzeigen, dass sein nachfolgender Eindruck richtig ist. Ein Kratzen am Ohrläppchen hingegen könnte Unsicherheit signalisieren. Solche Feinheiten gilt es herauszufinden und kontinuierlich festzuhalten. Dazu empfiehlt es sich, die Art der Mikrobewegung zu notieren, gefolgt von dem Hinweis, ob der aktuelle Eindruck des Betrachters richtig oder falsch ist. Nach und nach lernt der Monitor so die feinen Bewegungen des Viewers und deren Bedeutung kennen und kann die Session besser einschätzen.

Beispiele für die Körpersprache und Mikrobewegungen des Viewers sind:

- Ein Zurücklehnen oder Vorbeugen kann bedeuten, dass der Viewer einen Aesthetic Impact hatte bzw. der Targetkontakt intensiviert wurde. Möglicherweise hat er etwas Neues im Target entdeckt.
- Überraschende Äußerungen wie das Aufrichten des Oberkörpers bei gleichzeitigem Innehalten deuten darauf hin, dass er einen guten Zielkontakt und etwas Überraschendes oder Neues wahrgenommen hat.
- Unsichere Gesten, wie kratzen am Ohrläppchen, im Gesicht oder am Kopf, lassen auf Verwirrung schließen. Dies geht oft damit einher, dass sich der Viewer nicht mehr an die Struktur der Methode hält.
- Ein weiteres Anzeichen für Verwirrung ist Unruhe, das Ablassen von der Session und offensichtliche Unentschlossenheit und Zweifel. Meist ist dies mit einer erhöhten Stimmlage des Viewers verbunden.
- Die Körpersprache (und der Tonfall) wirken entschlossen. Er schreibt schneller, seine Haltung ist energischer, er arbeitet zielgerichtet. Hier ist Vorsicht geboten. Entweder erhält er viele Informationen aus seinem Unterbewusstsein, oder er hat ein AOL und verfällt ins Castle Building. In beiden Fällen erscheinen ihm die Dinge im Target plötzlich klar. Beim Castle Building ändert sich die Wortwahl des Viewers.
- Der Viewer bewegt die Augen oder sogar den Kopf. Das impliziert, dass er sich im Target umsieht. Er hat also einen Aesthetic Impact.

- Der Viewer atmet tief durch und beginnt schneller zu schreiben. Er hat einen Aesthetic Impact.
- Bei richtigen oder falschen Eindrücken, bei AOLs und AOL/s können individuelle Mikrobewegungen auftreten (z.B. Zwinkern, Verziehen der Mundwinkel etc.). Wenn der Monitor diese lesen und interpretieren kann, sollte er sie notieren. Sie sind für die Analyse der Session von großer Bedeutung.
- Ein nervöses Wippen mit dem Bein kann darauf hindeuten, dass sich der Viewer im Target unwohl fühlt und eine gewisse Anspannung wahrnimmt. Dies impliziert einen Aesthetic Impact. Der Monitor sollte das Wohlbefinden des Viewers genau beobachten.
- Der Viewer spricht langsamer und wirkt zunehmend apathisch. Die Körperbewegungen werden schleppender, der Blick wirkt leer. Gegebenenfalls wird verlangsamt und tiefer geatmet. Hier deutet sich eine Bilokation an. Durch direkte Ansprache und ggf. körperliche Berührung (Hand auf die Schulter legen) kann der Viewer ins Hier und Jetzt zurückgeholt werden. Diese Phase bis zur vollständigen Bilokation ist sehr kurz und erfordert die Aufmerksamkeit des Monitors.
- Der Viewer schreibt immer schneller und seine Schrift wird unleserlich. Außerdem lehnt er sich nach vorne und scheint völlig fokussiert zu sein. Das bedeutet, dass sein Unterbewusstsein in großen Datenpaketen mit ihm kommuniziert.
- Der Viewer tippt sich mit dem Zeigefinger an den Mund und blickt vom Blatt auf. Er sucht offensichtlich nach den richtigen Worten, um seine Eindrücke zu beschreiben. Der Monitor muss aufpassen, denn der Viewer läuft Gefahr, in ein AOL zu verfallen.

Wie der Monitor ein Aesthetic Impact bemerkt

Ein Aesthetic Impact (AI) ist der Moment, in dem sich die Wahrnehmung des Viewers verändert. Hatte er vorher einen beliebigen, willkürlichen Kontakt mit dem Target, so hat er nun mit dem AI das Empfinden, im Target angekommen zu sein. Er bekommt ein Gefühl dafür, wo er sich befindet. Das Problem dabei ist, dass ein AI sowohl stark als auch so schwach sein kann, dass der Viewer es kaum wahrnimmt, weshalb der Monitor hier sehr aufmerksam sein muss, um es nicht zu verpassen, wenn es auftritt. Dieser erkennt einen AI z.B. an folgenden Indikatoren, die sich in der Session bemerkbar machen und die im Kapitel *Aesthetic Impact* näher beleuchtet werden:

- Der Viewer nimmt Aspekte des Ziels in Bezug auf sich selbst wahr. Etwas befindet sich z.B. vor ihm, neben ihm oder ist viel größer als er. In diesem Zusammenhang kann es vorkommen, dass er sich im physischen Raum (der Session) umsieht, während er mental dasselbe im Target tut.
- Der Viewer ist überrascht, etwas Neues im Target entdeckt zu haben.
- Der Viewer hat eine eigene emotionale Reaktion auf das Ziel.
- Der Betrachter hat eine erweiterte dreidimensionale Wahrnehmung und das Gefühl, sich im Target zu befinden.

Es ist immer wieder zu beobachten, dass unerfahrene Remote Viewer an einem AI scheitern, weil sie dieses nicht wahrnehmen konnten (aber sehr wohl hatten). Ein guter Monitor erkennt an der Körperreaktion (wie Augenbewegung und Körpersprache), an der Wortwahl (*Oh, das ist groß*) und am Tonfall (z.B. überrascht), wann der Viewer einen AI hat und kann ihm so helfen, diesen herauszuschreiben und zu intensivieren, indem er ihn darauf aufmerksam macht. Sollte der Aesthetic Impact verloren gehen, hat der Monitor die Möglichkeit, durch hilfreiche Anweisungen, wie z.B. Move-Commands, beim Wiederfinden zu unterstützen. Sollte der Viewer sich mit dem Aesthetic Impact schwertun, besteht die Möglichkeit es zu erzwingen. Der Monitor kann hier assistieren und den Prozess initiieren.

Erkennen von AOL und AOL/s

Erfahrene Monitore erkennen bereits vor dem Viewer, dass dieser ein AOL oder AOL/s hat. Dies lässt sich recht gut an der Körpersprache sowie an den vom Viewer gewählten Begriffen erkennen, die aus einer scheinbar gemeinsamen Domäne stammen. Häufig kommt es zum Castle Building. In diesem Fall kann der Monitor nachfragen, ob es sich um ein AOL oder AOL/s handelt.

Es gibt aber auch sehr viel feingranularere und oft unbemerkte AOLs, für die der Monitor geschult sein und ein Auge haben muss. So kann z.B. bereits zu Beginn der Session ein AOL auftreten, das als solches zu bewerten ist. Dies ist dann der Fall, wenn der Viewer sein Ideogramm kontrolliert zu Papier bringt, der Verstand also in diesem Moment die Führung über den Arm übernimmt und vorgibt, wie das Ideogramm auszusehen hat. Der Monitor sollte bereits diesen Vorgang genau beobachten, um zu erkennen, ob die Linienführung kontrolliert oder willkürlich erfolgt. Sollte ersteres der Fall sein, ist es sinnvoll, den Viewer darauf hinzuweisen und ihn ein neues Ideogramm generieren und damit weiterarbeiten zu lassen. Einige Viewer neigen dazu, die Gestalt eines Ideogramms allein aus dessen Aussehen schlusszufolgern, ohne das Gefühl zur Linie in Betracht zu ziehen (siehe Kapitel *Ideogramme*). Dies sollte als AOL behandelt und vermieden werden. Auch im weiteren Verlauf der Session können jederzeit und bei vielfältigen Gelegenheiten AOLs und AOL/s auftreten. Der Monitor sollte sich dessen bewusst sein.

Wie beispielhaft deutlich wird, steckt der Teufel im Detail und Overlays sind daher ein so vielfältiges Phänomen, dass hier Vorsicht und Aufmerksamkeit seitens des Monitors angebracht sind.

15. Sessionanalyse

Die extrasensorische Beschreibung eines Targets im Rahmen einer Remote Viewing Session kann mit dem Bau eines Hauses verglichen werden. Es entsteht eine Baustelle, deren Beschaffenheit, Konstellation und Ablauf gewissen praxisbewährten Regeln folgt. Im zeitlichen Verlauf der Baustätte entsteht in deren Zentrum ein Gebäude, während sie sich rund herum dem Fortschritt des Vorhabens anpasst. Am Ende steht das fertige Haus und die Baustelle wird beseitigt. Ein Gutachter nimmt abschließend eine detaillierte Betrachtung des Gebäudes vor und untersucht die Bauweise sowie etwaige Probleme und Fehler während des Bauprozesses.

Im Remote Viewing ist es der Viewer, der das betreffende Haus errichtet. Er arbeitet sich systematisch durch das Target gemäß der verwendeten Methode. Die Session selbst und das Sessionprotokoll stellen somit die Baustelle des Viewers dar. Es ist von entscheidender Bedeutung, zu verstehen:

1. Die Aufzeichnungen bzw. das Sessionprotokoll stellen ein Arbeitsartefakt dar, so wie die Baustelle auch. Allerdings entspricht das Sessionprotokoll nicht dem Resultat der Session, sondern spiegelt wider, wie der Viewer an die Informationen gelangt ist und was ihm dabei durch den Kopf ging.

2. Das Resultat der Sitzung dagegen ist das Wissen, das der Viewer über das Zielgebiet erlangt. Dies entspräche in der Baustellen-Analogie dem fertigen Haus und stellt den Grund dar, weshalb die Baustelle errichtet bzw. das Sessionprotokoll angefertigt wurde.

In der täglichen Arbeit mit Remote Viewing, insbesondere in Projekten und im operationalen Betrieb, wird dieser Umstand häufig vergessen und das Sessionprotokoll als das Ergebnis angesehen. Diese Annahme ist jedoch nicht korrekt.

Die korrekte Unterscheidung ist von Bedeutung, wenn eine RV-Session analysiert und verstanden werden soll. Der Analyst, der in obiger Analogie mit dem Baugutachter gleichzusetzen ist, hat die Aufgabe, das Ergebnis zu evaluieren und auszuwerten. Sind die Informationen, die der Viewer über das Target herausbekommen hat, valide? Und wenn ja, was sagen sie über das Target aus? Der Analyst nimmt somit eine Betrachtung des fertiggestellten Gebäudes vor. Darüber hinaus kann das Sessionprotokoll herangezogen werden, um zu ersehen, *auf welche Weise* der Viewer die Informationen erarbeitet hat und ob handwerkliche Fehler gemacht wurden. Dies entspricht der Vorgehensweise des Baugutachters, der den Bauprozess selbst analysiert und nach Fehlern durchsieht. Ein Analyst, der das Sessionprotokoll als Ergebnis der Arbeit des Remote Viewers ansieht, ist in etwa wie dieser Gutachter, der die Baustelle als das Ergebnis des Bauvorhabens ansieht.

In dieser Betrachtungsweise erscheint es sinnvoll, dem Viewer nach Beendigung seiner Session die Möglichkeit zu geben, sein Ergebnis schriftlich zusammenzutragen und zusammenfassend aufzuschreiben, welche Informationen er über das Target herausgefunden hat. Die Zusammenfassung entspricht somit dem fertigen Gebäude und entledigt sich der Baustelle des Sessionprotokolls. In Bezug auf die hier vorliegende Abhandlung lassen sich zwei unterschiedliche Herangehensweisen ausmachen, die je nach Kontext, in dem die Session ausgeführt wird, Vor- und Nachteile aufweisen.

Sessionzusammenfassung

Die Sessionzusammenfassung ermöglicht es dem Viewer, sein Arbeitsergebnis festzuhalten. In der Zusammenfassung werden die Informationen, die über das Target während der Bearbeitung der Session gewonnen wurden, festgehalten.

Hierbei ist zu berücksichtigen, dass lediglich der Viewer dazu imstande ist, diese zu erstellen, da er über den mentalen Zugang zum Target verfügt bzw. verfügte. Hierfür sichtet er sein Sessionprotokoll und bewertet die Informationen, die er aufgeschrieben hat, hinsichtlich der Frage, ob sie seiner Ansicht nach korrekt sind oder nicht. Aufgrund der

Intensivierung des mentalen Kontakts zum Ziel im Laufe der Session ist der Viewer in der Lage, die Frage nach richtigen und falschen Eindrücken intuitiv sehr gut zu beantworten, wobei auch Fehleinschätzungen dazu gehören. Ist im Sessionprotokoll vermerkt, dass im Target eine Struktur vorhanden ist, die als blau, rund und hoch beschrieben wird, ist der Viewer am Ende der Session in der Lage, zu beurteilen, ob die Struktur tatsächlich vorhanden ist und die angegebenen Eigenschaften besitzt. Jede Information aus dem Protokoll, deren Richtigkeit vom Viewer angenommen wird, wird nun in die Zusammenfassung übernommen. Hierbei verlässt er sich auf seine Intuition. Von entscheidender Bedeutung ist dabei, dass die Zusammenfassung vor dem Feedback angefertigt wird. Erlangt der Viewer vorab Kenntnis über das Target, welches er in der Session beschrieben hat, und fertigt danach die Zusammenfassung an, so wird er sich selbstverständlich die Rosinen aus seinem Sessionprotokoll heraussuchen, die unmissverständlich zum Target passen. Die übrigen Informationen bleiben folglich unberücksichtigt. Dies steht im Widerspruch zum Sinn der Session. Aus diesem Grund ist es erforderlich, dass der Viewer die Informationen vor dem Feedback zusammenfasst. In Kreisen des Remote Viewing wird häufig die Meinung vertreten, dass eine Zusammenfassung nicht benötigt wird. Die Sinnhaftigkeit dieser Vorgehensweise wird jedoch durch die Analogie zur Baustelle deutlich. Die Handhabung weist zudem auch ganz praktische Vorteile auf, die im weiteren Verlauf noch erörtert werden.

Auch wird gelegentlich die Auffassung vertreten, der Monitor müsse die Zusammenfassung anfertigen. Das ist jedoch aus zwei Gründen keine geeignete Maßnahme. Erstens ist ihm das Target meist vertraut, sodass er (ebenso wie ein Viewer, der die Zusammenfassung nach dem Feedback anfertigen würde) nur die augenscheinlich korrekten Eindrücke aus dem Sessionprotokoll entnehmen wird. Zudem fehlt ihm der mentale Bezug zum Ziel, um intuitiv entscheiden zu können, welche Informationen korrekt sind und welche nicht. Insofern sei nochmals zusammenfassend festgehalten: Die Erstellung der Zusammenfassung erfolgt durch den Viewer, nicht durch den Monitor.

In diesem Zusammenhang gibt es zwei Arten: Fließtext- und Gliederungszusammenfassungen.

Fließtextzusammenfassung

Hierbei handelt es sich um eine als freier Text verfasste Zusammenfassung. Verwendet werden vollständige Sätze, die sehr häufig Aufzählungen von Eigenschaften enthalten. Ein Beispiel für den Eiffelturm als Target könnte folgendermaßen aussehen:

Im Target gibt es eine große Struktur. Diese ist grau, spitz, hoch, hart, metallisch und unten breiter als oben. Sie ragt hoch nach oben auf und steht im Freien. Die Struktur hat Querverstrebungen, erscheint wuchtig und imposant.

Es gibt viele Menschen im Target. Diese erfreuen sich an der Struktur, sind entspannt und beeindruckt.

Unten gibt es eine große freie Fläche mit natürlichem Grün. Es befinden sich dort aber auch harte, graue und künstliche Teilflächen.

Reale Zusammenfassungen sind in der Regel um einiges länger. Das Beispiel verdeutlicht jedoch das Prinzip.

Bei der Erstellung einer Fließtextzusammenfassung ist zu beachten, dass der Viewer hier zuerst alle Informationen und Aspekte beschreiben sollte, die sich auf ggf. vorhandenes Frontloading beziehen. Besagte dieses, dass das Target ein Ort ist, so sollte er in der Fließtextzusammenfassung zuerst alles über diesen zusammentragen. Schließlich war es seine Aufgabe, eine Ortsbeschreibung durchzuführen. Sofern darüber hinaus Informationen herausgearbeitet wurden, die nicht direkt gefragt waren, wie etwa die im Zielgebiet vorhandenen Lebewesen und deren Aktivitäten, können diese selbstverständlich auch in die Zusammenfassung mit aufgenommen werden, jedoch erst nach der Ortsbeschreibung. Auf diese Weise wird dem Analysten die Möglichkeit gegeben, sich schnell und unkompliziert einen Überblick über die Ergebnisse hinsichtlich des Frontloadings zu verschaffen, ohne seitenweise durch unwichtige bzw. ungefragte Informationen blättern zu müssen.

Der Vorteil einer Fließtextzusammenfassung ist, dass sie eine gute Lesbarkeit und eine leichte Verständlichkeit aufweist. Damit eignet sie sich wunderbar, um die Sessionergebnisse einem Dritten, wie beispielsweise einem Analysten in einem Projektteam oder dem Auftraggeber selbst, vorzulegen.

Gliederungszusammenfassung

Die Gliederungszusammenfassung ist im Wesentlichen eine Baumstruktur, ähnlich der Ordnerstruktur eines Datei-Explorers im Computer. Ausgehend von einem Oberbegriff (beispielsweise *Struktur*) werden alle Daten, die zum Oberbegriff gehören, unter diesem und nach rechts eingerückt aufgeschrieben. Sofern zu einer Information wiederum weiterführende Daten vorliegen, können diese erneut nach rechts eingerückt daruntergeschrieben werden. Im Folgenden soll ein Beispiel gegeben werden:

Struktur
- *schwarz*
- *blau*
- *rot*
- *silbrig*
- *kantig*
- *rund*
  - *oben*
  - *metallisch*
- *beweglich*
  - *langsam*
  - *kreisend*
- *hart*

Tabelle 3: Eine beispielhafte Sessionzusammenfassung im Gliederungsstil.

In diesem Beispiel ist der Oberbegriff die Struktur. Der Viewer ist demnach der Ansicht, dass sich eine solche im Target befindet. Er beschreibt sie als *grau, blau, hart, spitz* und *rund*, wobei er den Eindruck *rund* als *oben* und *metallisch* wahrnimmt. Die Informationen *oben* und *metallisch* beziehen sich also explizit auf den runden Aspekt, angezeigt durch die Einrückung nach rechts. Des Weiteren ist die Struktur *beweglich*. Dieser Eindruck bezieht sich nun nicht mehr auf *rund*, sondern auf die Struktur selbst, weshalb er in der gleichen Ebene wie die anderen zum Oberbegriff gehörenden Informationen notiert wurde. Die Eigenschaft *beweglich* wird vom Viewer als *langsam* und *kreisend* beschrieben, weshalb diese Daten unterhalb von *beweglich* nach rechts eingerückt sind. Wurden neben der Struktur weitere Dinge im Target wahrgenommen, so beginnt der Viewer linksbündig mit einem neuen Oberbegriff.

Die Gliederungszusammenfassung erlaubt die Zugehörigkeit von Eindrücken auf den ersten Blick zu erfassen. Innerhalb einer Zeile wird dabei lediglich eine Information notiert. Ganze Sätze, wie sie in der Fließtextzusammenfassung zu finden sind, enthält sie nicht. Sofern der Viewer mit Frontloading gearbeitet hat, ist auch dieses zuerst in der Zusammenfassung zu beschreiben. Die Gründe sind analog zu denen, die hierzu im Abschnitt zur Fließtextzusammenfassung angegeben wurden.

Eine Gliederungszusammenfassung eignet sich in hervorragender Weise zur Auswertung von Trainingssessions. Darüber hinaus kann sie auch vom Analysten gegenüber der Fließtextzusammenfassung bevorzugt werden. Einem Auftraggeber ohne Kenntnisse über Remote Viewing sollte sie dagegen nicht vorgelegt werden.

Sessionauswertung

Für Remote Viewer ist regelmäßiges Training zur Identifikation der eigenen Stärken und Schwächen sowie zur Anpassung an Änderungen in der Art und Weise, wie das eigene Unterbewusstsein das Target wahrnimmt und beschreibt, von entscheidender Bedeutung. In Trainingssessions werden typischerweise Targets verwendet, über die ausreichendes Feedback vorhanden ist. Als klassisches Beispiel kann hier einmal mehr der Eiffelturm angeführt werden.

Der Viewer hat in diesem Fall die Möglichkeit, die Trefferquoten seiner Session zu berechnen und deren Qualität somit einer (einigermaßen) neutralen und objektiven Maßzahl zuzuordnen. Als Grundlage kann die Gliederungszusammenfassung verwendet werden, da hier die (dem Viewer nach korrekten) Informationen zeilenweise untereinander aufgelistet und so einzeln bewertet werden können. Eine analoge Auswertung ist bei einer Fließtextzusammenfassung dementsprechend schwieriger.

Zur Auswertung einer Trainingssession fertigt der Viewer zunächst eine Gliederungszusammenfassung an und kategorisiert die Informationen im Anschluss, noch bevor er sein Feedback erhält. Dazu notiert er die Rubrik hinter jedem Eindruck. Die Auswahl der Kategorien kann dabei initial und individuell festgelegt werden. Im Anschluss an die Definition der Kategorien sollten diese aber nicht mehr geändert werden, um über die Zeit hinweg Vergleichsmöglichkeiten zu schaffen sowie kategorienbezogene Statistiken berechnen zu können. Diese Thematik wird im weiteren Verlauf dieses Abschnitts näher erörtert. Nachdem der Viewer sein Feedback im Anschluss mit all den verfügbaren bzw. relevanten Daten über das Target erhalten hat, können diese Informationen der Zusammenfassung gegenübergestellt werden.

Ein Vorschlag für Kategorien kann sein:

Kategorie	*Beispiel*
Physische Aspekte	*Physische und nicht-physische Dinge im Target (in Form von Substantiven)*
Konzepte, Sinn, Zweck	*Konzeptionelle Informationen (in Form von Substantiven oder Adjektiven)*
Farben und Beleuchtungen	*rot, blau, hell, transparent*
Oberflächen	*glatt, rau, uneben*
Gerüche	*süßlich, streng*
Geschmäcker	*sauer, bitter*
Temperaturen	*warm, kalt*
Geräusche	*laut, hoch, konstant*
Größen	*groß, klein, riesig*
Formen	*rund, spitz, kantig*
Strukturen und Muster	*geriffelt, gestreift*
Richtungen	*hoch, runter, seitlich*
Begrenzungen	*innen, außen, eng, weitläufig*
Positionen (räumlich / zeitlich)	*oben, links, später*
Ausmaße	*hoch, breit, lang, schmal*
Maße	*2 Meter, 50 Kilogramm, 2 Stunden*
Zusammensetzungen	*kleinteilig, gefüllt*
Beschaffenheit / Zustand	*alt, verwittert, modern*
Energien / Bewegungen	*schnell, elektrisch*
Lebewesen	*männlich, weiblich, bärtig*
Emotionen	*freudig, gelangweilt*
Handlungen	*arbeitend, tragend, redend*
Beziehungen / Verbindungen	*verbunden,interagierend, befreundet*
Quantifizierungen	*viele, wenige*
Relevanz	*wichtig, bedeutend, unwichtig*
Atmosphäre	*angespannt, erwartungsvoll*

Tabelle 4: Mögliche Kategorien für die Sessionzusammenfassung.

Die Liste ließe sich erweitern, beispielsweise um eine Rubrik *Sonstiges*, in der alle anderen Eindrücke gesammelt werden. Die Kategorisierung der Informationen aus der Gliederungszusammenfassung könnte wie folgt aussehen:

Struktur	*Physischer Aspekt*
schwarz	*Farbe*
blau	*Farbe*
rot	*Farbe*
silbrig	*Farbe*
kantig	*Form*
rund	*Form*
oben	*Position*
metallisch	*Beschaffenheit*
beweglich	*Energie*
langsam	*Energie*
kreisend	*Richtung*
hart	*Oberfläche*

Tabelle 5: Kategorisierung der Eindrücke.

Die Kategorien können rechts neben die Informationen geschrieben werden. Nun kann der Viewer seine Zusammenfassung dem Target gegenüberstellen und bewerten, welche Eindrücke zutreffend, unzutreffend oder nicht bewertbar sind.

- Zutreffend (+) sind all jene Informationen, die gemäß Feedback verifizierbar korrekt sind. Die Einschätzung ist nicht immer einfach und es ist wichtig, dass der Viewer hier größtmögliche Ehrlichkeit gegenüber sich selbst walten lässt. Es ist nicht zielführend, wenn er Dinge als richtig bewertet, obwohl sie es eigentlich nicht sind. Er schadet damit vor allem sich selbst und seiner Statistik.

- Nicht zutreffend (-) sind dementsprechend jene Informationen, die gemäß Feedback nicht im Target vorhanden oder falsch sind. Auch hier liegt der Teufel im Detail. So wie der Viewer nicht ungerechtfertigterweise einen falschen Eindruck als richtig bewerten sollte, hat er einen eigentlich korrekten nicht als inkorrekt zu bewerten. Die Fehleinschätzung kann zu Frustrationen führen und die Motivation für die nächste Session beeinflussen. Auch an dieser Stelle ist ein gesundes Augenmaß gefragt.
- Aufgrund der Tatsache, dass über kein Target vollständiges Feedback vorliegt, besteht die Möglichkeit, dass Eindrücke nicht verifizierbar sind. Diesbezüglich seien beispielsweise die Gedanken von Personen im Target oder die Beschaffenheiten abseits der Kameraaufnahmen genannt. Der Viewer ist zwar in der Lage, diese zu beschreiben, jedoch ist eine Verifizierung in der Regel nicht möglich. Aus diesem Grund sollten diese Informationen auch als solche bewertet werden. Im ein oder anderen Fall werden vom Viewer vermeintlich richtige Eindrücke beschrieben, selbst wenn diese im Feedback nicht einzusehen sind. Ist das Target beispielsweise ein Passagierflugzeug im Flug, zu dem Außenaufnahmen existieren, und hat der Viewer in der Session den Eindruck einer *steuernden* und *kontrollierenden* Person im sich bewegenden Objekt, hat er sehr wahrscheinlich den Piloten beschrieben. In einem so offensichtlichen Fall kann davon ausgegangen werden, dass die Angaben über die Anwesenheit eines Flugzeugführers korrekt sind. Jedoch sind jegliche Beschreibungen des Piloten (Geschlecht, Aussehen, Alter etc.) als nicht bewertbar einzustufen. Der Viewer sollte auch hier ehrlich sein und einen Eindruck als nicht verifizierbar (?) einordnen, wenn nicht wirklich Feedback darüber verfügbar ist.

Anhand des obigen Beispiels könnte die Bewertung wie folgt aussehen:

<u>Struktur</u>	*Physischer Aspekt*	+
schwarz	*Farbe*	+
blau	*Farbe*	?
rot	*Farbe*	-
silbrig	*Farbe*	+
kantig	*Form*	-
rund	*Form*	+
oben	*Position*	+
metallisch	*Beschaffenheit*	-
beweglich	*Energie*	+
langsam	*Energie*	?
kreisend	*Richtung*	+
hart	*Oberfläche*	+

Tabelle 6: Eine Bewertung der Eindrücke in richtig, falsch und unbekannt.

Bei der Bewertung der Session kann nun in einem ersten Schritt die Trefferquote (nachfolgend: T) pro Kategorie berechnet werden, in dem die Anzahl der korrekten Informationen dieser durch die Anzahl der verifizierbaren Eindrücke der Rubrik dividiert werden. Für das Beispiel der Farben wäre dies:

$$T_{Farben} = \frac{Farben_{Korrekt}}{Farben_{Korrekt} + Farben_{Falsch}} * 100$$

Im Nenner wird die Anzahl der nicht verifizierbaren Farben herausgerechnet, sodass diese Informationen in der Statistik nicht berücksichtigt werden. Anhand der Bewertung oben ergäbe sich für die Trefferquote der Farben:

$$T_{Farben} = \frac{2}{2+1} * 100 = 66{,}66\%$$

Auf diese Weise lassen sich für alle Kategorien separate Trefferquoten berechnen. Des Weiteren lässt sich die Gesamt-Trefferquote über alle Daten ermitteln, unabhängig von der jeweiligen Rubrik.

$$T_{Gesamt} = \frac{Daten_{Korrekt}}{Daten_{Korrekt} + Daten_{Falsch}} + 100$$

Für obiges Beispiel ergäbe dies:

$$T_{Gesamt} = \frac{8}{8+3} * 100 = 72{,}72\%$$

Idealerweise verfügt der Viewer über die Möglichkeit, seine kategorienbezogenen Trefferquoten in eine Datenbank einzutragen. Auf diese Weise ist es ihm möglich, im Laufe der Zeit und bei wachsendem Datenbestand nachzuverfolgen, welche Kategorien zu seinen Stärken und welche zu seinen Schwächen zählen und wie sich seine Treffer entwickeln bzw. ob er Trainingsfortschritte erzielt[20].

Sessionanalyse

Die im vorherigen Abschnitt dargestellte Sessionauswertung zielt darauf ab, die Trefferquoten anhand des verfügbaren Feedbacks in Trainingssessions zu ermitteln. Für den operationalen Betrieb, bei dem es in den Remote Viewing Sessions um neue Erkenntnisse über das Target geht, liegt naturgemäß nicht genügend Feedback vor, um eine aussagekräftige Auswertung vorzunehmen. In Projektteams erfolgt die Auswertung der Informationen der Sitzung hinsichtlich des Ziels typischerweise durch einen Analysten. Ein solcher entspricht der eingangs in diesem Kapitel beschriebenen Analogie des Gebäudebaus dem Baugutachter. Der Analyst nimmt als erste Bewertungsgrundlage die Zusammenfassung des Viewers (je nach Wunsch bzw. Abmachung eine Gliederungs- oder Fließtextzusammenfassung), genauso wie der Gut-

[20] Eine solche Datenbank stellen die Autoren dieses Buchs bereit.

achter das fertige Haus betrachtet und prüft, bevor er auf die Details des Bauprozesses eingeht. Ebenso ist es für den Analysten ratsam, das Sessionprotokoll zu inspizieren. Auch ggf. vorhandene Notizen vom Sessionverlauf, die der Monitor angefertigt hat (das sogenannte Monitorprotokoll), können und sollten herangezogen werden. Dies gibt dem Analyst in der Regel weitere Informationen darüber, wie zuverlässig die Daten des Viewers sind. Konkret kann er damit folgende Fragen beantworten:

- Was hat der Viewer seiner Ansicht nach über das Target herausgefunden?
- Gibt es versteckte AOLs, die den Viewer in die Irre geleitet haben? Ist er möglicherweise dem Castle Building verfallen? Als wertvolle Informationsquellen können der genaue Wortlaut des Viewers in der Session sowie das Monitorprotokoll herangezogen werden. Bei der Entwicklung versteckter AOLs durch den Viewer kommt es zu einer Veränderung seiner Wortwahl während des Viewing-Prozesses in Richtung seiner Schlussfolgerung.
- Welche Informationen sind von AOLs beeinflusst? Um diese Frage beantworten zu können, ist es von essenzieller Bedeutung, die Reihenfolge zu kennen, in der der Viewer die Eindrücke aufgeschrieben hat. Lassen sich diese vor oder nach dem AOL verorten? Entspringt das AOL dem Eindruck, oder umgekehrt? In der Regel wird durch die Remote Viewing Methode vorgegeben, dass alle Eindrücke, die vom Viewer aufgeschrieben werden, fortlaufend untereinander notiert werden müssen, um die Reihenfolge später ablesen zu können.
- Verwendet der Viewer Allegorien und Metaphern für die Targetbeschreibung? Lässt sich demnach ableiten, dass sich sein Unterbewusstsein einer Symbolik bedient hat? Wenn ja, wie ist diese zu interpretieren? Die Beantwortung dieser Frage erweist sich in der Regel als äußerst schwierig. In diesem Zusammenhang passieren tatsächlich viele Fehler. Es wird ersichtlich, dass der Analyst

zwangsläufig über Erfahrung im Bereich des Remote Viewing verfügen muss, um Symbolsprache erkennen und interpretieren zu können.

- Lässt sich die vorhandene Symbolik auch auf andere Weise interpretieren? Oft trifft dies zu und erfordert seitens des Analysten eine gute Intuition. Sollte Unklarheit darüber bestehen, besteht die Möglichkeit, Rücksprache mit dem Viewer zu halten.
- Wurden interessante Nebenaspekte herausgearbeitet, die zwar nicht gefragt, vom Viewer aber trotzdem beschrieben wurden?

Unter Berücksichtigung der Zusammenfassung des Viewers und seines Sessionprotokolls (gegebenenfalls unter Hinzunahme des Monitorprotokolls) verfasst der Analyst nun einen eigenen Bericht über die Erkenntnisse, die über das Target gewonnen wurden. Diese Abhandlung stellt die Grundlage für die Kommunikation mit dem Auftraggeber im Rahmen der Auftragsarbeit dar.

Fazit

In diesem Kapitel wurde dargelegt, dass das Ziel einer Remote Viewing Session die Informationen über das Target sind, während das reine Sessionprotokoll als Arbeitsartefakt angesehen werden kann. Als Konsequenz sollte der Viewer am Ende seines Viewings eine Zusammenfassung darüber anfertigen, welche Informationen er über das Ziel gewonnen zu haben glaubt. Die Einschätzung darüber, welche Eindrücke als korrekt zu betrachten sind und welche nicht, kann er auf intuitive Weise vornehmen. Es ist von entscheidender Bedeutung, dass die Zusammenfassung vor jeglichem Feedback angefertigt wird. Dabei kann der Viewer entweder eine Fließtext- oder eine Gliederungszusammenfassung anfertigen. Erstere eignet sich hervorragend für operationale Arbeit bzw. zur Vorlage der Ergebnisse an den Auftraggeber. Die Gliederungszusammenfassung stellt hingegen einen optimalen Ausgangspunkt für eine Auswertung von Trainingssessions dar, bei denen Trefferquoten berechnet werden. Ein Analyst im operationalen Betrieb verwendet sowohl die Zusammenfassung als auch das Sessionprotokoll, um die Ergebnisse des Viewers hinsichtlich des Targets zu bewerten und AOLs, Castle Building und Symboliken zu identifizieren.

Folgende Grafik stellt die Erkenntnisse aus diesem Kapitel komprimiert dar.

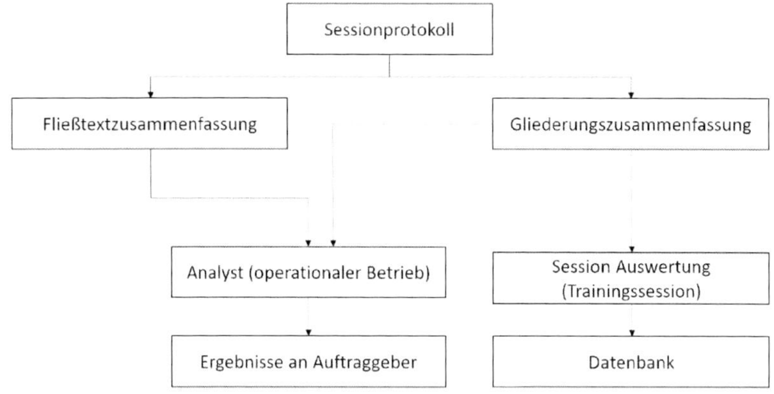

Abbildung 21: Ausgehend vom Sessionprotokoll fertigt der Viewer eine Zusammenfassung an, die entweder dem Analysten in der operationalen Arbeit vorgelegt, oder bei ausreichend Feedback ausgewertet werden kann.

16. Remote Viewing Training

Es ist unumstößlich: Wer ein guter Remote Viewer werden will, der braucht viel Disziplin, Geduld, Durchhaltevermögen und Übung. Es ist zu beobachten, dass viele Viewer die Notwendigkeit kontinuierlichen Trainings übersehen und den Übungsbetrieb einstellen, sobald die Ausbildung abgeschlossen scheint. Dies ist ein Fehler, der einen nachhaltigen Fortschritt verhindert. Da Remote Viewing insbesondere die Kommunikation mit dem eigenen Unterbewusstsein umfasst, muss dessen individuelle Sprache erlernt werden. Diese Instanz ist jedoch keine Maschine. Es handelt sich um eine lebendige Entität mit eigenem Charakter, individuellen Wesenszügen, Humor und überraschend hoher Intelligenz. Es entwickelt sich stetig weiter und lernt im Remote Viewing beständig hinzu. Folglich ist auch die Sprache des Unterbewusstseins ein sich dynamisch entwickelndes Konstrukt, was insbesondere bei Ideogrammen deutlich wird. Um mit dieser Dynamik Schritt halten und sich auf Veränderungen einlassen zu können, ist ein regelmäßiges Training erforderlich. Dieses umfasst eine gewissenhafte Analyse und Auswertung des Sessionprotokolls sowie eine Gegenüberstellung mit dem Feedback des Trainingstargets. Nur durch die aufgewendete Mühe können zufriedenstellende Fortschritte erzielt und eine konstante, hohe Qualität in den Sessionergebnissen gewährleistet werden.

Kurz- und mittelfristiger Erfolg und Misserfolg

Beim Erlernen und im Training des Remote Viewing spiegeln sich allgemeine Phasen wider, die bei der Aneignung von Fernwahrnehmungsfähigkeiten allgemein auftreten. Um diese zu verstehen, muss unterschieden werden zwischen:

- *Fixed Choice-Methoden*. Hierunter fallen all jene Fernwahrnehmungstechniken, bei denen es darum geht, die richtige Antwort aus einer festen Auswahl an vorgegebenen Möglichkeiten zu finden. Ein typisches Beispiel ist das Erraten von Spielkarten (rot vs. schwarz). Auch das Pendeln (ja vs. nein) ist ein Vertreter dieser Methoden.

- *Free Response-Methoden.* Sie umfassen dagegen Fernwahrnehmungsaufgaben, bei denen keine Vorgaben existieren. Remote Viewing zählt hierzu, da es sich um ein beliebiges Target handeln kann.

Wird die Fähigkeit zur Fernwahrnehmung trainiert, so durchläuft der Schüler bestimmte Phasen. Es ist wichtig zu verstehen, dass diese teils unterschiedlich stark ausfallen, je nachdem ob eine Fixed Choice- oder Free Response-Methode trainiert wird. Die Phasen sind:

- Erfolgsphase. Insbesondere zu Beginn des Trainings der Fixed Choice- und Free Response-Methode lassen sich sehr positive Ergebnisse beobachten. Im Remote Viewing ist die erste Session in den allermeisten Fällen sehr erfolgreich. Bei der Fixed Choice-Methode liegt die Erfolgsquote erheblich über dem, was durch Raten zu erwarten wäre. Am Beispiel des Kartenratens (rot vs. schwarz) liegen die Treffer teils deutlich über 50%.
- Misserfolgsphase. Diese auch als *Decline Effect* genannte Phase folgt im Anschluss nach der Erfolgsphase. Im Remote Viewing tritt sie in der Folge der ersten erfolgreichen Sessions ein. Bei Fixed Choice-Methoden fällt die Trefferquote auf die zu erwartende Erfolgsquote des Ratens zurück, liegt ggf. sogar darunter, womit ein negativer PSI-Effekt einhergehen kann. Die Gründe für die Misserfolgsphase liegen:
    - in stärker werdenden AOLs. Insbesondere bei Fixed Choice-Methoden zeigt sich eine verstärkte Einflussnahme des Verstandes. Im Beispiel des Kartenratens bedeutet das beispielsweise: Da die beiden zuletzt gezogenen Karten rot waren, *muss* die folgende Karte zwangsläufig schwarz sein. Jedenfalls aus der Perspektive des Verstandes. Folglich wird begonnen zu grübeln, und intuitive Eindrücke gehen verloren. Was die Ratio zwar begreift, aber nicht verinnerlicht: Selbst wenn 20 mal hin-

tereinander die rote Karte gezogen wurde, so liegt die Wahrscheinlichkeit, beim 21. Mal erneut rot zu ziehen, bei 50%!

- in der Langeweile. Das Unterbewusstsein beginnt die Übungen öde zu finden und langweilt sich. Dieser Umstand tritt verstärkt in Fixed Choice-Methoden auf. Dank der Variabilität in Free Response-Methoden wie Remote Viewing kommt die Eintönigkeit weniger vor, es sei denn, es werden zu häufig zu ähnliche Targets geviewt.

In der Phase des Misserfolgs sollte das Training konstant und wohldosiert fortgesetzt und die Methode beibehalten und nicht geändert werden. Das Vorgehen und die Übertragung müssen auch vom Unterbewusstsein gelernt werden. Ein Trainingsfortschritt wird auf dieser Ebene nur durch Beibehaltung der Methode erreicht.

- Phase der Aufsässigkeit. Diese Phase, die oft nach zu viel Training auftritt, ist gekennzeichnet durch eine konstante Fehlerquote (fast 100%). Sie tritt vorrangig bei den Fixed Choice-Methoden auf. Free Response-Methoden wie Remote Viewing sind hiervon kaum bzw. deutlich schwächer betroffen. Falls sie auftritt, ist diese Phase vergleichbar mit einem Burnout. Das Unterbewusstsein findet seine Aufgabe langweilig und wird trotzig, weshalb es wie ein kleines Kind konstant falsche Informationen liefert. Das wiederum ruft den Verstand auf den Plan, der nicht versteht, was los ist. Das Gedankenkarussell beginnt und ein sich selbst verstärkender Teufelskreis des Misserfolgs wird in Gang gesetzt. Dies lässt sich gut anhand eines Pendels als Vertreter einer Fixed Choice-Methode veranschaulichen: Hat der Viewer sein Pendel mit einer Vor- und Zurückbewegung auf Ja und mit einer Links- und Rechtsbewegung auf Nein kalibriert (z.B. um herauszufinden, ob der Würfel im Becher eine gerade oder ungerade Zahl anzeigt), so scheint das Unterbewusstsein dies plötzlich umzudrehen. Die Vorwärts-Rückwärts-Bewegung wird zum Nein und die Links-Rechts-Bewegung zum Ja. Konstante Fehlschläge sind die Folge. Lässt sich der Viewer auf die neue Kalibrierung ein, ändert das Unterbewusstsein sie direkt wieder, so dass der Erfolg weiterhin ausbleibt. Letztlich kann er tun und lassen, was er will, aus dieser Phase kommt er nur durch eine längere Pause heraus (bis die Übung wieder interessant wird und die aufgestauten Effekte abklingen). Diese Situation kann verhindert werden, indem das Training, wie oben beschrieben, gut dosiert und durch andere spannende Übungen ergänzt wird. Die Methode darf nicht monoton werden. Auf keinen Fall sollte sich das Vorgehen ändern, denn das Unterbewusstsein lernt dadurch, dass diese Aufsässigkeit keinen Erfolg hat.

Free Response-Methoden wie Remote Viewing haben gegenüber Fixed Choice-Methoden deutliche Vorteile, da sie weniger AOLs im Verstand und weniger Langeweile im Unterbewusstsein hervorrufen. Daher unterscheiden sich die Ausprägungen der Phasen in den beiden Kategorien:

- Bei den Fixed Choice-Methoden erfolgt der Übergang von der ersten Erfolgsphase zu einem *Decline Effect* relativ schnell. Wer täglich eine Stunde lang rote und schwarze Karten errät oder Pendeln trainiert, wird dies bestätigen können. In wissenschaftlichen Studien konnte dies bereits nachgewiesen werden. Wer in der Misserfolgsphase mit hohem Pensum weitertrainiert, landet nach kurzer Zeit in der Aufsässigkeitsphase. Aus dieser ohne Frustration wieder herauszukommen, ist schwierig.
- Free Response-Methoden wie Remote Viewing sind, wie bereits erwähnt, eindeutig robuster. Durch die Variabilität der Targets ohne vorgegebene Einschränkungen ist die Ausprägung von AOLs deutlich schwächer (auch wenn sie immer noch Einfluss auf die Sessions nehmen können) und Langeweile tritt so gut wie nicht auf. Zwar kann es nach einer (vor allem anfänglichen) Erfolgsphase zu einem kleinen Decline Effect kommen, dieser ist aber in den meisten Fällen nur von kurzer Dauer. Eine Aufsässigkeitsphase ist dagegen sehr selten und stellt sich nur bei wirklich exzessivem Viewen ein.

Langfristiger Trainingsfortschritt

Betrachtet man den Trainingsfortschritt über einen längeren Zeitraum, so ergibt sich für die meisten praktizierenden Remote Viewer ein recht eindeutiges Bild. In der überwiegenden Zahl der Fälle erzielen die Schüler bereits bei der ersten Session ein sehr gutes Ergebnis. Dies ist insofern erfreulich, als dass mit dem ersten Versuch alle Zweifel ausgeräumt werden, ob Remote Viewing überhaupt im Bereich des Machbaren liegt. Nicht selten ist der angehende Viewer vom Erfolg seiner ersten Sitzung so überwältigt, dass Tränen der Rührung, der Erleichterung und der Überraschung fließen (wie an anderer Stelle beschrieben wurde, können aber auch Enttäuschungen darüber aufkommen, dass sich der Prozess so unspektakulär und alltäglich anfühlt). Für viele Menschen ist diese Erfahrung überwältigend und das Leben nach der Session ein anderes als vorher. Die Gründe dafür mögen vielfältig sein. Die meisten Schüler absolvieren ihre erste Session unter Anleitung eines Lehrers. Auch wenn dieser die Eindrücke und Informationen nicht vorgibt, so hat er doch (wenn er genügend Erfahrung gesammelt hat) als Monitor genügend Werkzeuge in der Hand, um den Schüler ins Viewing zu bekommen.

Auf den unerwarteten und überrumpelnden Anfangserfolg folgen evtl. 2 – 4 weitere verwertbare Sessions, meist noch im Rahmen eines Seminars. Früher oder später kommt es jedoch zu einem Einbruch und die Ergebnisse werden schlechter. Die erste Misserfolgsphase tritt ein. Hier macht sich bemerkbar, dass nun der Verstand des Schülers die Kontrolle übernimmt und das Ganze kritisch hinterfragt. Der Trainee ist also mehr damit beschäftigt, den Remote Viewing Prozess selbst zu beobachten und seine eigenen Aktivitäten zu überwachen, als das Ziel zu beschreiben. Der Verstand mag es nicht, überrumpelt zu werden. Für viele Viewer dauert es mal mehr mal weniger lang, bis das Wissen um die Realität des Phänomens der Wahrnehmung integriert ist und der Verstand unter Kontrolle gebracht werden kann. So ist die erste Zeit für viele ein Auf und Ab, auf gute Sessions folgen schlechte und umgekehrt. In dieser Phase sind vor allem Geduld und Disziplin gefragt. Leider geben nicht wenige Schüler in dieser Zeit auf. Doch das Durchhalten lohnt sich und wird nach einiger Zeit mit stabileren Ergebnissen belohnt. Die vermeintlichen Fehlschläge werden seltener und verschwinden irgendwann (fast) vollständig von der Bildfläche. Natürlich gibt es immer noch Schwankungen in der Qualität, aber diese ist von deutlich größerer Konstanz geprägt.

Wird das Training fortgesetzt, zeigt sich bei vielen Remote Viewern ein schubweiser Trainingsfortschritt, d.h. die Qualität der Sessions pendelt sich über einen längeren Zeitraum (ggf. über Monate) ein, steigt in der Folge unvermittelt an und schwingt sich dann auf ein höheres Niveau ein. Damit einher geht oft ein vertieftes Verständnis der Methode und der (mentalen) Prozesse. Ein plötzlicher Erkenntnisgewinn führt nicht selten zu einem schlagartigen Anstieg der Fähigkeit im Remote Viewing.

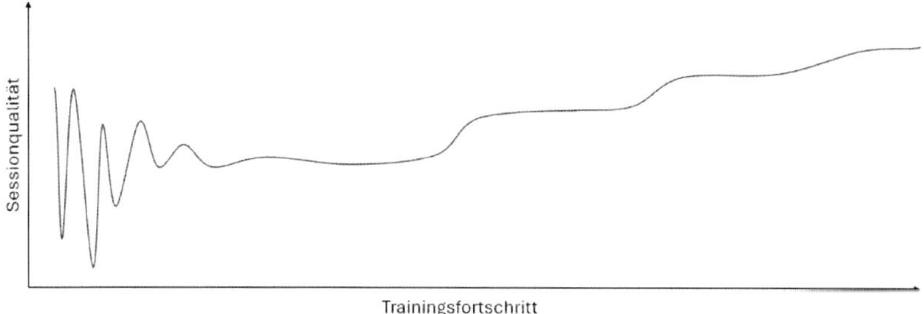

Abbildung 22: Der ungefähre Verlauf des Trainingsfortschritts, der für die meisten Viewer so oder ähnlich abläuft.

Die obige Abbildung veranschaulicht den ungefähren Ablauf der Trainingsfortschritte. Die Zeitachse erstreckt sich dabei über viele Jahre. Daher ist und bleibt das Training eine beständige Notwendigkeit für den Viewer.

17. Viewen zukünftiger Ereignisse

Eine konsequente Schlussfolgerung aus der Beobachtung, dass das Unterbewusstsein von Raum und Zeit losgelöst zu sein scheint, ist, dass auch zukünftige Ereignisse erfasst und beschrieben werden können. Tatsächlich zeigt sich, dass mit kontinuierlichem Training und Übung im Umgang mit der Methode Zukunftsvorhersagen mittels Remote Viewing deutlich treffsicherer sind, als dies durch Zufall erklärbar wäre. Grundsätzlich stellt sich die Frage, inwieweit das Universum einer deterministischen bzw. festgelegten Entwicklung folgt. Sie wurde bereits im Kapitel *Möglichkeiten, Anwendungsgebiete und Grenzen* betrachtet und soll hier vertiefend behandelt werden. Die Frage lässt sich, wie dargelegt wurde, nur aus der Erfahrung mit Remote Viewing heraus beantworten.

Wahrscheinlichkeiten

Der Fall des Hundes Jerry ist ein eindrucksvolles Beispiel von vielen dafür, wie die Zukunft Wahrscheinlichkeiten unterliegt. Sein Fall wurde im Abschnitt *Möglichkeiten* vorgestellt. Die ursprünglichen Sessions deuteten darauf hin, dass Jerry ein kurzes Leben haben würde. Als er krank wurde, schien genau das einzutreten. Irgendetwas muss jedoch im Laufe der Zeit passiert sein, so dass sich diese Wahrscheinlichkeit änderte und Jerry überlebte. Hier scheint das Handeln der Viewer ausschlaggebend gewesen zu sein, d.h. die bewusste Entscheidung und das gemeinsame Handeln haben die Zukunft beeinflusst. Tatsächlich hat sich diese Auffassung von Zukunft als eine Menge von Wahrscheinlichkeiten in vielen anderen Fällen in RV Sessions bestätigt. Zur Veranschaulichung kann eine Parallele zur Wettervorhersage gezogen werden: Wenn der Wetterdienst am heutigen Samstag ankündigt, dass es am kommenden Samstag *aller Wahrscheinlichkeit nach* regnen wird, dann lohnt es sich, am kommenden Mittwoch oder Donnerstag noch einmal die Wettervorhersage anzuschauen und zu prüfen, ob sich daran etwas geändert hat. Ähnlich verhält es sich mit Remote Viewing Sessions auf die Zukunft: Wenn die Ergebnisse zeigen, dass etwas in einem halben Jahr passieren oder eintreten wird, dann sollten auf halber Strecke neue Sessions gemacht werden, um zu prüfen, ob dies immer noch die größte Wahrscheinlichkeit ist. Die Zukunftsvorhersage mit Remote Viewing erfordert also eine konstante Arbeit.

Das eigene Schicksal viewen

Da die Erfahrung zeigt, dass mittels Remote Viewing Wahrscheinlichkeiten der Zukunft abgefragt werden können, stellt sich die Frage, wie als Viewer damit umzugehen ist, wenn das eigene Schicksal laut der Session einen unguten Verlauf nimmt, also z.B. das eigene baldige Ableben beschrieben wird.

Dies ist eine sehr schwerwiegende Frage, mit der sich Remote Viewer früher oder später auseinandersetzen müssen, wenn sie die Methode in persönlichen Angelegenheiten anwenden. Es gibt kein allgemeingültiges Richtig oder Falsch. Was für den einen eine leichte Sache ist, wirft den anderen aus der Bahn und stellt für ihn eine enorme Belastung dar. Aus diesem Grund haben viele Viewer für sich und ihre Tasker oder Monitore festgelegt, keine Sessions auf ihre eigene Zukunft zu viewen.

Es gibt jedoch einen Mittelweg, der es erlaubt, einen Blick in die eigene Zukunft zu werfen, ohne Gefahr zu laufen, böse Überraschungen zu erleben: die Frage nach dem Optimum. Hier zahlt sich die Anwendbarkeit von RV auf imaginäre Targets aus. In einem solchen Fall lautet die Aufgabe für den Viewer, die *optimale* zukünftige Lebenssituation der Zielperson (z.B. seine eigene) zu beschreiben. Das Optimum enthält erwartungsgemäß kein Unglück, und der Viewer beschreibt die aus der Sicht des Zeitpunktes der Session optimale und erreichbare Situation der Zukunft im anvisierten Zeitraum. Was optimal bedeutet und in Bezug auf was, muss definiert und festgelegt werden. Dies kann etwa beruflicher, privater oder finanzieller Natur sein, aber auch gesundheitliche und partnerschaftliche Optima betreffen. Bei der Formulierung des Targets wird darauf geachtet, das zum Zeitpunkt der Session erreichbare Optimum zu beschreiben. So wird der Viewer auf die Frage im beruflichen Sinne in einem halben Jahr eine verbesserte Situation der Zielperson in diesem Kontext zu Papier bringen. Er wird sie aber nicht als Multimilliardär beschreiben (es sei denn, dies liegt aufgrund der gegebenen Umstände im Bereich des Möglichen).

Sessions auf das Optimum erlauben dem Viewer herauszuarbeiten, was getan werden muss, um dieses zu erreichen. Anstatt zu untersuchen, wie es der betreffenden Person in der Zukunft ergehen wird (und sich damit dem Risiko eines Schocks auszusetzen), kann mit dieser Aufgabenstellung geschaut werden, was die beste erreichbare Lebenssituation in dem abgefragten Zeitraum ist und wie sie erreicht werden kann. Die Ergebnisse hierauf ermöglichen es der Zielperson, die zukünftigen Wahrscheinlichkeiten in Richtung besserer Umstände zu beeinflussen.

Associative Remote Viewing

Speziell für die Vorhersage des Ausgangs bzw. der Beantwortung von zukunftsbezogenen Fragen hat sich im Remote Viewing das sogenannte *Associative Remote Viewing* (kurz: ARV) durchgesetzt. Die ursprüngliche Idee des ARV beruht darauf, dass zu der Zeit, als das Controlled Remote Viewing entwickelt und im geheimdienstlichen bzw. militärischen Bereich eingesetzt wurde, ein Bedarf an analytisch verwertbaren Daten (z.B. Zahlen) entstand. Diese sind jedoch für Remote Viewer schwer zu viewen, da das Unterbewusstsein keine Zahlen kennt. Sie sind ein reines Konstrukt des Verstandes und Viewer können sich ihnen nur über Umwege nähern. Dies funktioniert jedoch in der Regel nur mit einer gewissen Ungenauigkeit. So kam seinerzeit die Idee auf, diese schwer zu viewenden Ziele mit leicht zu beschreibenden Targets zu *assoziieren* (zu verknüpfen) und somit die Assoziation anstelle des ursprünglichen Ziels beschreiben zu lassen. Ein einfaches

Beispiel: Die Aufgabe besteht darin, eine verdeckt notierte Zahl (0-9) zu viewen. Diese einfache Anforderung stellt jedoch eine echte Herausforderung für einen Remote Viewer dar. Er wird höchstwahrscheinlich nicht mehr als eine geringe Treffsicherheit haben. Da er die Zahl nicht direkt lesen kann, könnte er die Form der Zahl viewen. Zum Beispiel beschreibt er sie als *oben* und *unten rund*, was auf die Zahlen 0, 3, 6, 8 und 9 zutrifft. Damit könnte er zwar die in Frage kommenden Zahlen eingrenzen, die richtige aber nicht benennen. Wenn die Zahlen (0-9) jedoch mit verschiedenen Farben assoziiert sind, könnte der Viewer statt der Zahl die Farbe beschreiben, in der sie geschrieben ist. Dies ist für einen Remote Viewer wesentlich einfacher.

Associative Remote Viewing (ARV) hat sich seit den damaligen Anfängen konstant zu einer spezifischen Vorgehensweise weiterentwickelt, um Zukunftsvorhersagen durchführen zu können. Das Konzept ist auf den ersten Blick nicht einfach zu verstehen und erfordert sicherlich einige Übung, um es zu beherrschen. Im Zentrum der Methode steht ein zukünftiges Ereignis (zu dem, wie wir gleich sehen werden, auch zukunftsbezogene Fragestellungen gehören), dessen Ausgang vorhergesagt werden soll. Daran wird deutlich, dass als Voraussetzung das zukünftige Ereignis bekannt sein muss und nur sein Ausgang vorhergesagt werden kann. Für die ergebnisoffene Suche nach dem, was überhaupt passieren wird, ist ARV nicht geeignet.

Um den Ausgang des Zukunftsereignisses vorhersagen zu können, wird allen *potenziell möglichen* Ausgängen dieses Ereignisses ein Ziel zugeordnet (bzw. mit den Ausgängen assoziiert), das für einen Remote Viewer leicht zu viewen ist. Der Viewer beschreibt dann das verknüpfte Ziel, das aufgrund der festgelegten Assoziation Rückschlüsse auf den kommenden Ausgang des zugrundeliegenden Ereignisses zulässt. Voraussetzung ist, dass das Ereignis eine maximale Anzahl von möglichen Antworten oder Optionen hat. ARV eignet sich beispielsweise für folgende Fragestellungen:

- Welche Mannschaft gewinnt das Fußballspiel am kommenden Samstag? Die möglichen Optionen sind: *Mannschaft A*, *Mannschaft B* oder *Unentschieden*.
- Werde ich in einem halben Jahr eine neue Arbeitsstelle haben? Die Optionen sind *Ja* oder *Nein*. Genau genommen handelt es sich nicht um ein zukünftiges Ereignis, sondern um eine zukunftsbezogene Frage. Aus Sicht des ARV macht dies jedoch keinen Unterschied. Man könnte das Ereignis auch so formulieren: *In einem halben Jahr werde ich mich fragen, ob ich in den vergangenen sechs Monaten einen neuen Job angenommen habe.* Die möglichen Antworten sind Ja und Nein.
- Wie wird sich der Aktienkurs eines bestimmten Unternehmens in einem Monat im Vergleich zum heutigen Kurs entwickelt haben? Die Optionen sind: *Er wird in einem Monat höher sein, er wird in einem Monat niedriger sein oder er wird in einem Monat auf dem gleichen Stand sein wie heute*. Auch hier handelt es sich um eine zukunftsbezogene Frage, die wie im vorherigen Beispiel als Ereignis aufgefasst werden kann.

Aufgrund der Anforderung, die Anzahl der möglichen Antworten bzw. Optionen zu beschränken, eignet sich ARV nicht für Fragen, bei denen die Antwort einem Wert aus einer kontinuierlichen Menge entspricht, wie z.B. die Höhe des eigenen Kontostandes in einem Jahr. Die Frage, ob der Saldo im Vergleich zu heute größer, kleiner oder gleich sein wird, ist hingegen möglich. Auch die Frage, in welchem Bereich er liegen wird, wäre denkbar. So könnte mittels ARV herausgefunden werden, ob der Kontostand unter oder über 10.000 €, zwischen 10.000 € und 20.000 € oder sogar über 20.000 € liegen wird. Wie erkennbar ist, liegen hier lediglich drei Optionen vor.

Das Viewen der obigen Beispielfragen mit regulären Remote Viewing Sessions (und ohne den Einsatz von ARV) ist prinzipiell sehr anspruchsvoll für einen Viewer und seine Ergebnisse können ungenau oder sogar falsch sein. Das Konzept des *Associative Remote Viewing* sieht vor, dass die möglichen Ausgänge des Ereignisses mit klar unterscheidbaren Targets *assoziiert* (d.h. gedanklich verknüpft) werden. Im Falle eines Fußballspiels könnte dies beispielsweise wie folgt verschränkt werden:

- eine Zimmerpflanze mit dem *Sieg der Mannschaft A*,
- ein Modellauto mit dem *Sieg der Mannschaft B* oder
- ein kleiner Springbrunnen mit einem *Unentschieden*

Um die Vorhersage für den Ausgang des Spiels stabil zu gestalten, wird zum Zeitpunkt der ARV-Session ein unumstößliches Feedback-Ereignis definiert, das nach dem Ende des Spiels stattfinden wird. Zu diesem Zeitpunkt wird dem Viewer das zugehörige Target gezeigt, das mit dem tatsächlichen Ausgang des Events oder der richtigen Antwort auf die Frage verknüpft ist. Zum Zeitpunkt der Session (d.h. zum Zeitpunkt der Vorhersage) ist es die Aufgabe des Viewers, das Feedback zu beschreiben, das er zum Zeitpunkt des Feedback-Ereignisses sehen wird, und wodurch indirekt die Vorhersage der Antwort oder Option stattfindet.

Hier kommt die Komplexität ins Spiel. In der Praxis passieren hier die meisten Fehler. Um den Ablauf zu verdeutlichen, soll er am Beispiel eines Tennismatches durchexerziert werden.

Exemplarischer Ablauf

Um das Konzept im Detail zu verstehen, wird in der Folge ein ARV-Tasking am Beispiel eines Tennismatches durchgespielt. Vorhersagen mittels ARV werden in der Regel im Team durchgeführt. Im Folgenden wird davon ausgegangen, dass es sich um ein Zweier-Team handelt, bestehend aus dem Viewer und einem Operator. Der Operator ist für die organisatorischen Aufgaben verantwortlich und initiiert das Vorhaben. In diesem Beispiel möchte er, dass der Viewer zur Wochenmitte mittels ARV eine Vorhersage darüber trifft, wie das kommende Tennismatch am Samstag ausgeht. Diese soll anschließend dazu verwendet werden, entsprechende Wetten zu platzieren.

1. Schritt: Ereignisanalyse

In einem ersten Schritt erfolgt durch den Operator eine Analyse der potenziellen Ausgänge des vorherzusagenden Ereignisses. Was zunächst trivial klingt, hat seine Tücken und muss sehr genau betrachtet werden. Das Tennismatch hat beispielsweise 3 mögliche Optionen:

1. Spieler A gewinnt.
2. Spieler B gewinnt.
3. Das Match fällt aus oder wird vorzeitig abgebrochen.

Es besteht die Möglichkeit, dass das Ereignis nicht stattfindet oder die Frage zum Zeitpunkt des Feedbacks nicht beantwortet ist. Diese Option muss, auch wenn sie als äußerst unwahrscheinlich erscheint, stets in Erwägung gezogen werden. Daher ist es für den Operator empfehlenswert, sich im Vorfeld mit den potenziellen Ausgängen des Matchs auseinanderzusetzen.

2. Schritt: Auswahl der assoziierten Targets

In einem zweiten Schritt werden alle identifizierten Ausgänge des Ereignisses mit einfach zu viewenden Zielen verknüpft. Hier kommt also die Assoziation ins Spiel. Es sei an dieser Stelle darauf hingewiesen, dass die assoziierten Targets hinreichend unterscheidbar sein müssen. Diese Anforderung stellt schließlich auch den limitierenden Faktor bei der Vorhersage des Ereignisses dar. Ist die Anzahl potenzieller Ausgänge zu hoch, lassen sich nicht genügend Targets finden, die gut zu unterscheiden sind. Des Weiteren sollte die Art der Assoziation an den Stärken des Viewers ausgerichtet sein.

Im Beispiel des Tennismatches werden assoziiert:

- Ein im Meer treibender Eisberg: *Spieler A gewinnt.*
- Ein Fahrzeug der Feuerwehr in einer Garage: *Spieler B gewinnt.*
- Spielende Berber-Affen im Wald: *Das Match fällt aus oder wird vorzeitig abgebrochen.*

3. Schritt: Das Tasking und die Session

In der Folge bestimmt der Operator einen Zeitpunkt, zu dem das Ergebnis des Ereignisses feststeht. Im Falle des Tennismatches wäre dies ein Zeitpunkt nach dem Ende des Matches (zu beachten ist, dass sich das Match in die Länge ziehen kann, weshalb ein entsprechender Puffer einkalkuliert werden sollte). Zum festgelegten Zeitpunkt wird der Viewer folglich sein Session-Feedback erhalten. Dies bedeutet, dass der Operator das Vorhaben festlegt, dass der Viewer zu dem festgelegten Zeitpunkt nach dem Ereignis und je nach Ausgang, folgende Rückmeldung erhalten wird:

- Er bekommt das Foto des Eisberges zu sehen, falls Spieler A gewonnen hat.
- Er bekommt das Foto des Feuerwehrautos zu sehen, falls Spieler B gewonnen hat.
- Er bekommt das Foto der Berber-Affen zu sehen, falls das Match ausgefallen ist oder abgebrochen wurde.

Der Viewer erhält also zu einem bestimmten Zeitpunkt in der Zukunft, an dem der Ausgang des Ereignisses bereits feststeht, das mit dem Ausgang assoziierte Foto zu sehen (sein Session-Feedback).

Auf der Zeitachse sieht dieser Prozess wie folgt aus:

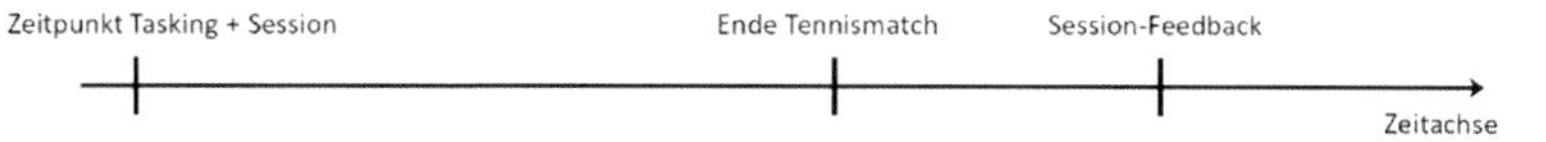

Abbildung 23: Der Ablauf des ARV auf der Zeitachse.

4. Schritt: Sessiondurchführung

Der Viewer wird nun in seine Sitzung geschickt. Seine Aufgabe ist es, das zu beschreiben, was auf seinem Feedback nach dem Ereignis zu sehen sein wird.

5. Schritt: Sessionbewertung

Nachdem der Viewer seine Session beendet hat, muss der Operator entscheiden, welches der verfügbaren Targets er beschrieben hat. Die korrekte Zuordnung kann in manchen Fällen durchaus anspruchsvoll sein. Es muss berücksichtigt werden, wie der Viewer sein Target beschreibt. Hierbei ist wichtig zu verstehen, wie sein Unterbewusstsein es wahrnimmt.

6. Schritt: Das Feedback

Das Feedback wird bereits im Tasking auf die Uhrzeit genau festgelegt. Folglich muss der Viewer zu diesem Zeitpunkt verfügbar sein, um seine Rückmeldung zu erhalten. Er bekommt hier das Target zu sehen, welches mit dem *tatsächlichen* Ausgang des Tennismatches verknüpft ist, ganz unabhängig davon, ob er dieses auch beschrieben hat oder nicht. Folglich wird dem Viewer:

- das Foto des Eisbergs gezeigt, sofern Spieler A gewonnen hat
- das Foto des Feuerwehrautos gezeigt, sofern Spieler B gewonnen hat
- das Foto der Berberaffen gezeigt, falls das Matsch ausgefallen ist oder abgebrochen wurde.

Das Feedback sollte in einer Weise präsentiert werden, die eine gewisse emotionale Intensität erzeugt, nicht etwa beiläufig. Der Moment kann durchaus feierlich gestaltet werden und der Viewer sollte seine Session gewissenhaft auswerten. Dadurch fällt es dem Viewer leichter sein Feedback zu viewen, da der Zeitpunkt zum Attraktor wird. Wird dem Viewer zur vereinbarten Zeit keine Rückmeldung gegeben, beispielsweise da der Termin seitens des Operators oder des Viewers vergessen wurde, so wird die gesamte Session rückwirkend ungültig. In diesem Zusammenhang sind retrokausale, also in der Zeit rückwirkende Effekte zu beobachten.

In der Theorie erscheint das beschriebene Vorgehen zunächst einfach und sollte zu einem Erfolg führen. In der Praxis zeigt sich jedoch, dass es zuweilen schwierig sein kann, die gewünschten Ergebnisse zu erzielen. Ein häufig zu beobachtender Anfängerfehler im ARV wird im Folgenden an einem Beispiel deutlich.

1. Der Operator lässt den Viewer das ARV-Target viewen.
2. Der Viewer beschreibt eindeutig eines der Targets.
3. Der Operator geht zum Wettbüro, setzt seinen Einsatz auf den Ausgang des Matches.
4. Das Match endet nicht wie vorhergesagt, der Operator verliert die Wette.
5. Der enttäuschte Operator zieht nun die Konsequenz, dass er das Feedback nach dem Match gar nicht mehr geben muss. Schließlich hat er ja die Wette verloren und die Mühe würde daran auch nichts mehr ändern. Dies ist zwar korrekt, allerdings ist das ausbleibende Feedback nun der Grund dafür, dass der Viewer nicht das richtige Target beschrieben hat.

In diesem Moment, in dem feststeht, dass der Viewer sein Feedback nicht erhalten wird, ist das Versprechen, das der Operator zum Zeitpunkt der Session abgegeben hat (nämlich, dass der Viewer Rückmeldung erhält), ungültig. Folglich ist die Session unbrauchbar und der Erfolg dem Zufall geschuldet. Es ist daher unabdingbar, dass der Viewer sein Feedback, unabhängig davon, ob er richtig oder falsch gelegen hat, erhält.

ARV und die Wahrscheinlichkeiten

In diesem Zusammenhang stellt sich die Frage, inwiefern ARV das Problem der Wahrscheinlichkeiten umgehen kann. Dies wird insbesondere im Kontext von Sport und Börse ersichtlich, wo bereits auf den ersten Blick unbedeutend erscheinende Entscheidungen das Spielergebnis maßgeblich beeinflussen und signifikante Kursveränderungen herbeiführen können. Diese Tatsache sowie die Eigenschaft des Remote Viewing als mentale Fähigkeit, niemals konstant richtige Ergebnisse liefern zu können, führen dazu, dass ARV zwar durchaus gewinnbringende und verwertbare Vorhersagen erzielt, gleichzeitig jedoch auch nicht fehlerfrei ist. Das Problem der Wahrscheinlichkeiten soll im ARV durch die Definition des Taskings gelöst werden, nach der sich das Unterbewusstsein des Viewers *zum Zeitpunkt des Feedbacks begeben soll.* Doch stellt sich die Frage, ob dies einen Unterschied macht.

Die Praxis zeigt es klar. Die Resultate werden dadurch besser. Vor dem Ereignis ist der Ausgang dessen den Wahrscheinlichkeiten unterworfen. Im Falle des Tennismatches mag der Sieg von Spieler A zu 40%, der von Spieler B zu 58%, und der Ausfall des Matchs zu 2% Wahrscheinlichkeit eintreten. Folglich lässt sich für das Unterbewusstsein in der Vorhersage vom Standpunkt vor dem Match aus betrachtet eine Unschärfe feststellen, die sich in den Sessions widerspiegeln kann. Wird im Tasking hingegen festgelegt, dass sich das Unterbewusstsein zum Moment des Feedbacks begeben soll, nimmt es eine Position nach dem Ereignis ein, an dem der Ausgang bereits feststeht. Das Problem der Wahrscheinlichkeiten scheint somit gelöst und es wird deutlich, weshalb dieses Vorgehen zu besseren Vorhersagen führt.

In dieser Auffassung mag die eine oder andere Spekulation enthalten sein. Es verdeutlicht jedoch auch die Komplexität des Konzepts der *Zeit* und dass dieses in wesentlichen Teilen unverstanden ist.

Übung

Der menschliche Körper ist ein Wunderwerk und kann in Bezug auf die Kommunikation von Bewusstsein und Unterbewusstsein erfolgreich eingesetzt werden, wie bereits anhand von Ideogrammen ersichtlich wird. Um eine Zukunftsvorhersage durchzuführen kann sich diese Tatsache auch durch die Anwendung der sogenannten *Hotspot*-Methode zu Nutze gemacht werden. Im Rahmen dieser Übung soll die folgende Frage beantwortet werden: *Welche Augenzahl werde ich sehen, wenn ich den Würfelbecher anhebe?*

Benötigt werden ein Würfel mit den Zahlen 1-6, ein Würfelbecher, ein leeres Blatt Papier und ein Stift. Auf dem Papier wird zunächst eine sogenannte *Scalar Line*, eine horizontale Linie, gezeichnet und darauf sechs Trennstriche in gleich großen Abständen gesetzt. Im Anschluss werden diese mit den Zahlen von 1 bis 6 durchnummeriert. Die Nummer eines Markers steht dabei für die potenzielle Augenzahl des Würfels, sodass Trennstrich 1 für die Augenzahl 1, Trennstrich 2 für die Augenzahl 2 etc. steht. In der Folge wird gewürfelt, wobei der Becher jedoch nicht aufgedeckt wird. Nun soll die Zahl auf der Scalar Line erspürt werden. Dazu bekommt das Unterbewusstsein die Anweisung, die Antwort der gesuchten Information durch eine Temperaturveränderung in der Hand erkenntlich zu machen, und zwar in der Art, dass die Augenzahl des Würfels auf der Scalar Line heiß, der Rest der Linie kalt ist. Ist die Intention gesetzt, wird die Handfläche langsam und im Abstand von 1-2 cm über der Linie entlang bewegt und hineingespürt, wo sich der Bereich wärmer anfühlt. Sobald das Gefühl entsteht, den Bereich identifiziert zu haben, wird dieser markiert. Der am nächsten gelegene Trennstrich gibt die Augenzahl an, die der Würfel gleich zeigen wird, und stellt somit eine Vorhersage dar. Im Anschluss kann das Ergebnis offengelegt, der Würfelbecher angehoben und abgeglichen werden.

Das Anheben des Bechers und das Aufdecken des Würfels simulieren hier ein zukünftiges Ereignis, dessen Ausgang mit Hilfe der Scalar Line vorhergesagt wird. Genau genommen müsste der Würfel geworfen werden, nachdem die Vorhersage getroffen wurde[21]. Da jedoch kleinste Zufälle und Muskelbewegungen das Ergebnis beeinflussen, werden diese Störeinflüsse zum Zwecke der Übung ausgeschaltet, indem der Würfel zuerst verdeckt geworfen und dann die Vorhersage der in wenigen Augenblicken zu sehenden Augenzahl vorgenommen wird. Diese Übung erfordert anfänglich ein gewisses Training, damit das Unterbewusstsein versteht, was von ihm gefordert wird, und die Temperaturveränderung tatsächlich spürbar wird.

[21] Es bleibt dem Leser überlassen, das Würfeln zeitlich nach der Vorhersage stattfinden zu lassen und Veränderungen in der Trefferquote zu identifizieren.

18. Remote Influencing

Es hat sich in der Praxis herausgestellt, dass ein Target nicht geviewt werden kann, ohne es in irgendeiner Weise (minimal) zu beeinflussen. Zum Beispiel ist der Eiffelturm so oft von Remote Viewern mental besucht worden, dass sie in der Regel keine Schwierigkeiten haben, ihn in ihren Sessions zu beschreiben, was ihn zu einem idealen Target für Anfänger macht. Alles hinterlässt seine informatorischen Spuren, auch die Durchführung einer Remote Viewing Session. Es scheint, als ob die vielen Besuche eine Art mentale Datenautobahn zu diesem Ort geschaffen haben. Jedes Target wird allein durch die Tatsache, dass es geviewt wird, *beeinflusst*. Denn die Information, dass ein Viewer mental dort war, wird Teil des Informationsfeldes des Ziels und kann von anderen Viewern wahrgenommen werden.

Darüber hinaus werden seit Jahrzehnten Experimente und Studien zur mentalen Beeinflussung (Suggestion) von Menschen im wissenschaftlichen Rahmen durchgeführt. So hat sich eine Technik etabliert, die als *Remote Influencing* (RI) bezeichnet wird und speziell darauf abzielt, eine Zielperson im Rahmen einer Remote Viewing Session zu beeinflussen, ohne dass diese die Einflussnahme bewusst wahrnimmt.

Wenn in diesem Kapitel von Remote Influencing die Rede ist, so ist damit die von Lyn Buchanan entwickelte, verfeinerte und auf ihre Wirksamkeit hin evaluierte Methode gemeint[22]. Hier macht sich bemerkbar, dass Lyn Buchanan als ehemaliger Datenbankmanager der Militäreinheit in Fort Meade immer größten Wert darauf gelegt hat, dass alles, was beim Remote Viewing bzw. Influencing eingesetzt wird, nachweisbar funktionieren muss. Leider validieren nur sehr wenige Remote Viewer ihre Methoden mit einer solchen Gründlichkeit. Da Remote Influencing ein eher dubioses Schattendasein führt und kaum professionell ausgebildet wird, ist ein regelrechter Wildwuchs entstan-

[22] Genau genommen heißt Lyn Buchanans Methode hier *Controlled Remote Influencing*.

den. Viele Viewer verwenden ihre eigenen, mehr oder weniger guten Ansätze. Was dabei meist übersehen wird: Remote Influencing birgt erhebliche Risiken, sowohl für die Zielperson als auch für den Viewer selbst. Daher ist es für ungeschulte Anwender nicht ratsam, RI unbedacht einzusetzen. Darüber hinaus ist es eine ethische Frage, wann und unter welchen Umständen jemand beeinflusst werden darf. Dieser Frage wird sich dieses Kapitel widmen. Vor der Ethik werden jedoch die Prinzipien und Wirkungsmechanismen des Influencings beleuchtet.

Unterbewusste Kommunikation

Remote Influencing erfordert einen guten mentalen Kontakt zwischen Viewer und Zielperson während der Session. Die Methode des RI basiert, wenig überraschend, auf dem Bewusstseinsmodell, wie es im Kapitel *Das Bewusstseinsmodell* vorgestellt wurde. Dort wurde bereits erläutert, dass das Wachbewusstsein, das Unterbewusstsein und der Körper des Viewers zusammenwirken, um ein Target extrasensorisch beschreiben zu können. Dieses Zusammenspiel ist auch beim Remote Influencing von entscheidender Bedeutung. Durch den Einsatz seines Körpers vermittelt der Viewer seine Intention, in welcher Weise die Zielperson beeinflusst werden soll bzw. welche Handlung von ihr erwünscht ist. Hier findet also die Informationsübertragung vom Wachbewusstsein über den Körper zum Unterbewusstsein des Viewers statt. Dieses tritt anschließend mit dem Unterbewusstsein der Zielperson in Kontakt. Wie genau dieser Kontakt zustande kommt, ist nicht geklärt. Klar ist nur, dass er stattfindet. Die Theorie eines kollektiven Bewusstseins als Grundlage scheint hier noch am ehesten zutreffend zu sein.

In jedem Fall kann nun das Unterbewusstsein der Zielperson, sofern RI eine Wirkung zeigt, auf ihren Körper einwirken bzw. den inneren Antrieb zur gewünschten Handlung erzeugen, so dass die Person diese ausführt. Wie noch zu sehen sein wird, werden auf diese Weise Selbstheilungsimpulse ausgelöst. Das Unterbewusstsein der Zielperson leitet in der Folge die Heilung auf der körperlichen Ebene ein. Die folgende Abbildung verdeutlicht den Ablauf der Kommunikation während einer Remote Influencing Session.

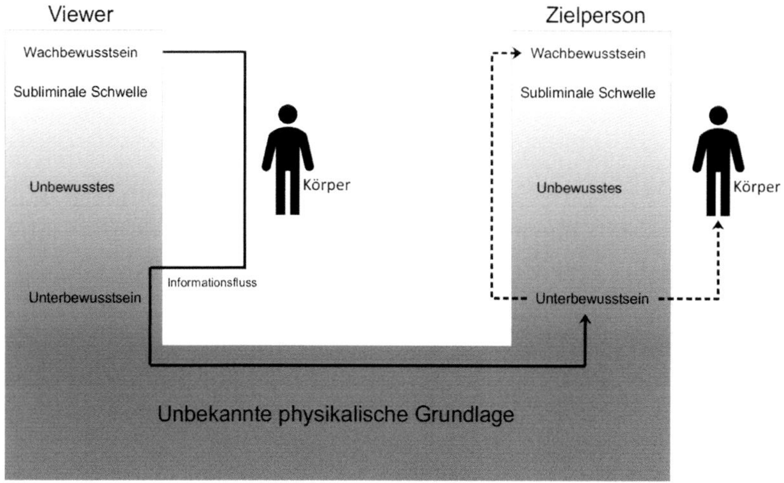

Abbildung 24: Der Kommunikationspfad beim Remote Influencing (durchgezogene Linie). Das Unterbewusstsein der Zielperson kann dann Einfluss auf den Körper und/oder das Wachbewusstsein nehmen, sodass die gewünschte Handlung durchgeführt wird (gestrichelte Linie).

Es wird ersichtlich, dass keine Kommunikation mit dem Wachbewusstsein der Zielperson stattfindet, was bedeutet, dass die Beeinflussung unbemerkt bleibt. Es stellt sich die Frage, wie das Unterbewusstsein einer Person beeinflusst werden kann.

Die Methode des Remote Influencing weist eine hohe Ähnlichkeit mit der Suggestionshypnose auf. Es ist mit RI nicht möglich, einen Menschen gegen seine inneren Überzeugungen, Glaubenssätze und ethischen und moralischen Grenzen zu einer Handlung zu bringen. Dies bedeutet, dass es sich hier nicht um die willenlose Fernsteuerung der Zielperson handelt. Das Unterbewusstsein besitzt seine eigene Motivation und Überzeugungen. Sofern eine Beeinflussung der Zielperson dahingehend erfolgen soll, dass sie eine bestimmte Handlung ausführt, muss das Unterbewusstsein hiervon überzeugt werden. Remote Influencing ist folglich vorrangig Überzeugungsarbeit auf unterbewusster Ebene. Ein guter Remote Influencer ist aus diesem Grund vor allem jemand, der gut argumentieren kann.

Die Argumentation muss dabei auf die Bedürfnisse des Unterbewusstseins abgestimmt werden, um eine erfolgreiche Überzeugung zu erzielen. In diesem Kontext sind rationale Argumente irrelevant. Der Erfolg eines RI-Vorhabens ist maßgeblich von der Effektivität der Argumentation abhängig und es erfordert in der Regel mehrere und mitunter sehr viele Sessions, bis sich dieser einstellt. Im Verlauf eines solchen Projekts kann es zu einem Motivationsverlust des Viewers kommen, was letztlich zum Abbruch des Vorhabens führt, da kein Erfolg sichtbar ist. In der Tat kann ein RI-Bestreben vollständig erfolglos bleiben, wenn die Argumentation nicht stimmt. Dennoch sind auch genügend Fälle dokumentiert, in denen bereits mit einer oder zwei Sessions signifikante Effekte erzielt wurden.

Die im professionell durchgeführten Remote Influencing eingesetzten Techniken gehen über jene aus diversen Remote Viewing Methoden bekannten deutlich hinaus. Unter anderem werden ausgefeilte Trance-Techniken eingesetzt, die in regulären Remote Viewing Sessions keine Anwendung finden.

Remote Influencing in der Heilarbeit

Wie im Kapitel *Das Bewusstseinsmodell* beschrieben und im Kapitel *Ideogramme* exemplarisch aufgezeigt, verfügt das Unterbewusstsein über die Möglichkeit des Zugriffs auf den Körper. Dieser Umstand kann beim Remote Influencing genutzt werden, um das Unterbewusstsein der Zielperson dazu zu animieren, den Selbstheilungsprozess zu aktivieren, Krankheiten zu heilen und körperliche Schäden zu beheben. Hierzu müssen (wie bei regulären RI Sessions) die richtigen Argumente geliefert werden, damit diese Instanz die Heilung veranlasst. In diesem

Zusammenhang werden die Konzepte des primären und sekundären Krankheitsgewinns wichtig. Der primäre Krankheitsgewinn bezieht sich auf die unbewussten Vorteile oder Gewinne, die eine Person durch das Vorhandensein einer Krankheit oder eines Symptoms erlangt, und kann auf verschiedenen Ebenen auftreten. Als Beispiele können hier die Aufmerksamkeit anderer, die Entlastung von Verantwortung sowie die Möglichkeit, bestimmte Aktivitäten oder Verpflichtungen zu vermeiden, genannt werden. Der primäre Krankheitsgewinn ist in vielen Fällen unbewusst und kann dazu führen, dass eine Person ihre Krankheit unwissentlich aufrechterhält oder sogar verstärkt. Demgegenüber steht der sekundäre Krankheitsgewinn, der sich auf die bewussten Vorteile oder Gewinne bezieht, die eine Person durch ihre Erkrankung erfährt. Diese können materieller Natur sein, wie beispielsweise finanzielle Unterstützung oder Versicherungsleistungen, aber auch sozialer Natur, wie etwa Mitleid oder Unterstützung durch andere Menschen. Der sekundäre Krankheitsgewinn kann dazu führen, dass eine Person ihre Krankheit bewusst aufrechterhält oder sogar verstärkt, um diese Vorteile weiterhin zu erhalten.

Das Konzept des Krankheitsgewinns verdeutlicht, dass psychosomatische Effekte einen starken Einfluss auf die Gesundheit haben können. Allerdings ist die Möglichkeit des Unterbewusstseins, heilend auf den Körper einzuwirken, deutlich über das hinausgehend, was im allgemeinen medizinischen Kontext bekannt ist. Es sei darauf hingewiesen, dass der Viewer, der die RI-Session durchführt, die Zielperson nicht selbst heilt. Er veranlasst lediglich die Selbstheilung. Diese kann, je nach unterbewusster Überzeugung und Qualität der Argumentation seitens des Viewers, sehr schnell eintreten. Die Erfahrung zeigt, dass Verletzungen und Wunden mit RI sehr gut in die Selbstheilung gebracht werden können, da hier unterbewusste Widerstände gering sind. Bei chronischen sowie psychischen Krankheiten hingegen ist die Gegenwehr in der Regel groß und es erfordert entsprechend mehr Aufwand, um den Klienten in die Genesung zu bringen.

Des Weiteren hat sich gezeigt, dass die Kooperation mit Ärzten einen enorm positiven Einfluss auf den Erfolg des Remote Influencing haben kann. Obgleich Ärzte in der Regel wenig Bereitschaft zur Zusammenarbeit mit Viewer zeigen, können die wertvollen medizinischen Einblicke von Ärzten dafür genutzt werden, um die Heilung punktgenau anzustoßen. In Jerrys Fall, bei dem per RI die Heilung einer schweren Wunde angeregt werden sollte, konnten per Remote Influencing tagesaktuell kritische Blutwerte und andere körpereigene Faktoren (wie die Bildung von Granulationsgewebe) erfolgreich beeinflusst werden. Dieses Beispiel zeigt, dass RI nicht in Konkurrenz zur Medizin steht, sondern in der Zusammenarbeit mit der Medizin ein bislang unerschlossenes Potenzial birgt.

Fallbeispiel

Im Folgenden soll anhand eines Fallbeispiels das Potenzial von korrekt und professionell durchgeführtem Remote Influencing im Kontext der Heilarbeit aufgezeigt werden. Im vorliegenden Fall handelt es sich um eine Klientin im Alter von ca. 60 Jahren, die aufgrund chronischer Tennisarme die Unterstützung von Remote Viewern suchte[23]. Die Symptomatik manifestierte sich bei der Klientin seit über sieben Jahren bei jeder Belastung der Arme in Form von Schmerzen in beiden Ellbogen. Auch in der Nacht wachte sie regelmäßig auf, da die fehlende Bewegung ebenfalls zu Schmerzen führte. Des Weiteren war die Frau durch ihren Beruf einer hohen körperlichen Belastung ausgesetzt, was erschwerend hinzu kam. Den Remote Viewern stand für die Bearbeitung dieses Falls ein Zeitfenster von zwei vollständigen Wochenenden zur Verfügung. Innerhalb der vier Tage erfolgte eine intensive Anwendung von Remote Influencing an der Klientin.

---

[23] Die Autoren dieses Buches haben den vorliegenden Fall gemeinsam mit ihren Schülern bearbeitet. Wir möchten uns bei der Klientin für die Erlaubnis bedanken, ihren Fall in diesem Buch ausführen zu dürfen.

Bereits am Sonntag des ersten Wochenendes berichtete die Klientin von einem intensiven Traum, den sie in der Nacht zuvor hatte. Dies erschien ihr insofern ungewöhnlich, als dass sie normalerweise nicht sehr intensiv träumte. In dieser Traumsequenz wurde im erweiterten Kontext ihre Arbeit thematisiert sowie die Notwendigkeit, etwas loszulassen. Zu ihrer Verwunderung stellte sie am Morgen des darauffolgenden Tages fest, dass sie keinerlei Schmerzen in den Armen verspürte. Überrascht, nach über sieben Jahren schmerzfrei zu sein, lief sie in ihrer Wohnung herum und hob allerlei schwere Gegenstände, wie beispielsweise Getränkekisten, hoch. Trotz der körperlichen Belastung blieben die Schmerzen aus.

Der Sonntag begann für das Team der Remote Viewer entsprechend mit einer freudigen Nachricht. Obgleich sie noch weitere Sessions durchführten, beendeten sie ihre Arbeit an diesem Tag vorzeitig, da sie mit dem erzielten Ergebnis außerordentlich zufrieden waren.

In den darauf folgenden Wochen blieb die Klientin schmerzfrei und konnte zudem durchschlafen. Nach gut sechs Wochen kehrten die Schmerzen minimal zurück. Sie traten ausschließlich bei der Arbeit und unter psychischer Belastung auf, wobei sie jedoch nicht mit denen vergleichbar waren, die die Klientin sieben Jahre lang ertragen hatte. Sie konnte unabhängig davon nachts weiterhin durchschlafen, ohne von schmerzenden Armen geweckt zu werden.

Unabhängig vom Erfolg kam es zu einer erneuten Zusammenkunft der Viewer, da für die Frau ein weiteres Remote Influencing Wochenende zur Verfügung stand. Sie hatten in ihren Sessions herausgefunden, dass die Tennisarme direkt mit der persönlichen, insbesondere der beruflichen Situation der Klientin in Zusammenhang standen. Daher wurde am zweiten Wochenende mit Zustimmung der Klientin daran gearbeitet, dass diese aus eigenem Antrieb heraus die berufliche Situation verbessern würde. Das Resultat des Wochenendes war, dass sie sich gut zwei Wochen später dazu entschied, den Beruf ebenso wie den Wohnort zu wechseln, um näher bei ihrer Familie zu leben. Zudem war sie entschlossen, mehr Zeit für sich zu nehmen und ihre Aufopferung für die Arbeit auf ein gesundes Maß zu reduzieren. Die veränderte Geisteshaltung verband sie dabei erst mit der Arbeit der Influencer, als sie etwas später darauf aufmerksam gemacht worden war. Die mentale Veränderung vollzog sich demnach unbewusst. Die Schmerzen der Tennisarme blieben auf niedrigem und leicht erträglichem Niveau vorhanden und kehrten in ihrem vollen Ausmaß nicht wieder zurück.

Eine Frage der Ethik

Die Durchführung von Remote Influencing birgt, sofern sie korrekt erfolgt, ein beträchtliches Potenzial zur Hilfe und Heilung, allerdings auch zur Schädigung von Personen. Es bedarf keiner großen Vorstellungskraft, um zu erkennen, dass Zielpersonen zu schadhaften Handlungen in Bezug auf sich selbst und andere gebracht werden können. Aus dieser Perspektive heraus lässt sich das geringe Angebot an Ausbildungsmöglichkeiten in Bezug auf diese Methode durchaus nachvollziehen[24].

Aus ethischer Perspektive lassen sich vier Regeln ableiten, die im Rahmen von Remote Influencing allgemeingültig beachtet werden sollten:

- Verwende RI niemals zum Schaden der Zielperson.
- Wende RI nur mit Zustimmung der Zielperson an, außer in der Heilarbeit.
- Achte auf das eigene Wohlbefinden.
- Übe Remote Influencing zunächst an dir selbst.

---

[24] Die Autoren sind in Remote Influencing nach Lyn Buchanan ausgebildet und wenden diese Methode ausschließlich im Rahmen der Heilarbeit an. Zudem werden nur Schüler zur RI Ausbildung zugelassen, die sie gut kennen. Die Entscheidung über die Vergabe eines Zugangs erfolgt darüber hinaus individuell für jeden Schüler durch die Autoren. Bei Bedenken behalten sich diese das Recht vor, den Zugang zum Seminar abzulehnen.

In Bezug auf Punkt 1 ist festzuhalten, dass sich Remote Influencing in der Vergangenheit bei mehr als einer Gelegenheit als Boomerang erwiesen hat. Ein Viewer, der sich hier unlauterer Methoden bedient, läuft Gefahr, dass ihn selbst mehr oder weniger schwere Schicksalsschläge ereilen. Die Wirkmechanismen, die diesem Phänomen zugrunde liegen, mögen wie auch immer erklärt werden, zeigen jedoch, dass der Viewer aus eigenem Interesse heraus stets Vorsicht walten lassen und seine Intentionen hinterfragen sollte. Glücklicherweise lässt sich auch eine umgekehrte Wirkung beobachten: Durch den Einsatz von RI für positive und helfende Zwecke berichten Viewer regelmäßig davon, dass auch in ihrem Leben positive Einflüsse Einzug erhalten.

In Bezug auf den zweiten Punkt stellt sich die Frage, ob es überhaupt sinnvoll ist, Remote Influencing nur mit Zustimmung der Zielperson durchzuführen. Dies ist der Fall.

Wie Menschen auf Suggestionshypnosen zurückgreifen, um etwa weltliche Süchte wie Schokolade und Nikotin in den Griff zu bekommen oder um mehr Sport zu treiben, so wenden sie sich auch mit solchen Anfragen an RI-kundige Viewer. Im Heilbereich ist die Regel aus Punkt 2 weniger streng zu betrachten, da davon auszugehen ist, dass eine Genesung von Krankheit bzw. körperlichen Leiden prinzipiell erstrebenswert ist. Daher kann RI zu Heilzwecken, insbesondere in dringenden Fällen, ohne Zustimmung angewendet werden.

Und schließlich wird unter Punkt 3 das eigene Wohlbefinden des Viewers herangezogen. Es sei an dieser Stelle festgehalten, dass vor der Durchführung eines RI-Vorhabens eine Nutzen-Risiko-Abwägung durchgeführt werden muss. Der Grund dafür ist, dass während des Remote Influencing das Unterbewusstsein des Viewers mit dem der Zielperson in Kontakt steht. Das Ziel des Vorhabens besteht darin, das fremde Unterbewusstsein von der gewünschten Handlungsweise zu überzeugen. Allerdings kann im schlimmsten Fall genau der gegenteilige Effekt auftreten, sodass das Unterbewusstsein des Viewers von den Argumenten des Unterbewusstseins der Zielperson überzeugt wird, und nicht umgekehrt. Im Bereich der Heilarbeit kann es beispielsweise dazu kommen, dass der Viewer in den Tagen oder Wochen nach dem RI genau die Krankheit bzw. die körperlichen Beschwerden entwickelt, die er bei der Zielperson heilen wollte. Das Unterbewusstsein der Zielperson hat das Unterbewusstsein des Viewers also davon überzeugt, dass es besser ist, krank zu sein. Das Prinzip lässt sich auf RI-Vorhaben außerhalb der Heilarbeit übertragen und verdeutlicht, dass der Viewer immer ein gewisses Risiko trägt. Dem muss er durch sauberes Arbeiten Rechnung tragen, um die Gefahr zu minimieren.

Der vierte und letzte Punkt besagt, dass Schüler des RI ihre Fähigkeiten nicht an anderen trainieren sollten. Die Mitmenschen sind keine Versuchskaninchen. Der Schüler hat die Möglichkeit, an sich selbst zu arbeiten, seine RI-Techniken zu verfeinern und bei Bedarf beispielsweise seine Sucht nach Schokolade zu senken oder sein Bedürfnis nach Gemüse, Obst und Bewegung zu steigern.

Übung

Die Methode des Remote Influencing kann zunächst im kleineren Kontext erprobt werden, um ihre Funktionsweise zu testen. Für die Durchführung dieser Übung wird eine Zielperson benötigt, die sich im gleichen Raum befindet. Die betreffende Person sollte über das Influencing Vorhaben im Unklaren gelassen werden und sich idealerweise mit leichten, nicht zu anspruchsvollen Tätigkeiten befassen. Ein mentaler Zustand des Nichtstuns ist hierfür optimal. Derlei Gelegenheiten lassen sich beispielsweise in einem öffentlichen Café finden. Auch der eigene Partner beim morgendlichen Zeitunglesen eignet sich gut.

Der Sinn der Übung besteht darin, die Zielperson dazu zu bringen, sich am Hinterkopf, an der Nase oder am Ohr zu kratzen. Dazu ist eine mentale Verbindung mit dieser erforderlich. Es ist dabei von Vorteil, wenn eine freie Sicht auf sie gewährleistet ist. Die betreffende Person darf jedoch keinerlei Kenntnis von den Absichten erlangen. Um eine mentale Verbindung zur Zielperson aufzubauen, ist es erforderlich, sich mental mit ihr zu verbinden. Dies erfordert eine gewisse Übung, ist jedoch grundsätzlich durchführbar, sofern die Bereitschaft dazu vorhanden ist. Ist der Kontakt hergestellt, stellt man sich vor, wie die eigene Nase beginnt, stark zu jucken, und wie schön und erlösend es wäre, sich jetzt zu kratzen!

Es ist empfehlenswert, sich in diese Situation so weit hineinzuversetzen, bis der Eindruck entsteht, das Jucken der eigenen Nase tatsächlich zu spüren. Es ist jedoch zu vermeiden, sich tatsächlich zu kratzen. Währenddessen wird der mentale Kontakt zur Zielperson aufrechterhalten, was anfangs etwas Übung bedarf. Zudem ist es erforderlich, die Intention zu setzen, das furchtbare Gefühl des Juckens ebenso wie die Aussicht auf Erleichterung durch das Kratzen an die Zielperson zu übertragen.

Es ist durchaus möglich, dass es einige Minuten dauert, doch letztlich wird die Zielperson nicht umhin können, sich ausgiebig an der Nase zu kratzen. Für sie stellt diese Handlung eine beiläufige, kaum bewusst durchgeführte Handbewegung dar. Sie ist sich nicht bewusst, dass der Impuls von einer anderen Person ausgegangen ist.

19. Ethik im Remote Viewing

Die Frage nach der Ethik stellt sich spätestens dann, wenn es um das Viewen von Personen oder gar deren Beeinflussung geht. Es kann grundsätzlich die Behauptung aufgestellt werden, dass jedes Lebewesen gläsern ist, sprich nicht davor gefeit ist, dass ein Anderer ohne Erlaubnis jegliche Information zutage befördern kann. In der Theorie bietet eine Session die Möglichkeit, alles in Erfahrung zu bringen, was gewünscht ist. Des Weiteren besteht mittels Remote Influencing die Option, gezielt einzugreifen und zu beeinflussen.

Ein Viewer ist in der Lage, durch Wände zu sehen. Ob diese physischer oder psychischer Natur sind, spielt hierbei keine Rolle. Zu Beginn einer Karriere als Remote Viewer besteht die Gefahr, dass die neu entdeckten Möglichkeiten dazu verleiten, über das Ziel hinauszuschießen. Dies birgt nicht nur Gefahren für die ins Target involvierten Personen, sondern auch für den Viewer selbst, denn auch hier greift das Gesetz der Resonanz und die Dinge fallen auf ihn zurück. Um von Beginn an eine ethisch korrekte Anwendung des Remote Viewing zu gewährleisten, wird in diesem Kapitel ein Leitfaden ethischer Grundsätze präsentiert, die sowohl im zwischenmenschlichen Bereich als auch für den Ablauf des Remote Viewing förderlich sein können. Der Leitfaden versteht sich als Anregung und kann nach Bedarf erweitert werden. Die Basis bildet jedoch stets die Goldene Regel, die Immanuel Kant in Form des Kategorischen Imperativs zum Ausdruck brachte:

Handle nur nach derjenigen Maxime, durch die du zugleich wollen kannst, dass sie ein allgemeines Gesetz werde.

Ethische Leitlinie für Remote Viewer

1. Dem Viewer obliegt die Kontrolle

Der erste Grundsatz besagt insbesondere, dass der Viewer darüber entscheidet, welche Handlungen in der Session durchgeführt werden und welche nicht, sowie darüber, wann er das Target verlassen möchte und die Session beendet ist. Unter allen Umständen hat das Wohlbefinden des Viewers Vorrang vor allem anderen. Aus diesem Grund wird er durch den Monitor in adäquater Weise unterstützt, sodass eventuell auftretende Schwierigkeiten und Unsicherheiten gelöst werden können.

2. Wohl durchdachte Targets mit einem Maximum an Sicherheit

Dieser Punkt besagt, Ziele so zu wählen, dass sie unter Berücksichtigung etwaiger Fragestellungen für den Viewer möglichst sicher und keine Gefahren erkennbar sind. Ist die Sicherheit nicht abzusehen, ist der Viewer mit räumlicher oder zeitlicher Distanz ins Zielgebiet zu schicken, sodass er sich schrittweise dem kritischen Teil dessen nähern kann. In die Rubrik wohl durchdachter Targets zählt weiter, dem Viewer keine Taskings auf sich selbst zu geben, wenn nicht ausdrücklich erwünscht. Der Tasker ist sich seiner Verantwortung bewusst und handelt umsichtig.

3. Loyalität bewahren

Innerhalb einer Session können Viewer emotional werden. Tränen, Wut und Trotz werden ebenso erlebt wie spontane Flüche. Des Weiteren werden dem Monitor Informationen über die Ansichten des Viewers zugänglich. Auch die geheimen und die fast unscheinbaren Mikrobewegungen geben Aufschluss über den Viewer. Diese Informationen sollten niemals nach außen getragen werden und stets als Geheimnis zwischen Viewer und Monitor bewahrt werden.

4. Ausschluss von Missbrauch

Die Versuchung ist groß, den Viewer für persönliche und interessenbasierte Targets einzusetzen, auch wenn diese Ziele kategorisch ausgeschlossen werden oder ihm Schaden zugefügt werden könnte. Eine Vielzahl von Viewern verfügt über eine sogenannte *No-Go-Liste*. Diese beinhaltet Arten von Targets, welche grundsätzlich nicht geviewt werden möchten. Dies ist zu berücksichtigen und zu akzeptieren.

5. Es gibt keine schlechten Viewer

Selbst absolute Anfänger sind oft in der Lage, grandiose Sessions abzuliefern. In umgekehrter Weise können erfahrene Viewer auch einmal einen schlechten Tag haben. Es ist zu respektieren, dass Remote Viewing eine geistige Fähigkeit ist, die der Tagesform und anderen einflussnehmenden Faktoren unterliegt. Letztlich lassen sich Viewer mit mehr oder weniger Erfahrung unterscheiden. Eine Differenzierung zwischen gut und schlecht kann zu einem Erfolgsdruck führen, der sich nicht nur auf die Ergebnisse, sondern auch auf die Freude am Viewen auswirkt. In diesem Zusammenhang ist zu akzeptieren, dass nicht jeder über umfassende Kenntnisse hinsichtlich Remote Viewing und dessen Geschichte verfügt. Selbst die US-amerikanischen Militärviewer sind sich alles andere als einig darüber, wie, was und wann in der Militäreinheit gelehrt wurde bzw. was sich Ingo Swann dabei gedacht hat. Eine objektive Wahrheit lässt sich nicht mehr feststellen, weshalb der Wissensstand eines jeden Viewers zu respektieren ist. Vernünftige Diskussionen sind Streitereien stets vorzuziehen.

6. Kein ungefragtes Testen

Es ist als respektlos zu bezeichnen, einen Viewer ungefragt auf seine Stärken oder Viewing-Fähigkeiten hin zu testen. Niemand möchte ohne Erlaubnis auf die Probe gestellt werden. Im schlimmsten Fall kann das dazu führen, dass der Viewer das Vertrauen verliert, eine Blockade entwickelt und sich aus Angst vor einer Wiederholung auf keine weiteren Sessions mehr einlässt.

7. Kein Abgreifen persönlicher Eigenschaften

Beim Viewen von Menschen besteht eine hohe Versuchung, etwas tiefer zu schauen, um an Informationen zu gelangen, die mit dem normalen Auge nicht wahrnehmbar sind. Dies überschreitet eine Grenze und sollte absolut tabu sein, auch wenn der Geviewte dies vermutlich niemals merken würde. Die Wahrnehmung ist auf die Beschreibung beobachtbaren Verhaltens zu beschränken. Das Abgreifen von beispielsweise Schwächen, Ängsten, sexuellen Fantasien und Geheimnissen ist unzulässig, es sei denn, die betreffende Person hat ihre Einwilligung erteilt oder es gibt einen zwingenden Grund hierfür. Die verborgenen Informationen unterliegen der Geheimhaltung und sind als höchst private Angelegenheit zu betrachten.

8. Keine ungefragte Manipulation

Es erfolgt keine Manipulation. Da sich Remote Viewing auch dazu eignet, Einfluss auf Menschen zu nehmen, ist hierbei größte Vorsicht und Sorgfalt geboten. Auch hier gilt: Eine Manipulation bedarf entweder der Erlaubnis des Betroffenen vor der Session oder aber sehr wichtiger Gründe.

9. Handeln mit Sessionergebnissen

Die Ergebnisse aus Sessions werden ausschließlich zum Wohle und Nutzen der Klienten eingesetzt. Der Remote Viewer ist dabei an sein Gewissen und seine eigene Moral gebunden. Es ist von entscheidender Bedeutung, bei der Verwendung von Sessions den eigenen moralischen Kompass zu Rate zu ziehen. Dürfen Sessionergebnisse so verwendet werden, dass sie jemandem Schaden zufügen, oder dazu, Täter eines Raubüberfalls ausfindig zu machen? Was, wenn der Täter aus purer Verzweiflung und Mittellosigkeit gehandelt hat, um Essen für seine Kinder zu stehlen? Eine allgemeingültige Antwort auf die Frage, wie in diesem Fall zu entscheiden ist, kann nicht gegeben werden. Die richtige Verhaltensweise besteht jedoch darin, sich seiner inneren Überzeugung bewusst zu werden und nach der eigenen Moral zu handeln. Dazu zählt auch, Ergebnisse nur nach bestem Wissen und Gewissen (u.a. durch qualifizierte Durchführung der Session, Sicherstellung möglichst belastbarer Ergebnisse etc.) Auftraggebern und/oder der Öffentlichkeit zu präsentieren. Sofern Zweifel hinsichtlich der Frage bestehen, was als richtig zu erachten ist, kann dies in der Gruppe, etwa im Projektteam, erörtert und gemeinsame Antworten gefunden werden. Insofern ist der Diskurs das Mittel der Wahl, sofern Zweifel bestehen.

20. Beispielsession

Auf den folgenden Seiten wird eine Beispielsession dargestellt. Dabei beschränkt es sich auf Auszüge aus relevanten Stellen. Das gesamte Sessionprotokoll umfasst mehr als 50 Seiten. Das zugrunde liegende Target ist der Start der Saturn V Trägerrakete von Cape Canaveral am 16. Juli 1969 im Rahmen der Apollo 11-Mission, der ersten bemannten Mondmission.

Abbildung 25: Das Target ist der Start der Trägerrakete der Apollo 11 Mission auf Cape Canaveral.

Abbildung 26: Die Startrampen auf Cape Canaveral liegen auf der rechten Insel[25].

Wie in obiger Abbildung zu sehen ist, liegen die Startrampen auf der Insel rechts, der Launch Complex 39A, von dem die Saturn V Rakete der Apollo 11 Mission startete (mit einem Pfeil gekennzeichnet). Die linke Seite zeigt das Festland von Florida. An dieser Stelle sowie am südwestlich der Startrampe gelegenen NASA Causeway befanden sich Zuschauertribünen.

Die nachfolgenden Abbildungen präsentieren Auszüge aus dem Sessionprotokoll des Viewers. Wie üblich begann er seine Sitzung, ohne über das Target im Bilde zu sein. Des Weiteren wurde ohne Monitor in drei Einzelsitzungen mit einem Abstand von je ein bis zwei Tagen gearbeitet. Aufgrund des massig vorhandenen Feedbacks zum Target kann hier von einer Trainingssession gesprochen werden.

[25] Die Abbildung enthält Informationen von OpenStreetMap.org und steht unter der Open Database License (ODbL) Lizenz.

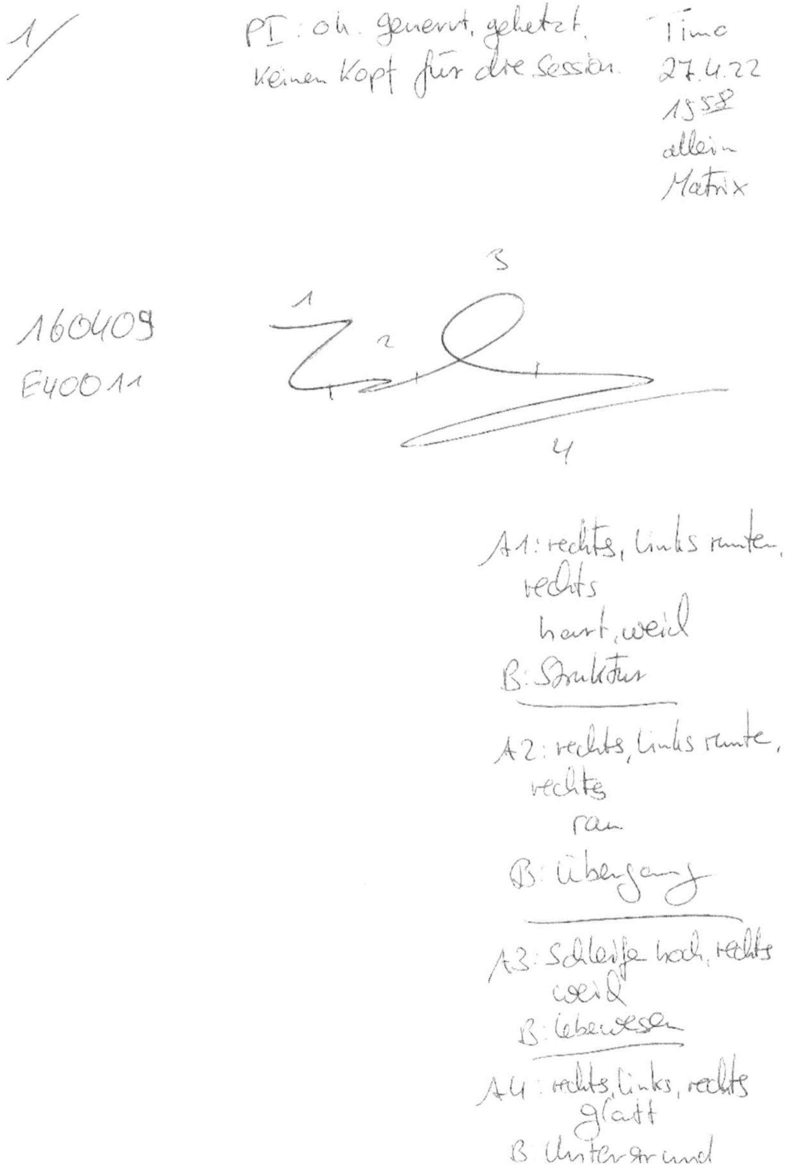

1/

PI: ok. genervt, gehetzt, keinen Kopf für die Session.

Timo
27.4.22
1558
allein
Matrix

160409
E40011

A1: rechts, links runter, rechts
hart, weich
B: Struktur

A2: rechts, links runte, rechts
ran
B: Übergang

A3: Schleife hoch, rechts
weich
B: Lebewesen

A4: rechts, links, rechts
glatt
B: Untergrund

Abbildung 27: Die erste Seite der Stufe 1. Mit Hilfe von Ideogrammen sammelt der Viewer erste Gestaltwahrnehmungen.

In Abbildung 27 ist zu erkennen, dass der Viewer zu Beginn der Session erste Gestaltwahrnehmungen gesammelt hat, nämlich *Struktur, Übergang, Lebewesen* und *Untergrund.* Im weiteren Verlauf der Session kristallisiert sich die Struktur als Zuschauertribüne heraus, während der Übergang als Wasser zwischen Beobachter und der Insel des Launch Pads zu deuten ist. Die Lebewesen werden zu späteren Zeitpunkten als Beobachter identifiziert. Der Untergrund führt schließlich zur Strandpromenade des Festlandes, auf der sich Zuschauertribünen befanden.

Es ist bemerkenswert, dass der Viewer als erste Gestaltwahrnehmungen hier die Zuschauer bzw. Beobachter und deren Umfeld erhält, nicht aber den Raketenstart.

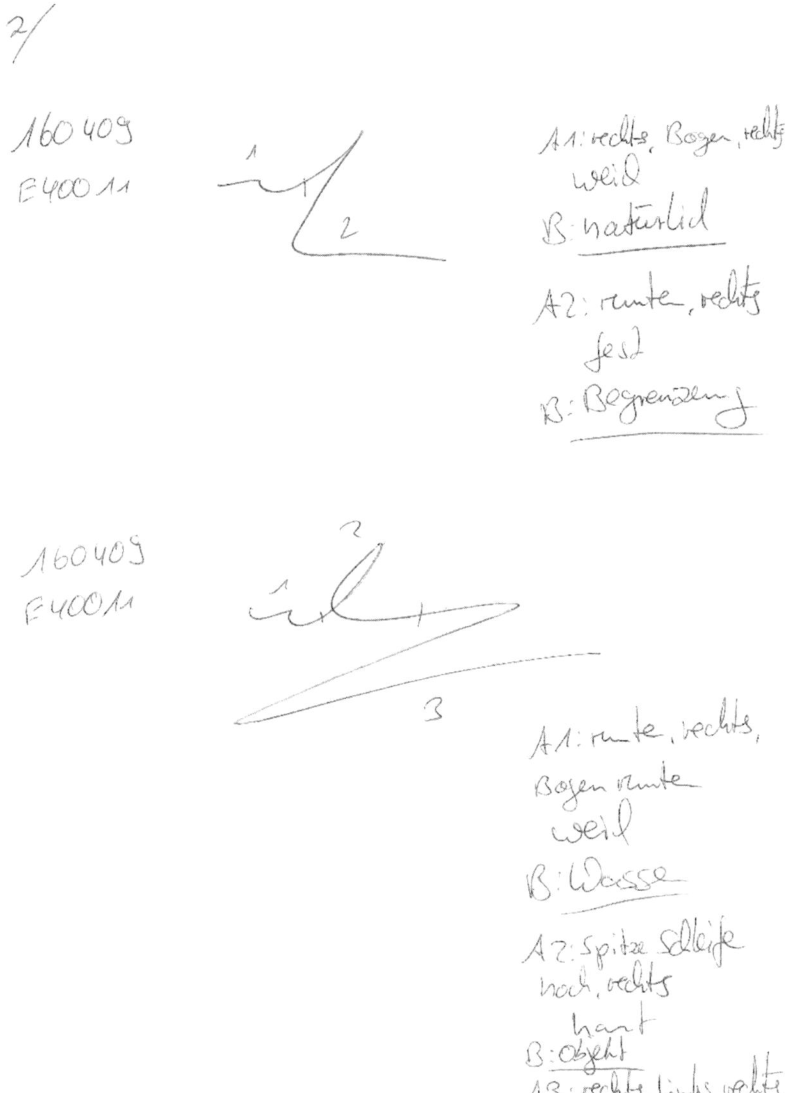

2/

160409
E40011

A1: rechts, Bogen, rechts
weich
B: natürlich

A2: runter, rechts
fest
B: Begrenzung

160409
E40011

A1: runter, rechts,
Bogen runter
weich
B: Wasser

A2: Spitze Schleife
hoch, rechts
hart
B: Objekt
A3: rechts, links, rechts
glatt
B: Untergrund

Abbildung 28: Auf Seite 2 sammelt der Viewer weitere Gestaltwahrnehmungen.

In Abbildung 28 lässt sich erkennen, dass der Viewer auf Seite 2 weitere Gestaltwahrnehmungen mit Hilfe seiner Ideogramme sammelt. Die Begrenzung und Natur, hier fälschlicherweise durch das Adjektiv *natürlich* bezeichnet, sind Teil des Festlandes und beziehen sich erneut auf die Strandpromenade. Unten bekommt der Viewer die Archetypen *Wasser*, das später dem Ozean zuzuordnen ist, ein *Objekt*, das sich im Laufe der Session als die Rakete herausstellt, und einen *Untergrund*, der später dem Gelände entspricht, von dem aus die Rakete startete.

S/

blau
tief
aufgewühlt
groß
begrenzt

S2 (Objekt)
hoch
spitz

AOL Eiffelturm

grau
weiß
hart
künstlich

AI: Beobachte
links von mir,
Objekt rechts
von mir
-> spannend

rot
hart

Abbildung 29: Der Viewer beschreibt oben das Wasser, anschließend das Objekt. Hier hat er das AOL Eiffelturm, gefolgt von einem Aesthetic Impact.

In Abbildung 29 beschreibt der Viewer mit obigen Eindrücken das Wasser als *blau, tief, aufgewühlt* und *groß*. Der Eindruck *begrenzt* bezieht sich später auf eine harte Begrenzung, was ihn zum AOL Swimming Pool veranlasst. Es handelt sich hier um die Strandpromenade.

Bei der Beschreibung des Objekts (der Rakete) bekommt der Viewer ein AOL Eiffelturm. Kurz darauf berichtet er von seinem ersten Aesthetic Impact, bei dem er zum Ausdruck bringt, dass das beobachtende Lebewesen (der Viewer spricht hier noch von einem einzelnen Beobachter) sich links von ihm befindet, während er das Objekt rechts von sich wahrnimmt. Das Target wird als spannend empfunden.

1) Struktur
2) Übergang
hart nach weich
3) Lebewesen
4) weicher Untergrund
5) tief

Abbildung 30: Eine erste einfache Skizze des Targets.

Auf Seite 9 des Sessionprotokolls skizziert der Viewer zum ersten mal das Target aus seiner Position heraus (Abbildung 30). Die Skizze ist durchnummeriert und unterhalb der Nummerierung beschrieben. Die Notation ab Nr. 6 wird dabei auf einer neuen Seite fortgeführt.

1. Die Struktur links ist nicht verifizierbar und es ist unklar, um was es sich handelt.
2. Hier ist ein Übergang im Untergrund von hart nach weich. Dieser ist ebenfalls nicht verifizierbar.
3. Der Beobachter (noch immer Singular) schaut in die Ferne in Richtung des Objekts.
4. Vor dem Beobachter befindet sich ein weicher Untergrund. Es handelt sich hierbei um das Wasser, das er mit Ziffer 5 als tief beschreibt.
5. Der Ozean zwischen Festland bzw. Zuschauertribünen und Startrampen.
6. Das hohe, turmförmige Objekt, das sich als Rakete herausstellt.
7. Eine harte, leicht abfallende Fläche. Es könnte sich hier um das Launch Pad selbst handeln.
8. Hier befindet sich laut Viewer *künstliches Land.*
9. Hierbei handelt es sich um einen natürlichen Hintergrund. Diese wenig aussagekräftige Information wird bei der Menge an Zuschauern, die den Raketenstart beobachtet haben, garantiert irgendwo zugetroffen haben.

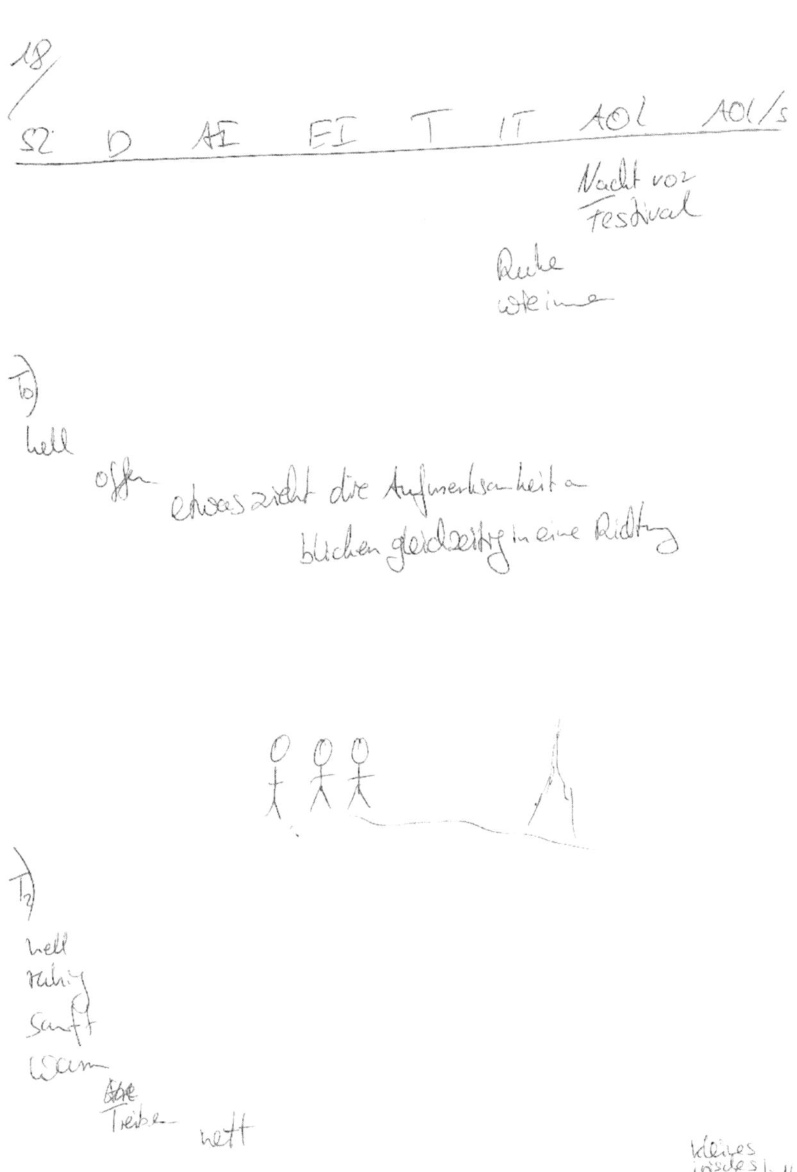

Abbildung 31: Der Viewer bekommt den Eindruck, dass es sich um mehrere Beobachter handelt.

Im Verlauf der Session wird dem Viewer bewusst, dass es sich um mehrere Beobachter handelt, die das turmförmige Objekt in der Ferne beobachten. Dies deutet er durch drei Strichmännchen an. Im weiteren Verlauf erfolgt eine Einschätzung der Anzahl der im Target Anwesenden. Die von ihm angegebene Zahl ist mit ca. 50 – 60 Beobachtern nicht zu verifizieren, da es eine lokale Zuschauergruppe sein könnte.

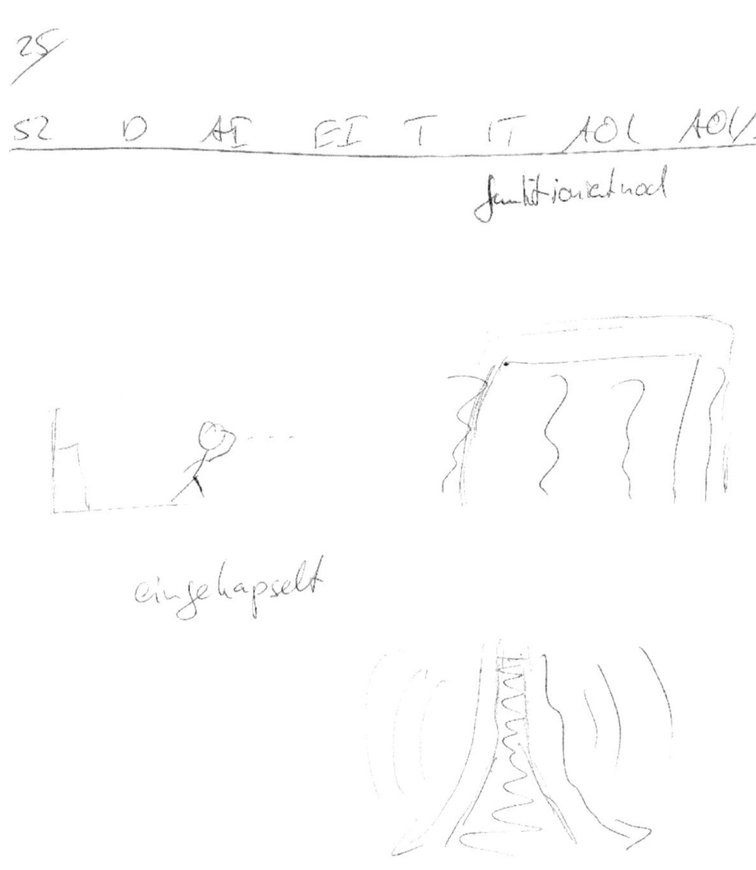

Abbildung 32: Nach einem Move Command bekommt der Viewer die Energie rund um die turmförmige Struktur (Skizze unten rechts).

Auf Seite 23 des Sessionprotokolls wird seitens des Viewers ein Move Command durchgeführt, welcher eine Annäherung an das turmförmige Objekt zur Folge hat. An dieser Stelle nimmt er viel Energie sowie nach unten gleitenden Rauch wahr. Beides wird in der unteren rechten Skizze auf Seite 25 (Abbildung 32) festgehalten. In der Mitte befindet sich das turmförmige Objekt, die drei Bögen links und rechts stellen für ihn die Energie dar, während die Pfeile von oben nach unten den Rauch abbilden. Im Anschluss an die angefertigte Skizze nimmt er das AOL des Eiffelturms beim Neujahrsfeuerwerk wahr.

M9 4/1

N

Hotspot Ambience

real tgt

$1 - \frac{1,7}{13} = 0,87$ Success

Abbildung 33: Lokalisierung des Targets auf einer vorgefertigten Karte.

In Abbildung 33 wird die Lokalisierung des Targets dargestellt. Der Viewer bekam hierfür einen vorgefertigten Kartenausschnitt von Florida und Cape Canaveral, allerdings ohne Beschriftungen, um AOLs vorzubeugen. Die Karte pauste er ab (angedeutet durch die vier rechten Winkel, welche die Grenzen des Kartenausschnitts markieren). Die Angabe der Nordrichtung erfolgt am oberen Rand durch das N. Die Bezeichnung *Hotspot Ambiance* oben rechts gibt Aufschluss über die Methode, mit der der Viewer das Target lokalisierte. Im Kartenausschnitt befinden sich zwei Punkte. Der rechte Punkt stellt die Schätzung des Viewers dar, welche mit *tgt* beschriftet ist. Der linke Punkt repräsentiert den tatsächlichen Ort der Abschussrampe auf der Karte. Letztgenannter wurde nach Beendigung der Session während des Feedbacks eingetragen, um einen Vergleich zur Schätzung zu ermöglichen. Der betreffende Punkt stand folglich im Verlauf der Session nicht zur Verfügung. Im unteren Bereich der Abbildung wurde nach Abschluss der Session durch den Viewer die Genauigkeit seiner Schätzung berechnet, welche hier mit einer Treffgenauigkeit von 87% angegeben ist.

Abbildung 34: Der Viewer fertigt ein 3D Modell an.

Abbildung 34 zeigt das 3D-Modell, welches aus Modelliermasse und Legosteinen besteht. Der Viewer erstellte das Modell am Ende seiner Session. Die linke Seite zeigt die Beobachter, die hier durch ein einzelnes Lego-Männchen repräsentiert werden. Die weiße Fläche davor wird vom Viewer als *künstliches Land* deklariert und lässt auf die Strandpromenade schließen. Die dunklere Fläche, die sich rechts davon befindet, besteht aus blauen Legosteinen und symbolisiert das Wasser. Auf der rechten Seite befindet sich erneut *künstliches Land*, welches durch eine größere weiße Fläche dargestellt wird. Des Weiteren ist dort ein Sockel zu erkennen, auf dem ein turmförmiges Objekt platziert ist. Die Papierstreifen symbolisieren den abfließenden Rauch.

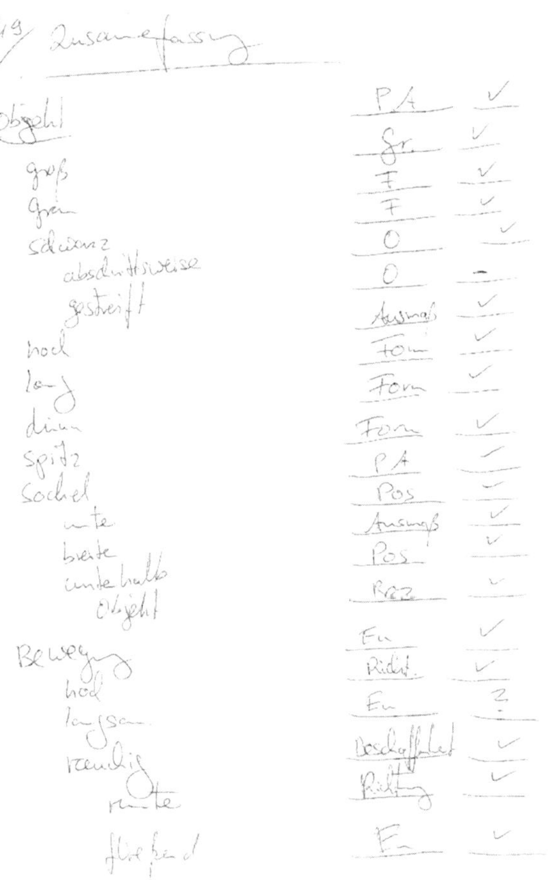

Abbildung 35: Die erste Seite der Zusammenfassung. Der Viewer beginnt mit dem Objekt (der Rakete).

Im Anschluss an die durchgeführte Session wurde seitens des Viewers eine Zusammenfassung erstellt (Abbildung 35). Diese begann mit einer Beschreibung des Objekts bzw. der Rakete. Hier kommen die Abschussrampe (*Sockel*), Rauch und die Bewegung vor, die er in der Session beschrieben hatte. Hinter jedem Eindruck folgte auf einem ersten Querstrich die jeweilige Kategorie des Eindrucks (der Viewer verwendet hier Abkürzungen). Im Anschluss an das Feedback wurde eine Auswertung durchgeführt, in deren Rahmen jeder einzelne Eindruck auf seine Gültigkeit hin überprüft wurde (Querstriche in der rechten Spalte).

Sessionauswertung

INTO THE MATRIX
CONTROLLED REMOTE VIEWING

Datum:	27.4.22	Name:	Timo
Zeit Sessionbeginn:	15 38	Monitor:	Büro
Zeit Sessionende:	30.4.22 18 35	Ort:	allein
Koordinaten:	160409 E40011		
Targetbeschreibung:	Apollo 11 Start		
Targettyp:	[X] Training [ ] Operational [ ] Forschung [ ] ARV		

Anmerkungen: zufrieden

	Ja	Nein	Unbekannt	Summe	Relevant
Physische Aspekte:	5			5	5
Konzepte, Sinn, Zweck:	7		1	8	7
Farben und Beleuchtungen:	8	2	2	12	10
Oberflächen:	6	2	1	9	8
Gerüche:					
Geschmäcker:					
Temperaturen:	2			2	2
Geräusche:	1			1	1
Größen:	5		1	6	5
Formen:	13	3		16	16
Strukturen und Muster:	2		1	3	2
Richtungen:	2			2	2
Begrenzungen:	4		2	6	4
Positionen (räuml. / zeitl.):	3			3	3
Ausmaße (z.B. Höhe/Breite):	4			4	4
Maße (auch nicht-physisch):	1			1	1
Zusammensetzungen:					
Beschaffenheit / Zustand:	3			3	3
Energien (z.B. Bewegungen):	5	1		6	6
Lebewesen (allg. Beschr.):	2		8	10	2
Emotionen:					
Handlungen:	4			4	4
Beziehungen / Verbindungen:	2			2	2
Quantifizierungen:	1			1	1
Relevanz:					
Atmosphäre:	4		1	5	4
Identifikation Zeit / Ort:					
Sonstiges:					
Ortungen (Raum/Zeit):	87 % Genauigkeit; Methode: Hotspot				

A) Anzahl aller Eindrücke:	109	(#Ja + #Nein + #Unbekannt)
B) Anzahl verifizierbarer Eindrücke:	92	(#Ja + #Nein)
C) Anzahl korrekter Eindrücke:	84	(#Ja)
D) Anteil korrekter Eindrücke in %:	91%	(#korrekt (C) / #verifizierbar (B))
E) Subjektive Bewertung Viewer (1-10):	9	

Abbildung 36: Der Viewer fertigt am Ende der Session und nach der Sichtung des Feedbacks eine Auswertung an.

In Abbildung 36 erfolgt die Darstellung der Auswertung des Viewers. In diesem Rahmen hat er alle Eindrücke seiner Zusammenfassung dem Feedback gegenübergestellt und auf Korrektheit validiert. In diesem Auswertungsbogen werden die Ergebnisse zusammengefasst. Im Ergebnis werden von 109 Eindrücken aus der Zusammenfassung 92 als verifizierbar eingestuft (die restlichen 17 können trotz Recherche nicht überprüft werden, da an einigen Stellen kein passendes Feedback verfügbar ist). Von den 92 als verifizierbar eingestuften Eindrücken seiner Zusammenfassung wurden 84 als korrekt und 8 als falsch bewertet. Dies entspricht einer Trefferquote von 91%. Die Auswertung der Session ist somit abgeschlossen. Schließlich werden die Ergebnisse durch den Viewer in seine Datenbank übertragen.

21. Glossar

Remote Viewing: Remote Viewing ist eine Methode der Fernwahrnehmung, die es ermöglicht, Orte, Ereignisse, Personen und Objekte ohne den Einsatz der körperlichen Sinne darzustellen. Der Viewer, der sich der extrasensorischen Wahrnehmung bedient, kennt dabei das Target nicht.

Controlled Remote Viewing: Controlled Remote Viewing (CRV) ist eine spezielle Methode des Remote Viewing. Sie verwendet ein 4+2 Stufenmodell, welchem der Viewer während einer Session folgt und das ihn schrittweise zu einem mentalen Kontakt mit dem Target führt.

Associative Remote Viewing: Die Methode des Assoziative Remote Viewing ermöglicht die Vorhersage zukünftiger Ereignisse, wobei deren Ausgänge mittels Remote Viewing vorhergesagt werden. Das zugrundeliegende Prinzip besagt, dass hier ein schwer zu viewendes Target (der Ausgang des zukünftigen Ereignisses) durch ein leicht zu beschreibendes Target ersetzt wird. Bsp.: Der potenzielle Ausgang des anstehenden Tennismatches *Spieler A gewinnt* wird mit einem einfach zu visualisierenden Target wie dem Eiffelturm assoziiert (verknüpft), während der potenzielle Ausgang *Spieler B gewinnt* mit einem Fischschwarm im Ozean verknüpft wird. Sobald das Match beendet und dessen tatsächlicher Ausgang bekannt ist, wird dem Viewer jenes Feedback (Eiffelturm bzw. Fischschwarm) präsentiert, das mit dem Ergebnis verknüpft wurde. Im Rahmen der Vorhersage bzw. der ARV-Session hat der Viewer die Aufgabe, sein zukünftiges Feedback zu viewen, welches er nach dem Ereignis zu sehen bekommen wird. Auf diese Weise lassen sich Rückschlüsse auf den zu erwartenden Ausgang des Ereignisses ziehen.

Extended Remote Viewing: Der Begriff *Extended Remote Viewing* (ERV) bezeichnet eine Form der extrasensorischen Wahrnehmung, die in Trance bzw. unter Zuhilfenahme von Hypnosetechniken erfolgt. Eine Bearbeitung auf dem Papier erfolgt dabei nicht. Allerdings basiert

ERV auf den Prinzipien des Remote Viewing. Der Viewer kennt das Target nicht, arbeitet mit Eindrücken und bei Bedarf mit Move Commands etc. Es können AOL und AOL/s auftreten. ERV und CRV können kombiniert werden, sodass der Viewer beispielsweise eine Session mit CRV beginnt und ERV als Werkzeug im Verlauf der Session einsetzt.

Remote Viewer: Ein Remote Viewer (oder kurz: Viewer) bedient sich einer Remote Viewing Methode, um ein Target extrasensorisch zu beschreiben. Er kennt dabei das Target nicht.

Monitor: Ein Monitor begleitet den Viewer während einer Remote Viewing-Sitzung und erfüllt dabei eine Vielzahl von Funktionen. So unterstützt er etwa bei Schwierigkeiten mit der Methode und kann Fragen stellen. Ein guter Monitor redet nur das absolut Notwendigste und verhält sich maximal neutral dem Viewer gegenüber.

Target: Das Target (auch Ziel oder Zielgebiet genannt) ist das, was der Viewer in einer Session extrasensorisch beschreiben soll. Es kann sich etwa um einen Ort, ein Ereignis, eine Person bzw. ein Lebewesen, eine Aktivität oder ein Objekt handeln.

Session: Im Rahmen einer Sitzung beschreibt ein Viewer ein Target mithilfe seiner Remote Viewing-Methode. Eine Session kann durch Pausen unterbrochen werden, deren Dauer mehrere Tage und Wochen betragen kann.

Tasker: Ein Tasker erstellt die Aufgabe des Viewers. Er formuliert das Target, also das, was dieser im Rahmen einer Session beschreiben soll. Die Aufgabenstellung bzw. die Targetformulierung wird während des Taskings mit Koordinaten versehen, die Formulierung des Frontloadings vorgenommen, weitere Sessionanweisungen für den Viewer aufgenommen und Feedback gesammelt und aufbereitet.

Koordinaten: Ein Target wird vom Tasker formal mit Koordinaten versehen. Dem Viewer werden diese in einer Session vom Monitor vorgelesen.

Frontloading: Frontloading ist eine Vorab-Information, die dem Viewer vor Beginn der Session mitgegeben wird. Es ist von entscheidender Bedeutung, dass diese Information neutral formuliert wird um potenzielle Vorannahmen zu vermeiden. Ein möglicher Satz könnte wie folgt lauten: *Das Target ist ein Ort, beschreibe den Ort.* Es Es sorgt dafür, dass sich der Viewer auf das Wesentliche des Targets fokussiert und nicht in Belanglosigkeiten abrutscht und hängen bleibt.

Cue: Ein Cue ist ein Stichwort, eine Anweisung oder eine Frage, die der Viewer im Rahmen der Session beantworten bzw. bearbeiten soll. Typischerweise bearbeitet er während einer Sitzung zahlreiche Cues. Beispiele sind etwa die Beschreibung einer Gestaltwahrnehmung, die Ermittlung von Farben eines wahrgenommenen Lebewesens oder auch Move Commands. Cues können vom Monitor vorgeschlagen werden.

Feedback: Der Begriff *Feedback* bezeichnet jegliche Information, die der Viewer nach Beendigung seiner Session über das Target erhält. Targets, über die eine Vielzahl an Informationen verfügbar ist, etwa aus Büchern, Zeitschriften, Fotografien oder Internetseiten, sind als Trainingstargets geeignet. Im Gegensatz dazu werden operationale Sessions auf Ziele durchgeführt, über die nur teilweise oder im Extremfall gar kein Feedback verfügbar ist.

Ideogramm: Ein Ideogramm ist ein unwillkürlich zu Papier gebrachter Linienzug. Das Unterbewusstsein verwendet sie, um Auskunft darüber zu geben, welche archetypischen Gestaltwahrnehmungen im Target vorhanden sind, wie beispielsweise Strukturen, Wasser, Lebewesen, Flächen oder Energien. Man unterscheidet zwischen einfachen Ideogrammen (enthalten lediglich eine Gestalt), zusammengesetzten Ideogrammen (enthalten mehrere Gestalten in einem Linienzug) sowie komplexen Ideogrammen (der Linienzug ist unterbrochen und enthält mehrere Gestalten).

Gestaltwahrnehmung: Eine Gestalt ist eine in sich geschlossene Wahrnehmung, wobei die Summe in der Wahrnehmung mehr ergibt als die Summe ihrer Einzelteile. Die Gestaltgesetze veranschaulichen dies sehr deutlich. Das Unterbewusstsein nimmt die Welt in Gestalten wahr, die es dem Viewer mittels Ideogrammen übermittelt.

I/A/B Sequenz: Eine I/A/B-Sequenz enthält ein Ideogramm (I), eine Analyse der Motion- und Feel-Komponente des Ideogramms (A) sowie eine Ableitung, um welchen Archetyp es sich handelt (B).

Move Command: Ein Move Command ist eine Bewegungsanweisung an den Viewer. Er kann sich frei im Raum und in der Zeit sowie zu sinnbezogenen Aspekten bewegen (*Bewege dich zur Verbindung von Person 1 und 2 und beschreibe die Verbindung*).

Aesthetic Impact: Ein Aesthetic Impact (AI) bezeichnet eine positionsbezogene Wahrnehmung des Viewers. Es kann sich in verschiedenen Formen äußern, beispielsweise in emotionalen Reaktionen auf das Target, der Wahrnehmung von Dingen in Relation zu sich selbst (der Viewer hat beispielsweise das Gefühl, dass sich etwas vor ihm befindet oder dass es viel größer ist als er) oder in einer erweiterten 3D-Wahrnehmung. Das Auftreten eines Aesthetic Impacts signalisiert, dass der Viewer eine Position im Target eingenommen hat. Das erste AI ist somit Voraussetzung dafür, das Target skizzieren zu können.

AOL: Ein Analytic Overlay (AOL) ist eine verstandesseitige Schlussfolgerung des Viewers über das Target. Ein solches äußert sich oft, aber nicht ausschließlich, in der Benennung des Targets. Wenn der Viewer aus den Eindrücken *warm, blau* und *wellig* schließt, dass es sich um ein Meer handeln muss, liegt ein AOL vor. Diese lassen sich prinzipiell nicht verhindern. Der Viewer hat die Aufgabe, AOLs von Eindrücken zu unterscheiden und sie entsprechend gekennzeichnet aufzuschreiben. Viele AOLs äußern sich auf subtile Weise und sind nicht immer leicht erkennbar. Ein solcher Umstand birgt das Risiko, dass er zu Castle Building führt oder die Session in eine vollständig falsche Richtung leitet.

AOL/s: Ein Analytic Overlay/signal line (AOL/s) ist eine persönliche Erinnerung, ein unterbewusster Wunsch oder eine unterbewusste

Angst des Viewers. Es tritt unvermittelt auf und (im Gegensatz zu einem AOL) ohne offensichtlichen Bezug zu den vorherigen Eindrücken. Ein AOL/s hat seine Quelle nicht im Verstand bzw. in einer verstandesseitigen Schlussfolgerung, sondern im Unterbewusstsein selbst. Dieses möchte dem Viewer etwa durch eine persönliche Erinnerung etwas über das Target mitteilen. Er zeigt sich überrascht, dass er sich ausgerechnet jetzt an diese Situation erinnert. Ein AOL/s hat in der Regel einen engen Bezug zum Target und kommt auch in Erinnerungen an Filmszenen, Bücher oder Liedtexte bzw. Melodien daher. Es ist wichtig zu verstehen, dass nicht jede Erinnerung bzw. das Aufkommen unterbewusster Ängste oder Wünsche ein AOL/s ist. Stehen diese in Bezug zu den vorherigen Eindrücken, sind sie als AOL zu bewerten.

Castle Building: Overlays (AOL und AOL/s) können zum sogenannten Castle Building führen. Dabei sortiert der Viewer jegliche Eindrücke aus, die nicht in seine insgeheim vorhandene Annahme über das Target passen. Er äußert und schreibt lediglich jene auf, die diese Annahme bestätigen. Das Problem am Castle Building ist, dass es sich um einen schleichenden, schwer zu bemerkenden Prozess handelt. Eine gute Herangehensweise für die Identifizierung besteht darin, darauf zu achten, ob das, was der Viewer zu Papier bringt, eine offensichtliche Konsistenz aufweist. Dies könnte als Indikator dienen. Falls dem so ist, könnte dies darauf hinweisen, dass eine Geschichte erzählt wird.

Literatur zu weiteren faszinierenden Themen finden Sie im Verlagsprogramm des Ancient Mail Verlags:

Dr. Tamas Lajtner

Die messbare Kraft der Gedanken

Neuentdeckte Beziehungen, erstaunliche Möglichkeiten

ISBN 978-3-95652-241-3, Paperback, Din A5, 268 Seiten, 150 zum Teil farbige Abbildungen, **€ 19,50**

Der Gedanke hat Kraft. Sie ist fähig, reale Objekte zu bewegen. Das ist eine Tatsache. Warum ist dieser Fakt nicht bekannt?

Weil er mit unseren wissenschaftlichen Dogmen im Konflikt steht. Die Gedankenkraft ist eine neue, unbekannte Kraft. Diese Form der Kraft zeigt sich in vielen Erscheinungen und Rätseln. Sie taucht in der Physik, in der Kommunikation der Tiere, in antiken Baukonstruktionen, in der Liebe und in der Expansion des Universums auf. Sie erscheint in der menschlichen Gesichtserkennung, in der Schöpfung des Lebens und des Bewusstseins, und sie ermöglicht es Fußballfans sogar, das Match zu gewinnen. Diese Phänomene scheinen voneinander unabhängig zu sein.

In diesem Buch fasst der Autor sie in einem System zusammen, in dem die versteckten Beziehungen sichtbar gemacht werden.

Verändern wir die physischen Theorien von Zeit und Raum, lösen sich die Rätsel von selbst.